Nationalisme, panafricanisme
et reconstruction africaine

# NATIONALISME, PANAFRICANISME ET RECONSTRUCTION AFRICAINE

Sous la direction de
**André Mbata B. Mangu**

**CODESRIA**

Conseil pour le développement de la recherche
en sciences sociales en Afrique

ISBN-13: 978-2-86978-165-8
ISBN : 2-86978-165-2

Composition : Djibril Fall

Couverture : Ibrahima Fofana


Diffusé en Afrique par le CODESRIA

Diffusé ailleurs par African Books Collective
www.africanbookscollective.com

Le Conseil pour le développement de la recherche en sciences sociales en Afrique (CODESRIA) est une organisation indépendante dont le principal objectif est de faciliter la recherche, de promouvoir une forme de publication basée sur la recherche, et de créer des forums permettant aux chercheurs africains d'échanger des opinions et des informations. Le Conseil cherche à lutter contre la fragmentation de la recherche à travers la mise en place de réseaux de recherche thématiques qui transcendent les barrières linguistiques et régionales.

Le CODESRIA exprime sa gratitude à certains gouvernements africains, à l'Agence suédoise pour la coopération en matière de recherche avec les pays en voie de développement (Sida/ SAREC), au Centre de recherches pour le développement international (CRDI), à la Fondation Rockefeller, à la Fondation Ford, à l'Agence danoise pour le développement international (DANIDA), au ministère français de la Coopération, au Programme des Nations Unies pour le développement (PNUD), au ministère néerlandais des Affaires étrangères, FINIDA, NORAD, CIDA, IIEP/ADEA, à la Fondation MacArthur, OECD, IFS, Oxfam America, UN/UNICEF, et au Gouvernement du Sénégal pour leur soutien généreux à ses programmes de recherche, de formation et de publication.

# Table de Matières

# Les auteurs

**Aghi Bahi** est docteur en sciences de l'information et de la communication de l'Université de Lumière Lyon 2 (France), est Maître-assistant à l'Université de Cocody-Abidjan (Côte d'Ivoire) depuis 1999. Il enseigne la sociologie des médias à l'UFR Information Communication et Arts et est chercheur au Centre d'Études et de Recherche en Communication de l'Université de Cocody à Abidjan (Côte d'Ivoire). Il est l'auteur de plusieurs articles dans des revues ivoiriennes et internationales .

**Léon Tsambu Bulu** est chercheur au Centre d'études politiques (CEP) de la Faculté des sciences sociales, administratives et politiques de l'Université de Kinshasa. Il prépare actuellement une thèse de doctorat en sociologie.

**Nkongolo Funkwa** est chef de travaux au Département des sciences historiques de l'Université de Lubumbashi en République démocratique du Congo. Il est également directeur adjoint du Centre d'études et de recherches documentaires sur l'Afrique centrale (CERDAC). Il prépare actuellement un doctorat en histoire monétaire et financière.

**Jacques Tshibwabwa Kuditshini** est doctorant au département des sciences politiques et administratives et chercheur au Centre d'études politiques (CEP) de la Faculté des sciences sociales, administratives et politiques de l'Université de Kinshasa.

**André Mbata B. Mangu** est titulaire d'un diplôme de doctorat en droit public. Il a enseigné à la Faculté de Droit de University of the North en République sud-africaine. Il est actuellement professeur à la Faculté de Droit de University of South Africa et à la Faculté de Droit de l'Université de Kinshasa. André Mangu est également professeur visiteur au Centre for Human Rights de University of Pretoria et chercheur résident à Africa Institute of South Africa. Il est auteur de nombreuses publications scientifiques et membre de plusieurs sociétés savantes.

**Ernest-Marie Mbonda** enseigne à la Faculté de philosophie de l'Université catholique d'Afrique centrale et est chercheur au Centre d'études et de recherches sur la justice sociale et politique.

**Félix Mouko** est un entrepreneur congolais également chercheur au Centre d'études et de recherche en analyses et politiques économiques (CERAPE) à Brazzaville en République du Congo. Il est auteur de plusieurs publications dans ce domaine.

**Ngoie Tshibambe** est docteur en sciences sociales et politiques et professeur au Département des relations internationales, Faculté des sciences sociales, administratives et politiques, Université de Lubumbashi.

# Introduction

## Nationalisme, panafricanisme et reconstruction africaine face aux défis de la mondialisation capitaliste : le rôle des intellectuels africains

### André Mbata B. Mangu

Alors que d'aucuns verraient dans le nationalisme, le panafricanisme et la mondialisation des éléments complémentaires d'une certaine rationalité caractéristique du discours des temps actuels, certains y trouveraient par contre un mariage des extrêmes.

Traiter du nationalisme et du panafricanisme à l'heure de la mondialisation capitaliste serait anachronique et dépassé (Shivji 2003:2). La mondialisation relèverait de la modernité alors que le nationalisme et le panafricanisme seraient relégués à un autre âge et considérés comme des vestiges du passé.

Pourtant, rien ne semble fondamentalement nouveau dans le discours néo-libéral sur la mondialisation dont on sait qu'elle est aussi vieille et même plus vieille que la colonisation et participe de la même logique impérialiste. Les méthodes et le *modus operandi* ont certes changé, mais la substance et le caractère impérialiste du « monstre » sont restés les mêmes. Les Africains ne sont pas assurés aujourd'hui plus qu'hier de déménager de la périphérie ou des townships de la « ville planétaire » comme fournisseurs de la main-d'œuvre et des matières premières et consommateurs des produits fabriqués sous d'autres cieux, spécialement dans les pays occidentaux. Malheureusement, les chercheurs en sciences sociales doivent se résoudre de faire le constat que les sciences sociales elles-mêmes n'échappent pas aux assauts de l'« impérialisme » (Ake 1979).

Par ailleurs, l'accent mis sur les « intellectuels » et leur rôle dans la libération et la reconstruction de l'Afrique n'est pas de nature à apaiser les esprits les plus critiques. Qui peut-on considérer comme intellectuels en Afrique et à qui les masses de notre peuple reconnaîtraient-elles aisément une telle qualité ? Dans quelle mesure les intellectuels et autres chercheurs réfléchissant sur le continent sont-ils encore réellement Africains, nationalistes et panafricanistes au point de prétendre à un quelconque rôle dans la reconstruction africaine ? En quoi le rôle de l'intellectuel africain serait-il différent de celui de l'intellectuel sud-américain et sud-asiatique confronté aux défis presque semblables ou de tout autre intellectuel ? Tous les ingrédients semblent réunis pour voir se liguer contre nous les fondamentalistes de tous bords, d'un côté les néo-libéraux et conservateurs artisans de la mondialisation pure et dure et de l'autre les marxistes et autres penseurs qui auraient perdu tout espoir dans l'intellectuel africain ou encore ceux qui sont radicalement anti-mondialistes.

Toujours est-il que le nationalisme et le panafricanisme continuent de faire partie d'une rhétorique renouvelée et d'une thématique régulièrement revisitée par les intellectuels africains en même temps qu'ils remettent en cause leurs outils de réflexion et d'analyse et s'interrogent sur le sens de leur engagement social.

Pour Cabral (1980:xxii, xxv, 143), Mafeje (1992:11-12, 90), Shivji (2003:3, 5,7) et bien d'autres intellectuels africains, la quintessence du nationalisme, c'est l'anti-impérialisme. Le maquillage de l'impérialisme à l'heure des ajustements « structurels » et de la mondialisation exigerait le réveil du nationalisme et du panafricanisme comme outils de lutte (Mazrui 2003:1-26 ; Shivji 2003:3, 5-7, 18).

L'étroite relation entre nationalisme et panafricanisme avait été soulignée dès le départ par les « pères fondateurs » en dépit du fossé entre le discours et la pratique politiques de plusieurs d'entre eux. Comme le notait Nyerere « le nationalisme africain n'avait aucun sens et était anachronique et dangereux s'il n'était pas en même temps panafricanisme » (Shivji 2003:8). Pour Nkrumah aussi, l'indépendance du Ghana n'avait pas de sens sans l'indépendance d'autres pays africains (Shivji 2003:8). L'Organisation de l'unité africaine (OUA) fut créée comme une manifestation concrète de l'idéal panafricain et plaçait l'indépendance au rang de ses objectifs prioritaires.

Près d'un demi-siècle après les indépendances, quel sens pourrait-on donner au nationalisme et au panafricanisme et comment ces idéaux pourraient-ils servir à la reconstruction de l'Afrique dans le contexte de la mondialisation ? Comment peut-on se proclamer nationaliste au moment où les problèmes identitaires aggravés par la colonisation menacent d'éclatement des entités étatiques héritées du colonisateur et se dire en même temps panafricain ? Quelles seraient les permanences et les bifurcations du sentiment nationaliste en Afrique ? Quels sont l'état des lieux et la traduction du nationalisme et du panafricanisme chez les intellectuels africains, particulièrement certaines catégories d'entre eux comme les économistes, les jeunes ou les étudiants ? Dans le contexte de la mondialisation capitaliste, comment le panafricanisme peut-il aider l'entrepreneuriat en Afrique et *vice versa* ? Comment pourrait-on réconcilier le patriotisme, le panafricanisme, l'idéal de reconstruction de l'Afrique et le phénomène de fuite des cerveaux ? Quelle aura été la contribution des intellectuels à la lutte pour l'indépendance et la démocratie qui y est si intimement liée ? Sur un continent où l'on chante et danse malgré les vicissitudes de la vie et où la musique et la danse s'imposent comme langue africaine par excellence, est-il possible de refonder l'idéal panafricaniste à l'aune de l'intellectualité symbolique musicale ? L'intellectuel musicien qui fait si bien danser tout le monde ne pourrait-il pas venir à la rescousse du nationalisme et du panafricanisme vacillant ? Dans cette nouvelle réflexion sur le nationalisme, le panafricanisme et la réalisation de l'idéal africain, quel rôle peuvent jouer les universités africaines et les chercheurs africains en sciences sociales ?

Ces questions et tant d'autres avaient été longuement débattues lors de la conférence commémorant le 30e anniversaire du CODESRIA qui avait été placée sous le thème « Intellectuels, nationalisme et idéal panafricain ».

Loin de restituer l'entièreté de l'enrichissant débat qui avait alors eu lieu à Dakar au mois de décembre 2003, les contributions sélectionnées dans le présent volume ont néanmoins le mérite d'en relever certaines séquences, avec les accordances et les discordances qui avaient caractérisé le discours sur le nationalisme, le panafricanisme et le rôle des intellectuels africains face à l'idéal panafricain. Loin également de répondre à toutes les interrogations soulevées, elles en suscitent d'autres en poussant même à l'irritation avec le dessein avoué ou inavoué de maintenir les lampions allumés sur les thèmes de nationalisme, panafricanisme et de reconstruction du continent.

Liées au thème central de cette conférence, les différentes contributions se présentent comme une critique et une autocritique face à un bilan des moins élogieux. Les auteurs partagent en commun leur passion pour l'Afrique, leur déception face à notre lente et difficile marche vers la dignité et le progrès, leurs inquiétudes face au présent mais aussi leurs espoirs et leur foi inébranlable dans l'avenir de l'Afrique.

L'ouvrage s'ouvre sur la contribution d'Enerst-Marie Mbonda sur ceux que l'on accuse souvent à tort ou à raison d'irresponsabilité, de lâcheté, de manque de patriotisme et de panafricanisme : la diaspora africaine impliquée dans le phénomène de « fuite des cerveaux » ou *brain drain*.

Mbonda s'interroge d'abord si le patriotisme, le nationalisme et le panafricanisme qui s'y rattachent constituent ou non des vertus morales et la fuite des cerveaux africains vers d'autres continents un vice ou une trahison à la cause africaine avant d'évaluer son impact sur le développement de l'Afrique.

Se distançant de Kant et d'autres philosophes partisans d'une conception universaliste et idéaliste qui exigerait que l'agent moral – l'intellectuel dans ce cas – s'abstienne de toute préférence particulariste et sociale implicite dans les idéologies telles que le patriotisme, le nationalisme et le panafricanisme, Mbonda soutient qu'il n'existe pas de morale universelle, détachée de tout enracinement communautaire. Pour lui, l'humanité elle-même est une « communauté des communautés ». Il n'y a aucune contradiction entre les principes d'impartialité et de justice et l'allégeance à une communauté particulière, nationale ou continentale, qui enlèverait toute importance et toute valeur morale au patriotisme, au nationalisme et au panafricanisme, à moins qu'ils ne soient dirigés contre les autres.

D'après Mbonda, ce n'est jamais envers des personnes en général ni même envers des citoyens abstraits que nous avons des responsabilités morales, mais envers des individus concrets. Revenant au phénomène de fuite des cerveaux qui a pris des proportions alarmantes au fil des années et qu'il attribue plus aux attitudes adoptées par les pays africains à l'égard de leurs intellectuels – intimidation, stérilisation du génie intellectuel par son asservissement à l'idéologie et aux pratiques des pouvoirs en place, et clochardisation – qu'à une certaine irresponsabilité de ces derniers, Mbonda fustige la notion même de « fuite », empruntant à Cicéron l'idée que « Ma patrie, c'est là où je suis bien » ou à Wells le postulat que « Notre véritable nationalité est l'humanité ». Lorsqu'il l'admet finalement, l'auteur estime que la fuite des cerveaux doit être délestée de la charge culpabilisante qui l'a toujours accompagnée. Le panafricanisme a eu son origine chez des intellectuels noirs de la Diaspora.

Les intellectuels africains se trouvant sous d'autres cieux peuvent et continuent de contribuer au développement de leurs communautés, de leurs pays d'origine et de l'Afrique en général. Enfin de compte, vivre et travailler en Afrique lorsqu'on n'a guère de choix n'est pas une confirmation en soi du nationalisme ou du panafricanisme.

La fuite ne se trouve pas toujours là où l'on croit la voir, chez les intellectuels de la Diaspora, mais aussi et même surtout chez ceux de l'intérieur qui « démissionnent » de leur responsabilité première de défense de la vérité et de l'intérêt général au profit des intérêts privés et égoïstes, abandonnent leurs peuples pour se mettre au service des régimes autoritaires, ou chez ces universitaires qui ont depuis longtemps déserté les universités pour les « affaires » et pour qui le titre de chercheur ou de professeur d'université ne constitue plus souvent qu'une carte de visite pour s'introduire dans le monde du politique.

Et si l'Afrique se porte mal, ce n'est pas plus à cause de la fuite de quelques cerveaux vers d'autres cieux que de la domestication, du lynchage intellectuel et de la « prostitution » de plusieurs milliers d'autres restés sur le continent. Un cerveau vivant et actif, rappelle Mbonda, même loin du lieu où l'on aurait souhaité le voir agir, vaut toujours mieux qu'un cerveau mort physiquement ou intellectuellement dans son propre terroir.

Pour sa part, André Mbata Mangu évalue la contribution des intellectuels au mouvement nationaliste, à la lutte pour l'indépendance et la démocratie en République Démocratique du Congo (RDC). Intéressante est en luminaire sa tentative de redéfinition de l'intellectuel sur fond de l'« Affaire Dreyfus » qui dans la culture française qui a fortement influencé la totalité des auteurs – tous ressortissants des pays francophones – est considérée comme le moment fort de la consécration du terme « intellectuel » du moins sous sa forme substantivée.

En dépit des concessions, le terme « intellectuel » n'en reste pas moins l'un des plus controversés en sciences sociales. L'intellectuel n'est pas synonyme d'universitaire, de chercheur ou de porteur de diplôme. L'Afrique a produit de nombreux intellectuels dignes de ce nom qui n'ont jamais su ni lire ni écrire.

Le diplôme ne suffisant pas et l'habit ne faisant pas le moine, l'intellectuel se définit moins comme une fonction, un statut que comme un engagement social envers la société et la capacité de communiquer avec elle, de saisir son propre message et de le reformuler.

L'intellectuel devient la voix de son peuple, plus spécialement de l'immense majorité des « sans voix ». Il n'a pas droit au silence et doit continuellement défendre les valeurs humanistes contre tout ce qui opprime son peuple et l'homme en tant que tel. Il est nécessairement producteur et porteur d'un message ou d'une vision du monde. Il n'est point d'intellectuel sans le sens de responsabilité ou d'engagement social. Aussi les intellectuels congolais étaient-ils attendus pour jouer un rôle actif au sein du mouvement nationaliste, dans la lutte pour l'indépendance et la démocratie dans leur pays. En dépit du rôle exceptionnel et historique joué par des intellectuels atypiques comme Simon Kimbangu, Patrice Emery Lumumba et d'autres dont la plupart n'ont jamais été dans un amphithéâtre universitaire, le constat de l'auteur est bien amer.

Loin de consolider l'indépendance, fruit de la lutte nationaliste, et le panafricanisme, les nombreux « gouvernements des intellectuels » ou plus spécialement les « gouvernements des professeurs » qui se sont succédé dans l'ex-Zaïre ont plus contribué à la confiscation de l'indépendance, au néocolonialisme sous toutes ses formes, et à la consécration des régimes autoritaires, appelant les masses à la révolte pour revendiquer une « seconde indépendance » (Ake 1996:139 ; Nzongola-Ntalaja 1988:208-251 ; 1994:1, 13-14) pour laquelle un « second nationalisme » (Shivji 2003:18) devenait également un impératif.

André Mbata Mangu conclut sur un fond de regret que l'indépendance et la démocratisation n'ont pas été au Congo une « Affaire Dreyfus » en permanence, la plupart des intellectuels étant devenus des agents du *status quo* et du néocolonialisme, des intellectuels organiques ou des fonctionnaires du pouvoir autoritaire et des forces impérialistes à la base de son avènement et de sa consolidation.

Le sous-développement économique de l'Afrique en général et de la RDC en particulier inspire le jugement particulièrement sévère de Nkongolo Funkwa à l'égard des économistes congolais et qui ne manquera pas de les interpeller.

Nkongolo fustige l'absence de « conscience historique » et la « crise de nationalisme et de panafricanisme économique » chez les intellectuels économistes. Il attribue cette crise aux déficits de l'enseignement du cours d'histoire de l'Afrique et de la RDC. Il déplore la « misère des programmes de cours » qui réservent très peu de place à l'histoire économique dans les facultés des sciences économiques où l'idéologie apologétique du marché et du libéralisme — l'économisme – aurait supplanté les « sciences » économiques sans qu'aucune leçon n'ait été tirée des expériences d'autres pays. Ces facultés formeraient plus des spécialistes dans l'art de (mauvaise) gestion des entreprises que dans la création de celles-ci. Les cours d'économie monétaire et financière ainsi que les politiques de stabilisation font particulièrement les frais de la critique de l'historien monétariste qui regrette que nos économistes soient devenus des garçons de course des institutions financières internationales, chargés de l'explication de leurs modèles et incapables d'en inventer d'autres qui tiennent compte de notre histoire et permettent le développement économique du continent.

L'auteur propose une stratégie qui consiste à retourner les facultés des sciences économiques dans le giron des sciences sociales en y instaurant une formation historique à travers l'introduction de nouveaux cours. En dernière analyse, il plaide pour le réveil de la conscience historique, du nationalisme et du panafricanisme chez les économistes de la RDC et du reste du continent. Le mérite d'une telle interpellation réside dans le débat qu'elle ne manquera pas de susciter chez les concernés et qui pourrait conduire à une critique et à une autocritique qui se placerait dans la continuité des réflexions enregistrées lors de la conférence de Dakar.

L'enquête de Ngoie Tshibambe va certainement au-delà de celle de Nkongolo Funkwa au sujet de la crise de nationalisme et de panafricanisme chez les économistes congolais. L'auteur repose l'avenir de la renaissance africaine et du panafricanisme sur la jeunesse africaine, « fer de lance de la nation », qui pourrait « imposer l'Afrique aux autres ». Il souligne en outre l'importance de la jeunesse comme catégorie sociale appelée à assurer la relève dans la conduite des destinées de l'Afrique. Au sein de cette jeunesse, les étudiants occupent une place bien particulière.

Partant des 323 réponses des étudiants de toutes les facultés de l'université congolaise de Lubumbashi au questionnaire de 16 questions conçues par l'auteur pour évaluer le degré d'intériorisation de l'impératif de l'unité africaine dans les milieux estudiantins congolais, apprécier leur perception de l'« alter africain » et décoder si possible la configuration de l'imaginaire des jeunes sur le rôle et la présence de l'Afrique dans le monde actuel, Ngoie Tshibambe conclut que le degré d'intériorisation de l'idéal africain est faible. La notion de solidarité africaine est tout aussi ignorée.

Si l'Afrique est faite, resterait à faire les africains. C'est à la faculté des sciences sociales où se dispensent les enseignements sur les organisations internationales africaines et les problèmes de l'intégration économique que les jeunes sont néanmoins amenés à prendre conscience de la problématique de l'idéal africain. La crise africaine est attribuée autant aux régimes en place qu'aux forces impérialistes externes.

Pour Ngoie Tshibambe, former le jeune congolais aux connaissances et aux enjeux géostratégiques dans le monde est un impératif pour que l'Afrique puisse compter sur le plan des nations et sortir du statut d'objet pour devenir le sujet de l'histoire.

Sur fond du concept de l' « ivoirité » savamment exploité par les politiciens ivoiriens au point d'emballer les milliers de jeunes « patriotes », Aghi Bahi s'interroge d'abord si le sentiment nationaliste apparu au moment paroxystique de la guerre civile est permanent ou passager dans la politique moderne ivoirienne et s'il n'est pas en contradiction avec l'idéal panafricain.

Bahi démontre d'abord la permanence du sentiment nationaliste qui a survécu aux mutations sociales. L'ethnicité est présentée comme un « mode d'identification disponible et légitime » niché au cœur de l'imaginaire national ivoirien, faisant de la Côte d'Ivoire une « poudrière identitaire » où l'ethnicité a été très politisée.

Le « sentiment nationaliste » apparaît comme une permanence dans le débat politique ivoirien depuis un demi-siècle, même si ce sentiment trouve des lieux d'expression divers. Il a malheureusement connu des « bifurcations » ou des « dérives » – nationalismes ethniques – surtout depuis le retour au multipartisme. Toute surpolitisation de l'ethnicité comme dans le cas de l'ivoirité porte en elle une « charge explosive» et rend virtuellement possible des bifurcations dangereuses. Le sentiment nationaliste exacerbé, instrumentalisé par le cynisme politicien, a conduit à la situation catastrophique de guerre.

S'agissant des relations entre « sentiment nationaliste » et « idéal panafricain », Bahi pose plusieurs questions qui continueront d'interpeller les intellectuels africains. Si la nationalité ne signifie pas une dilution symbolique de l'ethnicité, le panafricanisme implique-t-il une abrogation symbolique des nationalités ? Comment songer à une intégration panafricaine dans un pays empêtré dans ses bévues ethnicistes ?

Pour Bahi, il est nécessaire de (re-)civiliser l'ethnicité. La tolérance doit demeurer au centre de l'idéal panafricain sans qu'elle ne devienne pour autant une tragique tolérance envers les tyrannies. Les pères du panafricanisme africain – Lumumba, Nkrumah, Nyerere…– étaient eux-mêmes à la fois panafricanistes et nationalistes. En renouant avec les sources, il est donc possible et impérieux de réconcilier nationalisme et idéal panafricain dans le cadre de la reconstruction de l'Afrique.

Proche du « nouveau » nationalisme ivoirien dans le contexte de l'ivoirité est ce que Jacques Tshibwabwa Kuditshini qualifie de « nationalisme congolais de possession » qu'il considère également, à tort ou à raison, comme une permanence même s'il est plus lié à la guerre civile et aux agressions récentes dont la RDC a été victime.

Selon Tshibwabwa, ce « nationalisme de possession » s'est construit pendant la colonisation en réaction au pillage systématique des richesses naturelles de la RDC et fait de la protection de celles-ci contre l'exploitation étrangère son cheval de bataille. Il privilégie l'élément « richesse » ou « avoir ». Comme dans le cas de l'ivoirité, il s'agit d'un nationalisme d'exclusion ou de rejet des autres qui sont perçus comme des ennemis des intérêts du peuple congolais. Ce nationalisme est en mauvaise posture face au processus de mondialisation piloté par les puissances occidentales et dont les effets sont plus négatifs que positifs pour les pays en développement comme la RDC. Un tel nationalisme devrait donc être repensé pour être adapté aux temps actuels de la mondialisation.

Le nationalisme de possession ne pourrait survivre que s'il est ouvert et s'appuie sur un autre type de nationalisme que Tshibwabwa qualifie de « nationalisme de personnalité ». Ce nationalisme viserait à conférer une forte personnalité à la RDC en tant qu'Etat pour lui permettre de restaurer son autorité et améliorer son image internationale. Il se construirait autour des valeurs républicaines qui impliquent la démocratie, le respect des droits de l'homme, la liberté et la justice, les valeurs éthiques, notamment le respect des biens publics, et le sens de responsabilité. Il reposerait également sur des valeurs de connaissance pouvant se traduire par le savoir-faire et le savoir-être. Ce nationalisme constitue d'après l'auteur un gage pour consolider l'État congolais et lui permettre de jouer son rôle dans la concrétisation du projet panafricaniste, de concert avec d'autres Etats africains.

Le concept de nationalisme de possession – tout comme celui de personnalité appliqué à l'État – ne manquera certainement pas de susciter des interrogations surtout que le nationalisme de possession pourrait être en déphasage avec l'idée de panafricanisme économique évoquée par Mouko.

Dans « Entrepreneuriat, mondialisation et panafricanisme », Félix Mouko plaide justement pour l'entrepreneuriat collectif comme acte fondateur du panafricanisme économique et de l'intégration économique africaine pour résister à la forte exigence de compétitivité et tirer tant soit peu profit de la mondialisation.

Mouko déplore que l'intégration de l'Afrique à l'économie mondiale soit beaucoup moins avancée que celle d'autres régions et que l'Afrique se présente comme à l'écart de cette nouvelle dynamique mondiale alors que l'histoire du panafricanisme à la base de la création de l'OUA et de l'Union africaine exigerait une plus grande participation à l'économie mondiale. Comme l'a démontré l'exemple de l'Union européenne, l'intégration économique se pose comme un préalable majeur à toute intégration politique durable.

D'après Mouko, l'on devrait partir de l'entrepreneuriat individuel qui constitue la dominante dans nombre d'Etats africains pour parvenir à l'entrepreneuriat collectif au niveau national et au niveau panafricain. Un tel entrepreneuriat est de nature à servir de base économique au nationalisme et au panafricanisme tout en permettant aux pays africains de contrer les effets pervers de la mondialisation économique et de profiter en même temps des avantages qu'offre celle-ci.

L'émergence d'un entrepreneuriat sociétaire et efficace ne va cependant pas sans obstacles qui sont d'ordre institutionnel et psychologique. Ces obstacles sont surmontables ainsi que les entrepreneurs congolais l'ont démontré avec la création de la Société congolaise des transports (SCOTT SA) qui ressemble 27 actionnaires de souche complètement dispersée. Une telle démarche pourrait être empruntée par plusieurs opérateurs africains. L'Union Africaine a intérêt à créer les conditions d'exercice d'un tel entrepreneuriat collectif qui contribuerait à la consolidation du panafricanisme.

Si comme l'ont démontré les études précédentes, les intellectuels « traditionnels » africains ont globalement déçu dans la réalisation de l'idéal nationaliste et le panafricanisme est en panne, Léon Tsambu Bulu estime pour sa part qu'il est possible de refonder le nationalisme et le panafricanisme grâce à l'intellectualité symbolique de la musique, élargissant la définition des intellectuels en mettant en lumière cette autre catégorie d'intellectuels généralement oubliée dans les débats académiques : les intellectuels musiciens.

Tsambu part du constat de l'échec du mouvement panafricaniste et de l'OUA qui était née sur fond de la divergence idéologique entre le panafricanisme maximaliste du groupe de Casablanca et le panafricanisme minimaliste du groupe de Monrovia. L'OUA était la première manifestation tangible du panafricanisme. En conséquence, l'échec de l'OUA dont le bilan est globalement négatif devrait aussi être perçu comme étant l'échec du panafricanisme. Face à cette faillite, Tsambu est d'avis qu'il est impérieux de réactualiser l'idéal panafricaniste et de le redynamiser à travers la musique africaine qui s'est penchée à plusieurs reprises sur cette thématique et offre au projet panafricaniste une alternative dans le contexte de la mondialisation.

S'éloignant quelque peu des sentiers battus du discours panafricaniste avec la place primordiale qu'il accorde aux « professionnels de l'intellect » ou du savoir ou aux « intellectuels officiels » produits de l'école formelle ou de l'université, Tsambu fait l'éloge de l'intellectualité symbolique musicale. Il estime que les faiseurs des chansons sont « plus forts que les faiseurs de lois » et jouissent d'une personnalité transfrontalière et cosmopolite. Leaders symboliques par excellence, ils bénéficient de plus d'audience que les intellectuels académiques au langage savant et hypercodé, ou les intellectuels politiques au langage démagogique dont l'audience se limite bien souvent au territoire national et même local ou ethnique.

Même s'il admet que comme les diplômés universitaires, tous les musiciens ne sont pas nécessairement des intellectuels, Tsambu considère que les chanteurs ou les musiciens ne méritent pas moins le statut d' « intellectuel » dès lors qu'ils font preuve de culture acquise à l'école et/ou sur le tas, d'engagement social ou politique et transmettent un message intelligible ou critique à une masse infinie d'auditeurs et de téléspectateurs virtuels ou réels. Si les politiciens et autres entrepreneurs économiques ont jusque-là échoué dans l'édification de l'idéal nationaliste et panafricaniste, les musiciens ou « intellectuels populaires » de l'Afrique et de la Diaspora ont été ces instituteurs, avocats et hérauts du nationalisme et du panafricanisme sous la colonisation, la veille et au lendemain de l'indépendance.

Tsambu conclut que la musique africaine engagée est une intelligence symbolique et géopolitique qui devrait éclairer l'Afrique sur la voie de la reconstruction de son « nationalisme panafricaniste ». Elle a un pouvoir suggestif capable de mobiliser une population qui n'a pas encore suffisamment été mis à profit du panafricanisme. Les initiatives telles que le Festival des Arts Nègres, le Festival des Arts et de la Culture Négro-Africaine, le Festival Panafricain de Musique, et le Marché des Arts du Spectacle Africain devraient être encouragées comme cadres d'expression de l'intellectualité musicale nationaliste et panafricaniste.

Fragilisée par les idéologies divergentes (progressistes et libérales ou néocoloniales), les forces hégémoniques extérieures et intérieures, les dictatures, les guerres, les nationalismes étriqués, et les particularismes tribaux, l'Afrique doit se mettre à l'écoute de son intelligence musicale critique pour refonder son projet d'unification sociale, politique, économique, culturelle et idéologique afin de prétendre à un partenariat juste dans le cadre de la mondialisation.

Cependant, cette reconstruction africaine qui revient comme un leitmotiv dans toutes les contributions requiert que les intellectuels eux-mêmes se remettent constamment en cause et jouent résolument un rôle qu'ils n'ont pas su jouer avec bonheur et consistance jusque-là. Il s'agit bien entendu de tous les intellectuels : les intellectuels par acclamation au nom d'un titre scolaire ou académique, les intellectuels par auto-proclamation qui sont du reste majoritaires sur le continent, les intellectuels d'Afrique et de la Diaspora, les intellectuels du monde académique, politique, des affaires et des arts, les sages et les griots ainsi que les intellectuels de la chanson et de la danse.

## Références

Ake, Cl., 1979, *Social Science as Imperialism*. Ibadan, Ibadan University Press.

Ake, Cl., 1996, *Democracy and Development in Africa*. Washington, DC, The Brookings Institution.

Cabral, A., 1980, *Unity and Struggle : Speeches and Writings*. London, Heinemann.

Mafeje, A., 1992, *In Search of an Alternative : A Collection of Essays on Revolutionary Theory and Politics*. Harare, SAPES.

Mazrui, AA, 2003, « Pan-Africanism and the intellectuals : rise, decline and revival ». Keynote Address to CODESRIA 30th Anniversary Conference. Dakar, 10-12 December.

Nzongola-Ntalaja, G., 1988, « Le mouvement pour la seconde indépendance au Congo-Kinshasa ». In Anyang' Nyong'o P. (ed). *Afrique : la longue marche vers la démocratie. Etat autoritaire et résistances populaires*. Paris, Publisud.

Nzongola-Ntalaja, G., 1994, *The Democratic Movement in Zaïre 1956-1994*. Harare, AAPS.

Shivji, I.G., 2003, « The Rise, the Fall and the Insurrection of Nationalism in Africa ». Keynote Address to the CODESRIA East African Regional Conference. Addis-Ababa, 29-31 October.

# 1

## Intellectuels africains, patriotisme et panafricanisme : à propos de la fuite des cerveaux

### Ernest-Marie Mbonda

Il y a quelques années, la Commission économique des Nations Unies pour l'Afrique (Programme-cadre pour la mise en place, le renforcement et l'utilisation des capacités essentielles en Afrique, Addis-Abeba, 1996) fournissait à propos de la fuite des cerveaux les statistiques suivantes : entre 1960 et 1975, ce sont 27 000 hauts cadres africains qui ont quitté le continent pour s'établir en Occident. Une décennie plus tard, ce chiffre atteignait 40 000 (représentant par ailleurs le tiers des personnes les plus qualifiées). De 1985 à 1990, on estime à plus de 60 000 le nombre de médecins, d'ingénieurs et de professeurs d'université qui ont émigré de leurs pays. Et aujourd'hui, on pense que cet exode s'est accru, de sorte qu'ils seraient environ 20 000 personnes chaque année à rejoindre l'Europe et l'Amérique à la recherche de meilleures opportunités de travail et d'épanouissement.

De telles statistiques, comme bien d'autres qui existent au sujet de la fuite des cerveaux, sont rarement neutres de toute arrière-pensée normative. Sous les apparences d'une simple description sociologique, la notion de fuite des cerveaux cache en elle-même un jugement de valeur sur les devoirs des intellectuels à l'égard de leurs patries. On ne parlerait pas de « fuite » si l'on ne considérait pas tout intellectuel comme étant d'abord rattaché à un pays ou à un continent particulier, et ayant à son égard une certaine « obligation patriotique » de contribuer, de toute la force de ses capacités intellectuelles, à son développement, à sa prospérité et à son rayonnement. La fuite des cerveaux s'apparenterait alors à une démission, voire une trahison de la part de ceux-là même sur qui les États fondaient tous leurs espoirs de mise en œuvre des idéaux nationalistes et panafricanistes qui avaient fleuri vers les années des indépendances. Les intellectuels qui ont choisi l'expatriation pourraient être accusés d'avoir voulu accorder la préférence à leurs intérêts particuliers, et de s'être désolidarisés de manière coupable du destin de leurs peuples, de leur continent, d'avoir manqué au devoir d'apporter une contribution, si modeste fût-elle, à la construction de leurs sociétés.

La question pourrait se poser d'emblée de savoir en quoi le patriotisme, le nationalisme et le panafricanisme peuvent être considérés comme des vertus, et si dans la même logique, la fuite des cerveaux pourrait être indexée comme un vice. Le deuxième ordre de préoccupation consisterait à apprécier l'impact réel de la fuite des cerveaux sur le développement et le progrès de l'Afrique. Il faudrait alors pouvoir montrer que seul l'attachement physique d'un cerveau à un lieu déterminé peut lui permettre d'œuvrer pour le compte de ce lieu et qu'il est impossible d'agir sur un lieu à partir d'un autre lieu.

### Le patriotisme, le nationalisme et le panafricanisme sont-ils des vertus ?

L'opuscule du philosophe américain Alasdair MacIntyre, intitulé *Is Patriotism a Virtue?* pose de façon explicite la question du caractère vertueux du patriotisme. L'auteur y définit le patriotisme comme « une espèce de loyauté à une nation déterminée, que peuvent afficher ceux-là seuls qui possèdent en propre cette nationalité spécifique » (Berten *et al.* 1998:288). MacIntyre complète sa définition en précisant : « le patriotisme se définit généralement et spécifiquement par une attention particulière portée non seulement à sa propre nation, mais également aux caractéristiques, mérites et exploits de sa propre nation » (Berten *et al.* 1998:289). La loyauté à une nation est ensuite comparée à la fidélité conjugale, dans la mesure où le patriotisme requiert un « attachement particulier à une nation » (Berten *et al.* 1998:291), une obligation, pour chacun, de privilégier au maximum les intérêts de sa communauté.

On peut s'en tenir à cette définition du patriotisme pour comprendre le nationalisme qui, en fait, recouvre globalement la même signification, à quelques nuances près. Être nationaliste, c'est en effet montrer un certain attachement à sa nation, aussi bien sous forme de loyauté préférentielle que sous forme de dévouement pour son devenir. Le panafricanisme correspond à peu près à la même préoccupation : œuvrer pour la libération de la totalité de l'Afrique du joug de la domination étrangère, et aussi pour son unité et son développement social, économique et politique. Les historiens nous font savoir que le terme « panafricanisme » apparaît aux Caraïbes vers la fin du XIXe siècle pour désigner un mouvement de révolte des Africains confrontés à l'esclavage en Amérique et à la domination coloniale des Européens en Afrique. C'est dans ce contexte que se développe la première version du panafricanisme, qui inscrit au rang de ses préoccupations les plus urgentes non seulement l'émancipation des Africains, mais aussi pour certains de ses ténors tels Edward Blyden et Marcus Garvey, le retour des Noirs vers la terre de leurs ancêtres. Comme l'écrit Nwayila Tshiyembe (2002) : « Le rêve panafricain, né sur le continent américain au tournant des XIXe et XXe siècles, se donnait pour mission de réhabiliter les civilisations africaines, de restaurer la dignité de l'homme noir et de prôner le retour à la « mère patrie » – celle des racines de la diaspora ».

Le problème de la valeur morale du patriotisme, du nationalisme, et finalement aussi du panafricanisme réside dans le caractère circonscrit, limité et potentiellement exclusiviste de son champ d'intérêt. En ayant pour visée l'intérêt de l'Afrique et des Africains, on pourrait soupçonner le nationalisme et le panafricanisme d'aller à l'encontre de la morale, si du moins l'on prend l'universalité comme critère essentiel de celle-ci. L'action morale requiert, de ce point de vue cosmopolitique, un arrachement aux contingences et aux intérêts individuels ou communautaires plutôt qu'un attachement à un peuple déterminé et à une histoire particulière. Dans cette conception de la morale, « penser et agir moralement exige de l'agent moral qu'il s'abstraie de toute particularité sociale et de toute partialité » (MacIntyre 1984;291). En privilégiant les intérêts de sa communauté, on pourrait dire que le patriote ou le nationaliste agit de façon intéressée, partiale, et que son action est déterminée par des contingences empiriques qui lui ôtent toute moralité.

Certaines figures du nationalisme, comme d'ailleurs certains accents pris par le panafricanisme dans l'histoire, justifient dans une certaine mesure une telle défiance. On rappellera par exemple le nationalisme allemand des années 30, essentiellement xénophobe, qui poussa les autorités allemandes à intervenir dans les pays voisins en alléguant la protection des minorités allemandes prétendument menacées. On peut aussi songer à certaines formes d'afro-centrisme telles celle incarnée aux USA par Leonard Jeffries, Professeur à la City University de New York. Ce dernier n'hésitait pas à promouvoir un antisémitisme ouvert (en accusant les juifs d'avoir financé le commerce des esclaves noirs) et un racisme virulent (en défendant la thèse de la supériorité des Noirs sur les Blancs, traduite par la faible quantité de mélanine chez ces derniers). Le panafricanisme de Marcus Garvey illustre lui aussi les dérives possibles d'un attachement trop particulariste aux intérêts d'un peuple déterminé. Dans l'église qu'il avait lui-même fondée, African Orthodox Church, les anges étaient peints en noir et le diable en blanc. Il envisagea la création d'une Maison noire comme réplique de la Maison blanche, pour y faire siéger, pendant 4 ans, celui qui présiderait aux destinées des Noirs des États-Unis. Et parmi ses principaux rêves, il y avait le retour de tous les Noirs en Afrique, projet pour lequel il fonda d'ailleurs une compagnie maritime dénommée Black Star Line. Garvey se présentait lui-même comme « le premier des fascistes », et préconisait les méthodes les plus violentes, y compris contre les Noirs qui n'approuvaient pas ses démarches et ses programmes. On peut ajouter à ces illustrations des dérives du nationalisme l'exemple du kimbanguisme (mouvement religieux indépendant fondé par le catéchiste méthodiste du Congo belge Simon Kimbangu en 1921) pour le raisonnement selon lequel l'Afrique étant le berceau de l'humanité, le peuple africain doit être tenu pour un peuple élu de Dieu et les Noirs des êtres supérieurs aux Blancs.

Ces exemples pourraient donc justifier que tout nationalisme soit regardé avec une certaine défiance, laquelle s'alimente, comme nous l'avons suggéré plus haut, dans les conceptions universalistes et cosmopolitistes de la morale, dont le kantisme constitue l'une des versions les plus élaborées. Chez Kant en effet, l'action morale requiert de l'agent moral qu'il s'affranchisse de toute détermination empirique (spatio-temporelle) et passionnelle provenant de ses intérêts particuliers qu'il veut défendre. Or, l'attachement à un pays ou à un continent rétrécit le cercle éthique de l'agent moral en le ramenant à la dimension des intérêts particuliers. Dans le sillage du kantisme, le philosophe australien Peter Singer englobe dans la même objection le racisme, le nationalisme, le patriotisme et même l'amitié. Les points importants de sa thèse sont résumés par Baertschi (2002:62)

> Les racistes violent le principe d'égalité en donnant un plus grand poids aux intérêts des membres de leur propre race quand ils entrent en conflit avec les intérêts des membres d'une autre race. Les nationalistes violent le principe d'égalité en donnant un plus grand poids aux intérêts des membres de leur propre nation quand ils entrent en conflit avec les intérêts des membres d'une autre nation. Les patriotes violent le principe d'égalité en donnant un plus grand poids aux intérêts des membres de leur propre patrie quand ils entrent en conflit avec les intérêts des membres d'une autre patrie.

À la lumière de ces critiques universalistes et libérales du nationalisme et du patriotisme, on pourrait affirmer qu'aucun individu n'a à considérer l'attachement à son peuple comme un devoir. Au contraire, pareil attachement serait une violation de l'interdit moral de privilégier les intérêts de son milieu. Par conséquent, le choix pour un intellectuel de s'installer sous d'autres cieux ne tomberait pas dans les rets d'une critique morale de la fuite des cerveaux, à moins que ce choix soit déterminé par la *seule* motivation de la maximisation de ses intérêts égocentriques. Comme disait Cicéron, citant Pacuvius : « Ma patrie, c'est là où je suis bien », ou plus récemment H. G. Wells : « Notre véritable nationalité est l'humanité » (cité par Miller 2002:32). Non seulement l'intellectuel qui émigre exerce son droit à la mobilité géographique et sociale, mais encore il met ses compétences au service de l'humanité, plutôt que de les laisser s'émousser dans sa propre communauté. C'est par ce désintérêt pour les préoccupations nationalistes et panafricanistes qu'il exprimerait son impartialité et son attachement à des valeurs universelles.

À cette conception libérale de la morale et du patriotisme, fondée sur le refus des préférences particularistes, s'oppose celle qui fait des particularités sociales, communautaires et culturelles, le cadre de référence qui donne sens et contenu à l'identité humaine et à sa moralité. Comme dit MacIntyre (1984:217), « d'une manière générale, ce n'est qu'au sein d'une communauté que les individus deviennent capables de moralité et sont soutenus dans leur moralité ». Il n'existe pas de morale universelle, détachée de tout enracinement communautaire. L'homme étant par nature, selon les mots d'Aristote, un « animal politique », celui qui se définit indépendamment d'une communauté peut être assimilé à un monstre ou à un être dégradé. Ce statut de sujet politique ou communautaire implique un devoir d'allégeance à la communauté à laquelle on appartient, la communauté qui précisément nous définit comme sujet politique, et même comme sujet tout court. La première des vertus pourrait donc être cette allégeance elle-même, toutes les autres vertus ne pouvant être accomplies qu'à l'intérieur du cercle éthique circonscrit par notre communauté.

> L'attachement à ma communauté, à la hiérarchie d'une structure de parenté définie, d'une communauté locale particulière et d'une communauté naturelle déterminée est, de ce point de vue, un pré-requis à toute morale. Ainsi, le patriotisme et toutes les loyautés analogues ne sont plus seulement des vertus, mais passent au rang de vertus fondamentales (MacIntyre 1984:298).

Baertschi parle du « charme secret du patriotisme », à travers une défense de ce qu'il appelle le « principe de proximité morale ». Selon ce principe, il n'est point illégitime d'avoir une certaine préférence pour ceux qui nous sont proches. Or en général, c'est la communauté à laquelle on appartient qui crée les conditions premières de la proximité : d'abord factuelle, cette proximité crée les relations causales (d'interaction réciproque) et symboliques sur lesquelles peut aussi se fonder une proximité culturelle, religieuse, morale, etc. La proximité morale fonde le raisonnement moral selon lequel si tel individu est plus proche de moi que tel autre, ses intérêts importent plus pour moi que ceux du second.

Ce raisonnement s'expose sans doute à l'objection de paralogisme naturaliste. Car d'une donnée factuelle, on passe à une déduction normative du type « les intérêts de tel individu proche de moi doivent beaucoup plus compter pour moi que ceux des autres ». Mais l'objection n'est valable que si l'on suppose que les normes éthiques ne doivent pas s'enraciner dans la réalité humaine elle-même. Or, comme tente de l'expliquer Baertschi, il s'agit simplement du « fondement anthropologique de l'éthique normative, et sous la réserve qu'il en existe une justification éthique » (MacIntyre 1984:69-70). Par notre appartenance à une communauté (réalité anthropologique), nous partageons la même histoire, mais aussi les valeurs de compassion, d'amitié, de solidarité, etc. C'est cette proximité qui circonscrit le cercle éthique à l'intérieur duquel nous avons des devoirs, même si ce cercle ne doit pas être considéré comme étant fermé à une perspective universelle. Faire de la communauté le cercle éthique prioritaire ne consiste pas à poser une communauté contre d'autres communautés, mais simplement à montrer d'un point de vue anthropologique, qu'une perspective universaliste risque de se réduire à une pure abstraction. C'est toujours d'abord à l'égard des personnes appartenant à notre communauté que nous avons des devoirs moraux, à moins que nous ne préférions nous tourner vers la personne humaine en général, que, dans un certain sens, et pour reprendre l'idée de Joseph de Maistre, nous ne rencontrons jamais. « Ce n'est jamais envers des personnes en général, ni même envers des concitoyens abstraits que nous avons des responsabilités morales – sources de devoirs – mais face à des individus, Pierre ou Paul, qui sont des personnes et des concitoyens, c'est-à-dire des êtres qui, dès l'abord, sont membres de diverses communautés avec lesquelles nous entretenons des rapports de proximité, larges ou serrées » (MacIntyre 1984:78-79). Et il n'y a là aucune contradiction avec les principes d'impartialité et de justice, qui en fait ne supposent pas nécessairement un cercle éthique élargi à l'humanité entière.

Afin d'éviter que les deux morales opposées – morale universaliste et morale communautariste – ne nous enferment dans un dilemme, il est heureusement possible de les concilier de façon féconde en disant que le patriotisme ou le nationalisme signifie simplement l'allégeance au projet de constitution d'une communauté historique, lequel projet se réalise par des actions et des événements déterminés. Être patriote, c'est partager les efforts grâce auxquels une nation ou une communauté se crée, se constitue et se réalise au fil de l'histoire. Et dans la mesure où seul le projet justifie l'allégeance patriotique, et pas nécessairement la simple affinité raciale ou ethnique, il est tout aussi patriotique de s'opposer à certaines formes que peut prendre la réalisation de ce projet et qui sont susceptibles d'en dévier la trajectoire idéale. Que cette allégeance soit tournée électivement vers la promotion d'une communauté particulière et non de l'humanité en général ne lui enlève pas son importance et même sa valeur morale. L'humanité est en réalité organisée en communautés particulières appelées chacune à assurer sa survie en tant que communauté. Cette survie dépend de l'allégeance et du dévouement de chaque individu qui, par sa contribution, réalise sa propre survie, celle de sa communauté, et celle de l'humanité en tant qu'ensemble de communautés.

Bien qu'il y ait tout lieu de craindre que le patriotisme, le nationalisme et le panafricanisme ne soient immoraux, en ce que la maxime qui les détermine est fondée sur des réalités particulières, voire sur des intérêts partisans, ces réalités et ces intérêts ne sont pas nécessairement contraires à la promotion de l'humanité qui ne se présente pas autrement que comme une « communauté de communautés ».

## La « fuite » des cerveaux et le devoir de contribuer à la construction de l'Afrique

Rousseau disait des cosmopolites qu'ils « se vantent d'aimer tout le monde pour avoir le droit de n'aimer personne » (Baertschi 2002:75). Et avant Rousseau, Platon dans *Le Criton* faisait voir, à travers l'acceptation par Socrate de la sentence injuste du tribunal d'Athènes qui le condamnait à boire la ciguë, combien était important l'attachement d'une personne à sa patrie. À son ami Criton qui lui offrait l'opportunité de s'évader pour échapper à cette mort injuste, Socrate répondit par une prosopopée des lois :

> N'est-ce pas à nous que tu dois la vie et n'est-ce pas sous nos auspices que ton père a épousé ta mère et t'a engendré ? Parle donc : as-tu quelque chose à redire à celles d'entre nous qui règlent les mariages ? Les trouves-tu mauvaises ? (...) Et à celles qui président à l'élevage de l'enfant et à son éducation, éducation que tu as reçue comme les autres ? Avaient-elles tort celles de nous qui en sont chargées, de prescrire à ton père de t'instruire dans la musique et la gymnastique ? (...) Après que tu es né, que tu as été élevé, que tu as été instruit, oserais-tu soutenir d'abord que tu n'es pas notre enfant et notre esclave, toi et tes ascendants ? (...) Qu'est-ce donc que ta sagesse, si tu ne sais pas que la patrie est plus précieuse, plus respectable, plus sacrée

qu'une mère, qu'un père et que tous les ancêtres, et qu'elle tient un plus haut rang chez les dieux et chez les hommes sensés... ? (Platon 1892:147-148).

L'évasion de Socrate, selon cette prosopopée, aurait paru comme un acte d'ingratitude sacrilège : « La patrie est plus précieuse, plus respectable, plus sacrée qu'une mère, qu'un père... ». La cité fournit à chacun tout ce qu'il y a de plus important pour une vie humaine accomplie : la vie et l'éducation. Elle est donc en droit d'attendre en retour une allégeance à ses institutions, à la fois sous la forme d'une obéissance inconditionnelle à ses lois et d'une contribution à l'amélioration de celles qui sont défectueuses. La prosopopée admet en effet la possibilité d'un changement des règles considérées comme mauvaises, afin que par ces améliorations, les lois s'accordent toujours avec l'Idéal de bien qu'elles sont censées traduire. Point n'est besoin, pour ce faire, de prendre le chemin de la révolution, moins encore de l'exil : « Il faut faire ce qu'ordonnent l'État et la patrie, sinon les faire changer d'idée par des moyens qu'autorise la loi. » (Platon 1892:148).

Sur le modèle de la prosopopée des lois, l'intellectuel émigré pourrait entendre la complainte suivante :

> Nous avons consenti pour toi d'énormes sacrifices en construisant des écoles et des universités pour assurer ta formation et des hôpitaux pour veiller sur ta santé. Comment peux-tu, une fois ta formation achevée, quitter ta patrie sans te soucier de ce que deviendront toutes ces institutions qui t'ont tout donné ? Serais-tu heureux d'apprendre que les écoles, les hôpitaux, les usines ont disparu faute de personnes qualifiées pour les faire fonctionner ? Accepteras-tu que ton pays dépérisse parce que ceux qui étaient censés le développer ont choisi d'assurer leur bien-être particulier ailleurs ?

Il y aurait dans le subconscient de chaque intellectuel une sorte de « démon » prêt à lui adresser de telles remontrances au cas où il voudrait se dérober de l'obligation de contribuer à l'édification de l'Afrique. Ce démon aurait pour mission « sacrée » de rappeler en quelque sorte l'éthique patriotique contraire à l'attitude des *free riders* enclins à maximiser leurs intérêts par la recherche d'emplois fortement lucratifs sous d'autres cieux (Van Parijs 1993:309-342). Il serait difficile pour l'intellectuel dont les prouesses sont reconnues et vantées dans un pays différent du sien que la gratification qu'il pourrait légitimement tirer de cette reconnaissance ne soit pas au moins tempérée par la frustration de ne pas pouvoir faire bénéficier directement cette ingéniosité à sa propre communauté. De l'étranger où il excelle, il ne peut être indifférent à l'histoire de sa communauté, à ses succès qui le comblent de fierté, mais aussi à ses échecs qui le remplissent de honte et de regret. C'est pourquoi l'on peut raisonnablement soutenir, avec Miller (2002), que « la communauté nationale historique est une communauté d'obligation. Parce que nos prédécesseurs ont travaillé dur et versé leur sang pour construire et défendre la nation, nous qui y sommes nés héritons l'obligation de continuer leur travail, dont nous nous déchargeons en partie sur nos contemporains et en partie sur nos descendants ». Les nations seraient vouées à la disparition si leurs membres ne faisaient pas de cette tâche de participer à leur construction une véritable obligation morale et patriotique. Il faudrait que, pour ceux qui partent, que les raisons de partir ne soient pas antipatriotiques et que le geste même de partir, le geste de se détacher, puisse être déterminé et justifié en même temps par un certain attachement à sa patrie.

Chez MacIntyre, qui attache comme on l'a vu beaucoup d'importance à l'allégeance d'un individu à sa communauté, cette allégeance est conditionnelle : on ne peut en effet attendre des individus l'allégeance à une communauté politique dans laquelle la notion de bien commun n'a aucune signification et qui s'apparente à un casino où chaque joueur s'efforce de maximiser son gain. « Une communauté nationale qui renierait systématiquement sa propre histoire véritable, écrit MacIntyre, une communauté nationale dans laquelle les liens tissés par l'histoire ne seraient pas les liens proprement fédérateurs de la communauté (ceux-ci ayant par exemple été remplacés par des liens d'intérêt mutuel), serait une communauté à l'égard de laquelle le déploiement d'une attitude patriotique s'assimilerait, à tout point de vue, à une attitude irrationnelle » (MacIntyre 1984:305). L'attachement à une patrie n'est raisonnable, du point de vue suggéré ici par MacIntyre, que si cette patrie développe le sens de l'appartenance commune, à travers des politiques et des institutions dont le fonctionnement exprime sans ambiguïté l'idéal de solidarité et de bien commun.

Or les États africains, depuis les indépendances jusqu'à nos jours, ont rarement présenté le visage de véritables communautés politiques dans le sens que les anciens donnaient à cette notion de communauté. Chacun de ces États peut certes faire prévaloir une certaine unité symbolisée par un nom (le Cameroun, le Tchad, le Gabon, par exemple), un drapeau, un territoire (aux contours plus ou moins bien définis dans certains cas), un pouvoir (plus ou moins stabilisé), etc. Mais il ne s'agit dans la plupart des cas que d'une unité formelle, artificielle, qui est au fond minée par des clivages identitaires entretenus par des entrepreneurs politiques en mal de conquête ou de conservation du pouvoir. L'histoire de ces sociétés se tisse souvent autour de la problématique du pouvoir à conserver ou à conquérir, ce qui les réduit à des espaces d'affrontements feutrés ou ouverts. Chaque acteur s'efforce, au mieux de son ingéniosité, à tirer son épingle du jeu, en tâchant soit d'obtenir le maximum d'avantages possibles, soit de résister, simplement, au risque permanent de disparition.

Les sociétés africaines qui sont concernées par la fuite des cerveaux en tant que problème par rapport à leur besoin de l'expertise des intellectuels sont en général celles qui, dès la période des indépendances, ont adopté à l'égard de la classe des intellectuels trois types d'attitudes. La première attitude est l'intimidation, pour ceux qui, déployant leur sens de la lucidité critique ont tenté de mettre à nu les défaillances, les ruses, la mauvaise foi, le cynisme et les fuites en avant des détenteurs du pouvoir. C'est ce qui explique le fait qu'un nombre important d'intellectuels émigrés soient des exilés politiques. La seconde attitude est la stérilisation du génie intellectuel par son asservissement à l'idéologie et aux pratiques sordides des régimes politiques en place. La troisième attitude est la précarisation et la clochardisation des intellectuels, comme au Cameroun où, en moyenne, les salaires des agents de l'armée, de la police, de la gendarmerie, de la justice et de tout ce qui constitue ce que Louis Althusser a appelé les « appareils répressifs d'État », de même que ceux des journalistes des médias d'État (« appareils idéologiques d'État ») ont pu atteindre, vers 1994 le double, voire le triple des salaires des médecins, des chercheurs, des enseignants d'universités, etc.

La fuite des cerveaux, dans ces conditions, peut être considérée comme la réponse la plus appropriée, la plus vertueuse à l'obligation pour chaque intellectuel de valoriser les dons qu'il possède. Et on devrait pouvoir y voir une forme de patriotisme qui n'est plus une allégeance directe et physique à sa communauté, mais à l'humanité à travers une autre communauté qui rend possible la valorisation du génie intellectuel. Quand le principe régulateur de l'existence dans une société se réduit au *struggle for life*, il appartient à chacun de trouver les meilleures stratégies de sa survie. Et quand, parallèlement à l'impossibilité d'assurer cette survie à l'intérieur, se profile l'opportunité de le faire ailleurs, il est rationnel, voire raisonnable, de recourir à cette opportunité.

On pourrait voir dans ce départ une certaine lâcheté, l'attitude la plus vertueuse devant consister à affronter le danger de l'intérieur. Fallait-il par exemple qu'Aristote quittât Athènes pour éviter, selon sa propre justification, qu'un autre crime ne soit commis contre la philosophie après celui qui avait été perpétré contre Socrate ? En acceptant de mourir suite à une condamnation et à un procès injuste, Socrate disait que les raisons de mourir valent parfois mieux que les raisons de vivre. Mais pour ce qui concerne les cerveaux, un cerveau vivant, même loin du lieu où on souhaite qu'il se trouve, vaut toujours mieux qu'un cerveau mort dans son propre terroir.

Cette allégeance à l'humanité à travers d'autres communautés constitue, dans bien des cas heureusement, un autre moyen efficace pour les intellectuels de contribuer au développement de leur propre communauté. Il est en effet loisible de voir, à travers de nombreux exemples, que la mise en valeur de compétences des intellectuels africains sous d'autres cieux a énormément contribué à l'essor de l'Afrique elle-même, sur le triple plan culturel, économique et politique. Sur le plan culturel, les grands idéaux du panafricanisme et de l'indépendance doivent leur impulsion aux Africains de la Diaspora. C'est bien aux Caraïbes, aux États-Unis, et au Brésil que le panafricanisme a vu le jour, bien avant que ne s'y associent, depuis l'Afrique, des intellectuels et hommes politiques comme Kwame Nkrumah, Kenneth Kaunda, Julius Nyerere, Jomo Kenyatta, Haile Selassie, Namdi Azikiwe, Peter Abrahams. Confrontés à la discrimination et au mépris, ces Africains ont pu développer un sens très aigu de leur appartenance à une culture déterminée, et initier des démarches pour la reconnaissance et la mise en valeur de cette culture. Le combat pour l'abolition de l'esclavage auquel nombre d'entre eux étaient plus directement confrontés ne pouvait pas ne pas s'accompagner d'un combat pour la libération de l'Afrique. On peut ici évoquer la conférence panafricaine organisée à Londres en 1900, sous la houlette du Trinidadien Henry Sylvester Williams et le Haïtien Benito Sylvain, à partir d'une organisation qu'ils avaient mise sur pied dès 1897 et qui s'appelait *Pan-african Association*. On peut ajouter l'action de Olaudah Equiano (Gustavo Vassa), esclave affranchi installé en Grande Bretagne, qui, au XVIIIe siècle, avait parcouru tout le Royaume-Uni pour mener une campagne contre l'esclavage et plaider pour son abolition. Le congrès panafricain des militants africains, organisé à Manchester en 1941, joua un rôle historique de premier plan dans le processus de la décolonisation. C'est sous la houlette d'un autre Trinidadien, George Padmore, que s'organisa également à Manchester le 5e Congrès panafricain, lequel adopta un manifeste formulant l'engagement suivant : « Nous sommes résolus à être libres... Peuples colonisés et assujettis du monde, unissez-vous ». On pensera aussi au rôle des intellectuels africains présents en France, comme Léopold Sédar Senghor, Alioune Diop, autour des revues comme *Présence africaine*, sans compter le mouvement de la Négritude qui a joué (et joue encore) un rôle combien important dans la formation des jeunes Africains.

Sur le plan scientifique, il y a, comme l'écrivent Gaillard et Gaillard (2000), des pays « qui finissent par gagner » dans cet exode des cerveaux. Certaines études ont certes pu établir le coût du manque à gagner dans les pays dont une bonne proportion des plus qualifiés s'expatrie (Sethi 2000:39). Mais le *brain drain* peut bien se transformer en *brain gain* si ceux qui partent veulent contribuer au développement scientifique de leurs terroirs. On en a quelques exemples en Asie, Afrique et Amérique latine, où des pôles de collaboration scientifique et des réseaux de connexion avec les expatriés ont été mis en place (Brown 2000:92-106). « Ces réseaux cherchent d'avantage à canaliser la science et la technologie plutôt que les hommes et cherchent également à initier des coopérations avec les pays développés accueillant leurs élites ».

L'apport économique de la Diaspora africaine n'est pas moins remarquable. Le président ougandais, Yoweri Museveni n'hésite pas à considérer les Ougandais de l'extérieur comme étant « l'exportation la plus importante du pays ». Leur apport se chiffre à 400 millions de dollars par an, montant largement supérieur à ce que rapporte le café qui est pourtant le premier produit agricole du pays. On pourrait trouver des chiffres similaires dans d'autres pays, comme par exemple au Ghana, où l'apport des nationaux installés à l'étranger se situe entre 350 et 450 millions de dollars par an. Des travaux sur la contribution des travailleurs maliens et sénégalais résidents en France révèlent la même importance de la Diaspora. Parlant du cas des Maliens résidents en France, Libercier et Hartmut (1994) écrivent :

> Sur une dizaine d'années, ils ont financé 146 projets représentant un budget total de 19,4 millions de francs français, dont 16,6 millions de francs étaient financés sur leurs économies, les 2,8 millions restants ayant été offerts par des ONG avec l'aide des donateurs internationaux. C'est ainsi que la réalisation de 64 % de l'infrastructure des villages de la région de Kayes est attribuée aux travailleurs migrants.

L'apport économique des Africains de la Diaspora se conjugue donc à leur apport culturel et scientifique pour montrer que s'il y a eu « fuite » des cerveaux, cette fuite est bien loin d'avoir causé l'échec – si échec il y a eu – des grands idéaux du nationalisme et du panafricanisme. Au contraire, bien que la « fuite » ait (toujours) été dommageable pour l'Afrique, elle a contribué à l'aider à penser la question de son identité, à édifier ce qu'elle a de meilleur, comme aussi peut-être ce qu'elle a de pire. Si la contribution des Africains de la Diaspora au développement de l'Afrique (qui d'après certaines données est supérieure à l'aide internationale au développement) n'a pas réussi à sortir l'Afrique de sa marginalité et de sa misère de plus en plus grave, il faut maintenant s'interroger sur les facteurs qui entretiennent cette déchéance. Et peut-être la présence de « cerveaux » africains dans ces lieux où se joue une bonne partie du sort de l'Afrique peut-elle aider à éviter que lui soient toujours réservés les mauvais lots.

## En guise de conclusion

Les deux préoccupations qui auront retenu notre attention dans cette réflexion nous conduisent à penser que la notion de fuite des cerveaux doit être délestée de la charge culpabilisante qui l'a toujours accompagnée. Si on la considère comme l'expression d'un manquement à l'obligation patriotique de se dévouer pour sa communauté, il faudrait encore que le patriotisme soit considéré d'emblée comme une vertu. Or cette position ne va pas sans dire. Et même quand on ne partage pas absolument l'approche cosmopolite de la question (selon laquelle le particularisme qui caractérise essentiellement l'attachement patriotique est contraire à la morale), on doit pouvoir admettre que ce qui donne sens au patriotisme ce n'est pas la pure fidélité à une communauté, mais l'allégeance à un projet de constitution de bien commun. Il faut donc d'abord présupposer l'existence de pareil projet pour que le choix de l'exode soit considéré comme une « fuite », une dérobade par rapport à l'obligation d'apporter sa contribution au développement de ce projet. Dans le contexte africain, il y a eu des projets visant la promotion de l'Afrique en tant que communauté unique de destin. Et si ces projets n'ont pas été mis en œuvre comme ils avaient été pensés au départ, ce n'est pas aux intellectuels émigrés qu'on pourrait en imputer la responsabilité. Car en fin de compte, ce n'est pas au niveau de l'exode géographique des cerveaux qu'il faudrait situer la « fuite », comme on le fait toujours, mais au niveau d'une évasion vers des préoccupations n'ayant aucun rapport avec ce dont l'Afrique a besoin pour se libérer et se développer. Et dans ce cas, la notion pourrait pertinemment s'appliquer à la débauche des cerveaux qu'on observe chez ceux qui restent et qui préfèrent s'aliéner aux régimes tyranniques qui leur garantissent leurs intérêts égoïstes plutôt que de se mettre au service de leur peuple. En somme, la fuite des cerveaux ne se trouve pas toujours là où on croit la voir.

## Références

Baertschi, Bernard, 2002, « Les charmes secrets du patriotisme », in Bernard Baertschi et Kevin Mulligan éds., *Les nationalismes,* Paris, PUF.

Berten, André *et alii,* 1998, *Libéraux et communautariens,* Paris, PUF.

Brown, Mercy, 2000, « Using Intellectual Diaspora to reverse the Brain Drain », ECA/ IDRC/IOM (éds.), *Brain Drain and Capacity Building in Africa,* ECA/IDRC/IOM.

Decraene, Philippe, 1995, *Le panafricanisme,* Paris, PUF, « Que sais-je? ».

ECA/IDRC/IOM (éds.), 2000, *Brain Drain and Capacity Building in Africa* (bilingual edition: *Exode des compétences et développement des capacités en Afrique*), ECA/IDRC/IOM.

Gaillard, Anne-Marie et Jacques, 2002, « Fuite des cerveaux, circulation des compétences et développement : un enjeu politique », *Mots pluriels* (http://www.arts.uwa.edu.au/MotsPluriels/MP2002ajg.html), n° 20, février.

Libercier Marie-Hélène and Schneider Hartmut, 1996, *Migrants: Partners in Development Co-operation*, Paris, OECD.

Mandela, Nelson, 1995, *Un long chemin vers la liberté*, Paris, Fayard.

Miller, David, 2002, « Une défense de la nationalité », in *Les nationalismes*, Bernard Baertschi et Kevin Mulligan éds., Paris, PUF.

Platon, *Sélections from Plato,* from the translation of Sydenham and Taylor, revised and edited by T.W. Rolleston, Scott, 1892.

Sethi, Meera, 2000, "Return and Integration of Qualified African Nationals", ECA/IDRC/IOM (éds.), *Brain Drain and Capacity Building in Africa*, ECA/IDRC/IOM, 2000.

Tshiyembe, Nwayila, 2002, « Du messianisme aux rives de la mondialisation. Difficile gestation de l'Union africaine », *Le Monde diplomatique*, juillet.

Van Parijs, Philippe, 1993, «Rawlsians, Christians and Patriots : Maximin Justice and Individual Ethics», *European Journal of Philosophy*, vol. 1, n° 3.

# 2

Contribution des intellectuels congolais
au mouvement nationaliste, à la lutte
pour l'indépendance et la démocratie
au Congo-Kinshasa

## André Mbata B. Mangu

### Introduction

Il est indéniable qu'au Congo-Kinshasa comme dans d'autres pays d'Afrique et d'ailleurs, les intellectuels, pas nécessairement les universitaires, ont joué un rôle déterminant dans l'émergence, le développement et le succès du mouvement nationaliste qui avait conduit à l'indépendance. Le fait que les fonctions politiques les plus importantes leur aient été confiées au lendemain des indépendances constituait en soi une sorte de récompense pour une élite intellectuelle qui s'était installée aux premières loges dans la lutte pour la souveraineté. Malheureusement, l'objectif de la lutte ayant été atteint, leur nouveau rôle consistait non pas dans la consolidation de l'indépendance, mais plutôt celle du pouvoir acquis avec le soutien des masses populaires vis-à-vis desquelles ils avaient très rapidement pris des distances. Par la suite, ils contribuaient à l'établissement des régimes autoritaires avec l'aide des anciennes puissances coloniales contre lesquelles bon nombre de leaders nationalistes s'étaient farouchement battus.

Ce faisant, ils reniaient le credo nationaliste et se discréditaient aux yeux des masses dont ils s'étaient servis pour accéder au pouvoir, les contraignant à ce que d'aucuns ont judicieusement qualifié de révolte ou de lutte pour la « seconde indépendance » (Nzongola-Ntalaja 1994:13-14 ; Ake 1996:139 ; Biaya 1992:5) même si la première n'était qu'une fiction juridique.

Cette étude se penche sur la contribution des intellectuels congolais au succès du mouvement nationaliste ayant débouché sur l'indépendance. Elle s'interroge sur leur rôle dans la confiscation et l'échec de celle-ci ainsi que dans l'institution des régimes autoritaires érigés par la suite en modes de gouvernance. Il s'agit également de réévaluer la participation des intellectuels congolais à la libéralisation politique des années quatre-vingts, au conflit armé consécutif à l'échec de celle-ci et au redémarrage du processus de démocratisation après une brève réflexion s'impose sur le concept « intellectuel » qui domine l'étude.

## Des intellectuels

### *Intellectuel : tentative de définition*

La notion d'intellectuel n'est pas facile à définir alors même qu'on voit ce et ceux qu'elle désigne ainsi que ceux qui se reconnaissent comme intellectuels (N'Da 1987:6).

Le terme « intellectuel » est non seulement l'un des plus fréquemment utilisés mais aussi des plus controversés en sciences sociales. D'après Ory (1990:27), l'intellectuel ne se définit pas par ce qu'il est – une fonction, un statut – mais par ce qu'il fait et par un certain type d'intervention sur un certain lieu : la cité. L'intellectuel est certes le plus souvent une personne qui a été à l'école, mais il est plus qu'un simple porteur de diplôme scolaire ou académique.

Les définitions de l'intellectuel sont presque toujours idéologiques (N'Da 1987:6). La qualité d'intellectuel dépend, pour une société donnée, à un moment précis de son histoire, de la quantité existante de lettrés. Historiquement, le seuil de l'intellectualité peut varier : il s'élève des études primaires aux études secondaires et supérieures. Les intellectuels sont tous ceux qui s'adonnent aux œuvres de l'esprit ou d'intelligence. Ce sont des hommes et femmes de pensée. À partir du moment que tout homme est capable de jugement et de pensée, tout le monde peut être considéré comme un intellectuel. Cependant, quoique tous les hommes soient des intellectuels, tous n'ont pas dans la société la fonction d'intellectuels (Crehan 2002:131-132). Les intellectuels sont généralement un groupe de personnes qui travaillent essentiellement avec leur intelligence. Edouard Shils considère les intellectuels comme des personnes avec une inégale sensitivité au sacré, une réflexivité peu commune concernant la nature de leur univers et les règles gouvernant leur société (Rajaee 1994:40). Ils sont une minorité de gens qui agissent comme la conscience morale de leur société. D'après Karl Mannheim, les intellectuels sont des groupes sociaux qui existent dans toute société et dont la tâche essentielle est de donner une interprétation du monde pour la société. Ils donnent un sens à la vie de leur société et à l'existence de ses membres dans une expérience dignifiée (Rajaee 1994:40, 41). Le trait distinctif original de l'intellectuel n'est pas de penser, mais de communiquer sa pensée (Ory 1990:29). Ce qui définit mieux un intellectuel, ce n'est pas le fait qu'il possède une intelligence supérieure, mais qu'il a la responsabilité de produire des connaissances et/ou de les communiquer aux autres (Crehan 2002:131). Les intellectuels sont non seulement ceux qui pensent, mais ceux dont les pensées sont considérées comme ayant un certain poids et une certaine autorité. Les intellectuels sont liés aux classes sociales. Chaque groupe social produit son type d'intellectuels organiques, structurellement liés à lui et œuvrant pour son hégémonie et la préservation de ses intérêts (Crehan 2002:134,137-145). Gramsci divise les intellectuels en deux groupes : les intellectuels organiques et les intellectuels traditionnels. Les intellectuels traditionnels sont ceux que les intellectuels organiques de divers groupes sociaux trouvent en place et qu'ils doivent s'efforcer de transformer ou de subjuguer. À un moment donné, ils étaient intellectuels organiques de certains groupes sociaux, mais avec le temps ils se sont transformés en un groupe social autonome qui se considère indépendant des autres et se tient à l'écart de la lutte des classes (Crehan 2002:141). Cette autonomie apparaît cependant relative car les intellectuels sont presque tous des intellectuels organiques de groupes sociaux existants. La distinction n'est plus tellement entre les intellectuels traditionnels et les intellectuels organiques, mais entre les « intellectuels d'État ou du pouvoir » et les « intellectuels de masses ou du peuple ».

Le terme intelligentsia est lié à celui d'intellectuel et désigne les intellectuels comme un groupe ayant une conscience de classe. Si ce dernier a fait l'objet d'un baptême en fanfare en France lors de l'affaire Dreyfus, le mot intelligentsia est d'origine russe (Lindenberg 1990:158,161).

## Affaire Dreyfus et baptême de l'intellectuel

Dans la littérature française, l'intellectuel trouve sa consécration dans ce que d'aucuns ont appelé « Affaire Dreyfus » ou pour être précis l'« Affaire Zola » (Ory 1990:17-43). L'entrée dans l'usage commun, sinon courant, du terme intellectuel sous sa forme substantivée peut être située exactement dans l'espace – la culture française – et dans le temps – l'Affaire Dreyfus (Ory 1990:18). En 1894, Alfred Dreyfus, un Français d'origine juive et capitaine de l'armée française, est condamné pour trahison. Dans le numéro 87 du jeudi 13 janvier 1898, l'écrivain Émile Zola publie, en première page du quotidien *L'Aurore littéraire, artistique et sociale*, une « Lettre à Monsieur Félix Faure président de la République » à laquelle le rédacteur en chef du journal (et non son directeur), Georges Clemenceau, a donné le surtitre provocateur : « J'accuse ». Visant à percer le mur du silence qu'opposent les pouvoirs publics à la campagne des partisans de l'innocence du capitaine Dreyfus, cette mise en accusation de personnalités civiles et militaires haut placées que Zola considère comme complices, à des degrés divers, de la perpétuation d'un déni de justice, est la réponse des « dreyfusards » à l'acquittement de celui qu'ils jugent le vrai coupable, le commandant Walsin Esterházy. Zola et Clemenceau savent à quels risques judiciaires ils s'exposent.

Zola écrit : « Ma protestation enflammée n'est que le cri de mon âme. Qu'on ose donc me traduire en cour d'assises et que l'enquête ait lieu au grand jour ! J'attends ». Il s'agit donc bien pour eux d'ouvrir une polémique publique et d'empêcher l'étouffement de la vérité. Dès le lendemain paraissent dans *L'Aurore* deux courtes « protestations » (et non un « Manifeste »), rassemblant petit à petit sous elles plusieurs centaines de signatures qui en approuvent les termes (Ory 1990:18). La première protestation fut publiée le 14 janvier 1898. La seconde protestation eut le plus grand nombre de signatures et dans trois ou quatre lignes, « les soussignés, protestent contre la violation des formes publiques au procès de 1894 et contre les mystères qui ont entouré l'affaire Esterházy, persistent à demander la révision ». À aucun moment le mot « intellectuel » n'est utilisé. En revanche, la composition des listes privilégie les universitaires et, plus largement, les diplômés. Le 23 janvier 1898, se ralliant définitivement à la thèse de l'innocence du capitaine Dreyfus, Clemenceau écrivait, en assortissant le terme de caractères italiques qui marquent clairement la rareté de l'usage : « N'est-ce pas un signe, tous ces intellectuels venus de tous les coins de l'horizon, qui se regroupent sur une idée ». Mais le mot n'est pas popularisé pour autant. Il faut attendre une semaine pour qu'il soit repris au bond par l'écrivain le plus admiré de la jeune génération (moins de 35 ans) et, avec Zola, le plus discuté : Maurice Barrès (Ory et Sirinelli 1986:6). Le vrai baptême du terme intellectuel eut lieu le 1er février 1898 dans *Le Journal* avec l'éditorial de première page signé par Maurice Barrès, l'anti-dreyfusard par excellence, et intitulé : « La protestation des intellectuels! ». Point d'exclamation inclus. Il s'y gausse des intellectuels protestataires : « la liste dite des intellectuels est faite d'une majorité de nigauds et puis d'étrangers et enfin de quelques bons Français ».

Quelques jours plus tard, dans la *Revue Blanche*, le bibliothécaire de l'École normale supérieure de la rue d'Ulm, Lucien Herr considéré comme l'un des principaux animateurs de la campagne dreyfusarde relève le mot « intellectuel » dans une lettre « A M. Maurice Barrès ». Dans son acception actuelle, il commence à s'acclimater au milieu très repérable des écrivains, artistes et militants en révolte contre la société établie. Dans la recherche de la paternité, si Barrès est celui qui a le premier utilisé le mot « intellectuel », Zola en est certainement le père naturel (Ory 1990:23). L'affaire Dreyfus n'est pas seulement le moment où se baptise la notion. Elle est aussi, en elle-même, un exemple achevé de controverse entre intellectuels (Ory et Sirinelli 1986:13). Consacré lors de l'Affaire Dreyfus, l'intellectuel n'est pas pour autant une spécialité française (Lindenberg 1990:155-205), un attribut de la francité (Ory et Sirinelli 1986:11). Il est universel. Chaque société humaine développe ses intellectuels même si le terme utilisé pour les désigner diffère suivant les cultures et langues.

### Intellectuel et engagement social et politique
Goethe conseillait aux intellectuels de laisser la politique aux diplomates et aux soldats. Flaubert considérait la politique comme le « poison des arts ». Le mouvement de culte de l'art pour l'art en France était aussi basé sur l'idée que la vérité et la beauté devraient être séparées du politique. Pour Benda (1965), l'implication politique des intellectuels contemporains constitue une « trahison ». En comparant la partialité et les passions politiques à leurs œuvres, Benda affirme que les « clercs » modernes ont trahi leur véritable fonction qui consiste à trouver des vérités universelles inconnues des incultes (Eder 1994:57).

Cependant, peut-on concevoir un intellectuel désintéressé des questions sociales et politiques de son temps ? (Eder 1994:57 ; Goulemot 1990:51). L'intellectuel est nécessairement engagé, sinon il ne serait qu'un « penseur », un « mystique », bref un simple spécialiste. Mais que le penseur se mette en tête d'inspirer le prince, le mystique de prêcher une croisade, c'en est fini de la spécialisation (Ory 1990:27). On ne voit guère comment un homme de culture d'une certaine envergure ou d'une certaine ambition pourrait rester continuellement à l'écart de grands choix politiques. Le « désengagement » n'est pas possible. L'intellectuel « neutre » est un mythe, une illusion (Eder 1994:57-58 ; Goulemot 1990:51,61,63-65 ; Ory 1990:27 ; Sivaraksa 1994:73). « Neutre » par rapport à qui et par rapport à quoi ? Malheureusement, la « neutralité » s'exprime toujours par rapport au peuple et aux causes des masses populaires. A-t-on le droit de se dire neutre lorsque son pays est victime du pillage de tous ordres, lorsque son peuple est opprimé et exploité, lorsqu'il se voit dénié toute dignité humaine, chosifié et lorsque son existence elle-même est menacée ? A-t-on le droit de se dire neutre lorsque l'indépendance pour laquelle beaucoup des nôtres se sont immolés nous est confisquée chaque jour par des puissances étrangères servies par des agents périphériques ou locaux se présentant comme nos gouvernants mais pensant et agissant en réalité comme leurs gouverneurs généraux en terres d'Afrique ? A-t-on le droit d'être neutre face au génocide et aux violations des droits humains qui chaque jour se commettent sous nos yeux ? Devant le crucial choix à faire entre la vie et la mort, l'indépendance et la recolonisation, la démocratie et la dictature, peut-on se dire neutre et s'abstenir ? Dans ces conditions, la neutralité est non seulement inadmissible, mais elle constituerait un crime de « non-assistance à peuple en danger ». Il n'y a pas d'intellectuels neutres pas plus qu'il n'existe de grammaire ni de syntaxe neutre (Bakary 1992:19).

L'intellectuel a une responsabilité dans la défense et l'illustration des valeurs sociales (Goulemot 1990:59). Face au mensonge, à l'injustice et à l'intolérance, comme l'avait souligné Rousseau, « le silence est un crime » (Goulemot 1990:61). L'intervention dans la vie de la cité apparaît au philosophe comme un devoir : « Honte à celui qui se tait ». Il en découle tout naturellement une responsabilité des intellectuels face au social. Ils sont garants du passé, du présent et même de l'avenir. Cette responsabilité les grandit au regard de l'opinion (Goulemot 1990:63). Le débat entre les tenants de la théorie de l'art pour l'art et ceux de l'art au service d'une cause est aussi un débat sur leur responsabilité sociale (Goulemot 1990:64). Être engagé n'implique pas nécessairement qu'un intellectuel soit un activiste politique ou assume directement un rôle politique dans la société quoique les deux ne s'excluent pas mutuellement. Chaque activité intellectuelle a une implication sociopolitique parce que les intellectuels sont ceux qui produisent des idées et les idées sont toujours « engagées » (Eder 1994:57-58). Quoiqu'ils puissent ne pas être « politiciens », les intellectuels sont des créateurs d'idées, du langage et du discours politiques. D'autre part, l'entrée des intellectuels en politique n'est pas la marque la plus évidente de leur engagement, si l'on entend par-là leur utilisation au service d'une certaine politique. Quand bien même ils militent dans un parti, on les retrouve moins chargés de dénoncer ou d'interpeller que d'approuver ou même d'expliquer les points de vue et le programme censé avoir motivé leur engagement (Goulemot 1990:65). Les intellectuels sont un petit groupe de gens qui donnent à leur société – que ce soit le monde ou l'État-Nation – la plus articulée, persuasive, précise et peut-être la plus exacte définition de la société à partir de leur expérience (Sivaraksa 1994:73). Ils ont aussi l'obligation de développer cette société.

Ils osent écrire et parler ouvertement contre l'opinion publique courante, spécialement contre la politique et l'administration des élites dirigeantes. Chez Sartre, l'intellectuel sera l'empêcheur de penser en rond et son parangon, le philosophe se reconnaîtra à son caractère in-adapté. Pour Sartre, nul ne songerait à appeler « intellectuels » les porte-parole d'un pouvoir conservateur puisque évidemment « ils font passer abusivement pour des lois scientifiques ce qui n'est en fait que de l'idéologie dominante » (Ory 1990:16-17). Les intellectuels pourraient gêner la tâche du politique si le pouvoir n'arrivait pas à les utiliser comme une garantie factice pour influencer l'opinion, mal informée, par ailleurs, des conditions réelles d'exercice du pouvoir (Goulemot 1990:98). Les dirigeants considèrent généralement les « intellectuels » comme des apprentis sorciers capables de réveiller les vieux démons. L'art des despotes est d'avoir compris que la suprême habilité du pouvoir est d'apprendre à les utiliser (Goulemot 1990:97-98). Malheureusement, il faut jusque-là constater la victoire du despote et du prince sur l'intellectuel en Afrique. La responsabilité sociale et politique des intellectuels devrait être encore plus prononcée dans les pays africains. Face à l'autoritarisme, au sous-développement, à la misère due à la mauvaise gouvernance et aux politiques impérialistes et néo-coloniales des puissances occidentales, aux violations massives des droits de l'homme et des peuples, le droit au silence ou au « désengagement » nous est totalement dénié en droit et en fait. Notre savoir ne vaut véritablement que si nous arrivons à le mettre au service de la libération et du développement de notre peuple, bref dans la mesure où nous assumons notre responsabilité sociale.

La Déclaration de Dar es-Salaam impose aux intellectuels de l'enseignement supérieur et/ou universitaire le devoir de contribuer à la réparation des inégalités historiques et contemporaines au sein de leur société.[1] Des dispositions analogues sont reprises dans la Déclaration de Kampala sur la liberté intellectuelle et la responsabilité sociale.[2] Celle-ci prévoit que tout en y prenant part, la communauté intellectuelle doit faire sienne la lutte des forces populaires pour leurs droits et leur émancipation (Article 22). Elle interdit à ses membres de participer ou être partie prenante dans une quelconque action qui pourrait porter préjudice au peuple ou à la communauté intellectuelle (Article 23). Elle demande également à la communauté intellectuelle d'encourager et de contribuer aux actions pour corriger les inégalités anciennes et contemporaines fondées sur le sexe, la nationalité et/ou tout autre handicap social (Article 25). C'est l'autre face du Janus des libertés académiques ou intellectuelles. Suivant qu'on loue ou qu'on désapprouve l'attitude des intellectuels, le débat a longtemps tourné autour de « l'éloge des intellectuels » (Lévy 1987), du « plaidoyer pour les intellectuels » (Sartre 1972), ou plutôt la « trahison des clercs » (Benda 1965), la « défaite de la pensée » (Finkielkraut 1987), ou les « méfaits des intellectuels » (Berth 1914) débouchant le plus sovent sur un constat de négation d'éloge ou de plaidoyer et sur celui de l'affirmation de la trahison, de la défaite ou des méfaits des mêmes intellectuels.

## Intellectuel, démocratisation et anti-intellectualisme

Le rôle des intellectuels dans la société est façonné non seulement par le contexte social et politique dans lequel ils vivent, mais aussi par les idéaux et idées de leur temps (Eder 1994:60).

Le combat de l'intellectuel est assimilé à la lutte éternelle pour les grandes valeurs « humanistes » contre tout ce qui opprime l'homme (Ory et Sirinelli 1986:10). C'est le combat pour la justice (Affaire Dreyfus) et la vérité. Toute discussion de la fonction de l'intellectuel doit être basee sur une conception de l'idéal d'une société moderne (Ory 1990:12). La principale fonction de l'intellectuel dans les sociétés modernes est celle de la démocratisation qui requiert une société « auto-consciente » à travers la critique continue (Eder 1994:60). L'intellectuel doit pouvoir y contribuer. S'agissant du rôle des écrivains, Sartre (1949:81-82) écrit, par exemple, que le romancier présente à la société son image. Il lui demande de s'assumer ou de changer. Il donne à la société une « conscience coupable ». Il est dans un état d'antagonisme perpétuel avec les forces conservatrices qui maintiennent l'équilibre qu'il tend à réduire (Eder 1994:60). Les Intellectuels servent de miroirs de leurs sociétés. En posant continuellement des questions, en relativisant les formes de pouvoir, et en les doublant de ce qui paraît évident, ils renforcent la démocratie et deviennent la conscience de leur société (Eder 1994:60). Si la fonction la plus critique de l'intellectuel est celle d'étendre l'espace démocratique, alors l'intellectuel a besoin de nouveaux concepts et langages, de redéfinir les anciens et aller au-delà des canaux qui contrôlent les sociétés modernes (Eder 1994:61). Dans notre ère de changement marqué par une transition rapide vers les régimes démocratiques dans les pays en développement, la tâche de définir et redéfinir la démocratie apparaît de plus en plus nécessaire quoique de plus en plus difficile (Eder 1994:61). La première et la plus importante tâche de l'intellectuel est celle d'éducation. L'éducation donne au peuple la capacité de s'autogouverner en questionnant toutes formes de pouvoir et d'autorité.

Ironiquement, la fonction de l'intellectuel est de s'éliminer soi-même et d'éliminer sa distinction sociale basée sur la connaissance en transformant la société entière en une « société des intellectuels » (Eder 1994:69-70). L'intellectuel comme créateur de langage et de discours politiques peut agir comme une force génératrice de conscience collective. Cette fonction est particulièrement importante dans l'initiation des mouvements sociaux. La mobilisation sociale peut être un instrument effectif de lutte contre l'injustice et l'inégalité et une expérience digne d'apprentissage. La mobilisation sociale est particulièrement importante pour l'intellectuel parce que c'est seulement à travers le peuple et les mouvements populaires que les idées peuvent être socialement appropriées. Sans une audience, l'intellectuel peut toujours jouer un rôle, mais ne peut pas devenir un agent de changement social. Finalement, il est crucial pour l'intellectuel de continuer à donner à la société « une conscience de culpabilité » parce que c'est à travers la critique permanente et le dialogue qu'une société peut s'améliorer (Eder 1994:70). L'origine du terme intellectuel en France traduit aussi son rôle sociopolitique et sa fonction critique (Eder 1994:57). Pour les Dreyfusards, les intellectuels étaient les articulateurs de l'opposition, ceux qui non seulement reflètent, mais aussi questionnent et défient les valeurs, les coutumes et les vérités considérées comme acquises dans la société (Eder 1994:57). Quoique s'opposer au pouvoir existant ait toujours été une fonction des intellectuels dans le passé (Martin Luther, les révolutionnaires français...), il devint au moins en France la vraie définition de l'intellectuel (Eder 1994:57). L'intellectuel fera profession de critique ; à tout le moins, au sein du système dont il sera le gardien des lois : disons plus justement de la loi, car c'est un homme des principes (Ory 1990:33). La société lui confiera les fonctions éthiques sans lesquelles son identité n'aurait plus de sens. C'est un prophète, variante d'une figure identique à l'archétype de Socrate. L'atmosphère dans laquelle se meut l'intellectuel, celle du moins qu'il dégage autour de lui, est polémique. Les débats intellectuels ont toujours tourné autour de Vérité et Erreur, Justice et Injustice, Bien et Mal (Ory 1990:33, 34).

Les intellectuels se définissent pour l'essentiel comme des êtres d'opposition et de critique, engagés dans le monde mais le jugeant au nom des valeurs toujours absentes de ce monde même (Goulemot 1990:64-65). Dès son baptême avec l'affaire Dreyfus, l'intellectualisme a dû cependant cohabiter avec l'anti-intellectualisme. Durant cette affaire, par exemple, l'intellectualisme des Zola et autres devait se confronter à l'anti-intellectualisme qui sera d'abord le fait des intellectuels eux-mêmes comme on l'a vu avec Maurice Barrès et George Sorel (Prochasson 1990:110). L'usage du terme par Barrès lui donnait un sens péjoratif. Pour Barrès, l'intellectuel était synonyme de « l'ennemi des lois », de « mauvais Français », non patriote ou juif par référence à l'origine de Dreyfus. « Je ne suis pas un « intellectuel », je désire avant tout qu'on parle le français », proclamait Barrès (Prochasson 1990:110). Compte tenu de la fonction de l'intellectuel comme conscience de la Nation, « prophète » en rébellion constante contre le pouvoir autoritaire et censeur des valeurs sociales, l'anti-intellectualisme est aussi très prononcé chez les autocrates s'opposant non seulement à la mission de l'intellectuel, mais aussi à l'usage du terme lui-même. « Citoyen » Robespierre, par exemple, craignait les intellectuels (expérience au fantasme) au point de tout tenter, de la censure à la séduction, pour les domestiquer. L'expérience a été tentée par tous les dirigeants autoritaires allant de la simple séduction à l'emprisonnement, l'ostracisme, la condamnation et l'exécution de ceux qui refusaient de se soumettre. En Afrique, il est intéressant de noter que par ordre du dictateur équato-guinéen Macias Nguema, il était un crime de se considérer ou de se faire désigner comme intellectuel.

À défaut de les éliminer ou de les domestiquer, les dirigeants autoritaires, particulièrement en Afrique, se sont évertués à créer un « prolétariat intellectuel » (Prochasson 1990:125-126) caractérisé par la réduction des travailleurs intellectuels et des universitaires au rang des « cas sociaux », des mendiants, gagnant des salaires de misère, obligés de se prostituer intellectuellement ou politiquement pour devenir des agents du *status quo*, hostiles au changement social.

## Moyens d'action des intellectuels et changement social

Faire des intellectuels les responsables des heurs et malheurs d'une histoire politique et sociale est une tentation flagrante qui reviendrait à oublier qu'entrés en militance, les intellectuels deviennent des « militants intellectuels » plus facilement qu'ils ne restent « intellectuels militants ». Les moyens d'action propres aux intellectuels semblent avoir eu peu de prise sur l'histoire au point qu'ils en viennent parfois à prendre les armes ou à « porter des valises » (Goulemot 1990:100). La pétition, le rassemblement, la proclamation, la protestation ou le manifeste semblent des armes dérisoires face aux canons et aux chars. Que peut une signature, aussi prestigieuse soit-elle, contre le martèlement des bottes ? L'action des intellectuels semble plus symbolique qu'effective. Elle relève du signe de reconnaissance et du rituel. La pétition serait pour ses critiques les plus acerbes un genre des salons littéraires. De même la tentation sartrienne de fonder un parti ou celle d'un Senghor, Ki-Zerbo ou Cheikh Anta Diop de s'engager activement en politique reflète le constat d'une impuissance politique, celle d'agir sur le cours des événements et d'orienter les responsables politiques en utilisant les seules armes de la raison intellectuelle.

Il en est de même des actions des intellectuels africains tels que Wamba-dia-Wamba, Garang, Savimbi et Musevini qui s'étaient engagés dans les voies de la rebellion armée. L'action intellectuelle n'en est pas pour autant inutile, surtout lorsqu'elle finit par être intériorisée et adoptée par les masses populaires et débouche sur des actions concrètes. Toutefois, elle ne le sera que dans la mesure où l'intellectuel épouse sincèrement les conditions des masses et opère comme un intellectuel organique de celles-ci, défend leurs causes et s'exprime en leur nom ou se comporte comme l'intellectuel de son peuple.

## Intellectuels, nationalisme, lutte pour l'indépendance et la démocratie au Congo

### Intellectuels au Congo-Kinshasa

À l'époque coloniale, la politique belge était claire : « pas d'élite, pas d'ennuis » (Kabeya 1992:234). C'est ainsi qu'à l'inverse de la France qui en matière de formation des cadres dans les colonies visait l'émergence d'une élite, la politique belge visait la formation d'un plus grand nombre de personnes de niveau moyen. L'idéologie coloniale préférait le terme « évolué » à celui de cadre. Sur le plan de l'instruction, l'évolué devait avoir terminé ses trois ou quatre ans d'études secondaires. Lors de l'accession du Congo à l'indépendance, le pays comptait moins de dix cadres nationaux ayant terminé leurs études universitaires. L'intellectuel congolais d'avant l'indépendance n'était donc pas nécessairement universitaire. Il s'agissait d'un cadre ayant généralement été formé à l'école coloniale, missionnaire, prêtre ou laïc, et travaillant pour le compte l'administration coloniale (clerc).

Après des progrès faits dans le domaine de l'éducation au lendemain de l'indépendance, l'intellectuel devint quelqu'un ayant fréquenté l'école secondaire et surtout l'université. Si le seuil d'intellectualité a été relevé au lendemain de l'indépendance, il n'en est pas de même de l'engagement et de la responsabilité sociale des intellectuels.

## Contribution des intellectuels congolais au mouvement nationaliste et à la lutte pour l'ndépendance

D'après Young (1979:139-139), le nationalisme était un phénomène récent au Congo sous colonisation belge. Aucune revendication d'indépendance n'était faite par les leaders congolais avant 1956. Les évolués étaient plus préoccupés à exiger les mêmes statut, avantages et privilèges que les Blancs. Au nombre des raisons à la base du réveil tardif du mouvement nationaliste au Congo belge, Young souligne l'absence d'une élite congolaise avant 1940. La politique coloniale était fondée sur l'obscurantisme. Très peu de Congolais avaient été à l'école secondaire.

En mars 1921, suivant une révélation divine, Simon Kimbangu, un ancien catéchiste protestant, commence à prêcher un évangile prônant la libération du peuple noir de la colonisation blanche. Il eut aussitôt de nombreux adeptes qui ne furent intimidés ni par son arrestation en 1921 ni par sa condamnation à vie et sa mort en 1952. Kimbangu est certainement l'une des figures intellectuelles les plus éminentes de la lutte contre le colonialisme au Congo. Il devint le symbole du nationalisme, de la lutte pour la libération de l'homme noir congolais, et inspira les premiers regroupements nationalistes tels que l'Alliance de Bakongo (ABAKO).

D'autres intellectuels qui jouèrent un rôle important dans la lutte furent l'Abbé Malula, Joseph Ileo et Joseph Ngalula. En 1956, ils publient le Manifeste de conscience africaine, version congolaise de la « protestation des intellectuels ». Le Manifeste de conscience africaine était la plus forte réaction des intellectuels congolais de l'époque contre le plan concocté par le professeur belge Bilsen recommandant l'indépendance du Congo sur une durée de trente ans. Contrairement à ce que d'aucuns ont prétendu, le Manifeste ne s'opposait pas radicalement au Plan Bilsen tout comme il n'appelait pas à une indépendance immédiate. Il exigeait seulement une certaine humanisation du colonialisme par la reconnaissance de plus de droits au peuple congolais. Il eut une forte répercussion et contribua à la relance du mouvement nationaliste. Des intellectuels tels que Joseph Kasavubu, Lumumba, Adoula, Tshombe, Kalonji et d'autres qui jouèrent un rôle de premier plan tel qu'attesté par les fonctions politiques qu'ils occupèrent au sein du premier gouvernement congolais furent également à la tête du mouvement nationaliste. Quoique d'un niveau inférieur à ceux qui sortirent bientôt de nombreuses écoles secondaires et des universités, ils réussirent à galvaniser les masses au travers des partis qu'ils créèrent et à les emballer jusqu'à la conquête de l'indépendance. Il faut également compter ceux qui se regroupèrent dans les associations d'anciens élèves des écoles chrétiennes, les cercles culturels ou clubs des évolués et qui étaient rarement de grands lettrés. Si l'on pouvait à ce jour parler d'un quelconque âge d'or des intellectuels au Congo, il ne fut certainement pas celui des diplômés universitaires.

### Rôle des intellectuels congolais à l'indépendance et sous la première République

Une fois l'indépendance conquise avec l'aide des masses, particulièrement à la suite de grandes manifestations populaires comme celle qui eut lieu à Kinshasa le 4 janvier 1959 et qui s'acheva sur un massacre qui précipita la fin de la colonisation belge, l'on a connu un profond revirement dans le chef des intellectuels et leaders nationalistes. Il était tout à fait clair qu'au-delà des discours destinés à la consommation des masses pour s'assurer de leur soutien, la plupart des leaders nationalistes ne portaient pas les masses populaires dans leurs cœurs. L'objectif visé était tout simplement de remplacer les colonisateurs blancs et de bénéficier des privilèges dont ces derniers jouissaient sous la colonisation. Comme l'écrivait Frantz Fanon, cette élite à la petite semaine devait se transformer non pas en réplique du colonisateur, mais en sa caricature. La première grande intervention des intellectuels sur la scène politique eut lieu en septembre 1960. Le 14 septembre 1960, le colonel Mobutu neutralisait à la fois le président Joseph Kasavubu et le Premier ministre Patrice Lumumba dans un premier coup d'État contre l'ordre constitutionnel institué par la Loi fondamentale de la RDC. Il nommait comme membres du gouvernement transitoire des Commissaires généraux qui étaient en général des cadres universitaires et des étudiants. Loin de consolider l'indépendance et la démocratie, le gouvernement des intellectuels avait plutôt contribué à la confiscation de l'indépendance et à l'émergence d'un régime autoritaire. C'est en effet sous leur régime et avec leur complicité ou silence que Patrice Emery Lumumba, figure emblématique du nationalisme et de la lutte pour l'indépendance au Congo-Kinshasa était malheureusement arrêté et assassiné.

Cet odieux assassinat provoqua la révolte des masses contre les petits bourgeois qui avaient à eux seuls mangé le fruit de *uhuru* (freedom) et revendiquaient une « seconde indépendance » (Nzongola-Ntalaja 1994:13-14 ; Ake 1996:139 ; Biaya 1992:5-6) étant donné que le peuple ne pouvait plus se satisfaire de l'indépendance de drapeau du 30 juin 1960. Le gouvernement des intellectuels sous le collège des Commissaires généraux était un gouvernement inconstitutionnel. Membres de ce gouvernement d'exception, le commissaire général à la justice et son adjoint n'étaient autre que Marcel Liau, premier Congolais diplômé en droit, et Etienne Tshisekedi qui sera le premier Congolais à obtenir le diplôme de docteur en droit. Les Commissaires généraux justifièrent le coup d'État du colonel Mobutu et jetèrent les fondements d'une culture juridique de justification de l'autoritarisme.

Dans l'ensemble, l'intellectuel congolais avait trahi, annonçant les couleurs d'une plus grande trahison sous la deuxième République en devenant l'agent ou le clerc du dictateur. L'intellectuel congolais fut également d'un apport considérable dans l'élaboration de l'idéologie politique à base ethnique ou même régionaliste qui devint tacitement l'idéologie du régime (Biaya 1992:6,12-17 ; Kalele-ka-Bila 1992:18-45).

### Intellectuels congolais sous la deuxième République

Au lendemain du second coup d'État de Mobutu qui inaugurait la seconde République, en octobre 1966, Colonel Mobutu devenu général et président de la République par la volonté des maîtres occidentaux qui l'y avaient préparé depuis 1960, nommait un nouveau gouvernement.

Madame Lihau Kanza, une dame parmi les premiers universitaires congolais, est nommée membre du gouvernement. Plusieurs membres du collège des Commissaires généraux reviendront après 1966. La plupart des 22 vice-ministres nommés par Mobutu le 5 mars 1969 seront des universitaires. Au sein du Conseil exécutif (gouvernement) qu'il nomme le 8 mars 1974, presque tous les Commissaires d'État (ministres) sont des universitaires, voire professeurs d'université (Mulambu 1992:81). À quelques exceptions près, les différents gouvernements qui se sont succédé depuis le 23 février 1977 furent des « gouvernements des universitaires » ou « gouvernements des professeurs », de sorte que lors de chaque remaniement, les professeurs de l'Université nationale du Zaïre avaient l'oreille tendue vers leur poste radio (Mulambu 1992:61). Un universitaire nommé au gouvernement se comporte moins en intellectuel qu'en politique. Une fois coopté autant pour le faire taire que pour contribuer à asseoir le pouvoir du Prince, l'intellectuel devenait l'un des cerveaux pensant du régime. Ce rôle n'allait pas changer avec l'arrivée des Kabila à la tête du pays, l'intellectuel demeurant le cerveau du régime.

### Intellectuels et démocratisation au Congo-Kinshasa

Une communauté intellectuelle engagée est nécessaire pour faire avancer la cause du constitutionnalisme et de la démocratie. Des intellectuels africains et des chercheurs en sciences sociales ont joué et continuent de jouer un rôle crucial pour faire avancer le processus de démocratisation et la cause des droits de la personne humaine en Afrique. Ce rôle ne devrait cependant pas être exagéré.

Il existe, en effet, de nombreux exemples individuels d'intellectuels qui ont coopéré et continuent de servir des régimes autoritaires pour satisfaire des intérêts égoïstes de survie matérielle et financière et qui ont contribué à l'avènement ou à la consolidation de l'autoritarisme en lieu et place de la démocratie. Le rôle négatif et malveillant joué par les politologues dans la consolidation et la survie de la dictature militaire du Général Babangida avait été bien souligné par Ibrahim (1997:114-117) dans le cas du Nigeria. Selon Ibrahim, presque toutes les mesures anti-démocratiques étaient conçues et appliquées par d'éminents politologues recrutés dans les universités nigérianes. Les politologues avaient joué le rôle d'experts au service de la dictature pour étouffer les aspirations démocratiques du peuple du Nigeria. Chaque blocage du processus démocratique, chaque stratagème pour faire échec aux forces démocratiques, tout refus de respecter le calendrier de transfert de pouvoir aux candidats élus était vigoureusement défendu par une coterie de professeurs de science politique travaillant pour le compte de la dictature militaire (Ibrahim 1997:114). Ce qu'Ibrahim écrivait au sujet des politologues au Nigeria est aussi vrai d'autres intellectuels : juristes, sociologues, philosophes, historiens, économistes... Dans le cas des pays comme la RDC, la situation était même pire (Mangu 2002:483). D'autres chercheurs en sciences sociales et même en sciences dites naturelles ou exactes avaient fini par s'engager dans cette voie de sanctification des gouvernants en leur offrant tout ce qu'ils pouvaient pour contribuer à l'édification et à la consolidation de l'autoritarisme. Pour sa part, Chinua Achebe avait de manière excellente décrit les proportions dramatiques prises par les activités de flatterie des intellectuels dans *Anthills of the Savannah* (Achebe 1987 ; Ibrahim 1997:116).

D'après le romancier nigérian, les dirigeants ne naissent pas dictateurs, mais ils le deviennent. Sam, le président dans son roman, n'avait pas l'intention de devenir président. Au début de son régime, il était sincère jusqu'à ce qu'il succombât aux pressions de ses supporters. Les dictateurs sont faits en partie par des fanatiques ou des tambourinaires du régime qui ne cessent de leur souffler à l'oreille : « Le peuple a parlé. Son désir est manifeste. Vous êtes condamné à le servir pendant toute votre vie » (Achebe 1987:5 ; Ibrahim 1997:116). Ainsi pendant que le dictateur répète qu'il ne voudrait pas régner pour toujours, ces tambourinaires doivent être en mesure de scruter ses pensées et le supplier de sauver l'humanité en lui demandant de régner pour toujours. Derrière chacun des « démocrates autoritaires » qui sont légion en Afrique et derrière l'arbre gigantesque qui trône et la fumée épaisse qui n'a cessé d'étouffer les libertés depuis l'indépendance, il y a un nombre incroyable d'intellectuels (Mangu 2003). La vie en Afrique est encore dominée par le vagabondage politique et intellectuel pour des intérêts matériels, le carriérisme politique, le manque de consistance, l'opportunisme politique, et la politique du ventre pratiquée par ceux qui ont choisi de trahir leur peuple en s'associant avec des dirigeants autoritaires et violateurs des droits humains. Un tel vagabondage politique et intellectuel alimenté par les dirigeants et qui se poursuit impitoyablement sous nos yeux a contribué à faire échouer des processus de démocratisation et à faire asseoir pendant des années des dirigeants autoritaires que l'on avait annoncés comme partants ou finis. Se débarrasser ou désintoxiquer de tels opérateurs politiques et intellectuels assoiffés de pouvoir et mus par des intérêts personnels constitue un défi majeur dans l'établissement et la consolidation de la démocratie sur le continent. Le constitutionnalisme et la démocratie sont fortement menacés dans des situations où l'élite intellectuelle est soumise à l'élite politique.

Nzongola-Ntalaja avait également trouvé dans la faiblesse des moyens de subsistance de la classe moyenne (juristes, avocats, professeurs d'université, médecins, ingénieurs, enseignants...) et son exploitation par le groupe dirigeant un obstacle majeur au développement constitutionnel et démocratique en Afrique (Nzongola-Ntalaja 1997:19-20). Dans la foulée de la « révolution béninoise » qui avait abouti à la tenue de la Conférence des Forces Vives en 1989, les peuples d'Afrique s'étaient une nouvelle fois levés comme un seul homme pour réclamer l'« indépendance » de la part des dirigeants, héritiers légitimes du pouvoir néo-colonial et qui s'étaient posés en colonisateurs de leurs propres peuples avec l'aide des anciennes puissances coloniales.

Cette nouvelle indépendance avait pour nom « démocratie » et nécessitait la soumission aux règles du constitutionnalisme qui ne sont pas étrangères à nos sociétés et ne constituent en rien une invention occidentale. Des conférences nationales dites souveraines avaient été organisées dans plusieurs pays africains, y compris le Zaïre. On avait l'impression que l'on était bien parti cette fois et que les dirigeants assourdis par de longues années de pouvoir autoritaire rappelant celui des anciens maîtres coloniaux avaient finalement compris le message. Malheureusement, comme au lendemain des indépendances politiques, le mouvement de la démocratisation avait été récupéré par les hommes au pouvoir jouant toutes les cartes, y compris la carte de la manipulation tribale ou ethnique, celles de la corruption, de la débauche et du débauchage politique, la carte militariste, sans oublier la carte étrangère des parrains occidentaux qui les voulaient indéfiniment au pouvoir pour sauvegarder leurs intérêts et continuer l'exploitation des ressources africaines. Le peuple avait une fois encore échoué, désillusionné et trahi par ses intellectuels.

Autant nous nous devons de produire les connaissances requises pour le bien-être de nos peuples, autant nous devrions aussi contribuer concrètement à l'avènement et à la consolidation du constitutionnalisme et de la démocratie et assumer notre responsabilité sociale en tant qu'intellectuels. La renaissance africaine dont on parle tant et que nous appelons de tous nos vœux ne sera qu'une autre illusion comme l'était l'indépendance politique si nous ne nous engageons pas davantage dans la voie vers le constitutionnalisme et la démocratie.

## Conclusion

Qui est intellectuel au Congo et qui ne l'est pas ? Cette question mérite encore d'être posée. L'intellectuel est certes un homme ou une femme qui est passé (e) par l'école, mais bien plus. Il est un homme ou une femme de pensée qui utilise son savoir pour le bien-être de sa communauté. L'intellectuel est donc nécessairement une personne responsable et engagée. À l'instar de plusieurs autres pays, le Congo-Kinshasa a produit des intellectuels tels que Simon Kimbangu, Lumumba, et Iléo qui, sans être universitaires, ont néanmoins joué un grand rôle dans la libération de leur peuple et dans la lutte pour l'indépendance. Jugée de manière globale, la contribution des intellectuels congolais à la démocratisation a néanmoins été bien moindre. La démocratisation n'a pas été au Congo une affaire Dreyfus en permanence, la plupart des intellectuels étant devenus des intellectuels organiques du pouvoir autoritaire. Il est plus que temps que ceux qui se proclament ou sont considérés comme intellectuels se remettent en question, repensent leur rôle dans la société et s'engagent à défendre ses valeurs tout en travaillant à l'amélioration des conditions de vie de leur peuple.

La principale mission de l'intellectuel africain consiste à s'engager activement dans la lutte pour l'indépendance, le développement et la démocratie et de contribuer par ses idées et actions à la renaissance africaine. Savoir appelle responsabilité. L'on ne saurait véritablement se prévaloir de la qualité d'intellectuel sans se reconnaître et assumer une quelconque responsabilité sociale.

## Notes

1. Déclaration de Dar es-Salaam sur les libertés académiques et la responsabilité sociale des universitaires, Partie IV, Chapitre Deux, Point 50 (1990).
2. Déclaration de Kampala sur la liberté intellectuelle et la responsabilité sociale (1990).

## Références

Achebe, C. (ed) , 1987, *Anthills of the Savannah*, London, Heinemann.

Ake, C. (ed), 1996, *Democracy and Development in Africa*, Washington, DC, The Brooking Institution.

Bakary, T.A. (ed), 1992, *La démocratie par le haut en Côte d'Ivoire*, Paris, L'Harmattan.

Benda, J. (ed), 1965, *La trahison des clercs*, Paris, J.J. Pauvert.

Berth, E. (ed), 1914, *Les méfaits des intellectuels*, Paris, Rivière & Cie.

Biaya, T.K. (ed), 1992, « L'ethnicité au cœur de l'idéologie nationaliste », in M. Kankwenda (ed), *Le Zaïre vers quelles destinées?* Dakar, CODESRIA, pp. 2-17.

Bongeli, Yeikelo Ya Ato & Ntumba, Lukunga (eds), 1992, « Université, recherche et sous-développement au Zaïre », in M. Kankwenda, ed., *Le Zaïre vers quelles destinées?* Dakar, CODESRIA, pp.169-205.

Crehan, K. (ed), 2002, *Gramsci, Culture and Anthropology*, University of California Press.

Eder, M. (ed), 1994, « Economic Democracy: What the Intellectuals do », in S. Soemardjan & K.W. Thompson (eds), *Culture, Development, and Democracy: The Role of the Intellectual*, Tokyo, New York, Paris, United Nations University Press, pp.53-72.

Finkielkraut, A. (ed), 1987, *La défaite de la pensée*, Paris, Gallimard.

Goulemot, J.M. (ed), 1990, « L'intellectuel est-il responsable? », in P. Ory, ed., *Dernières questions aux intellectuels*, Olivier Orban, pp. 51-105.

Ibrahim, J. (ed), 1997, «Political Scientists and the Subversion of Democracy in Africa», in G. Nzongola-Ntalaja & M. Lee (eds), *The State and Democracy in Africa*, Harare, AAPS Books, pp. 114-124.

Kabeya, N. (ed), 1992, « Éducation permanente : forces et faiblesses du système », in M. Kankwenda, ed., *Le Zaïre vers quelles destinées?* Dakar, CODESRIA, pp. 233-257.

Kalele-ka-Bila (ed), 1992, « Les idéologies régionalistes », in M. Kankwenda, ed., *Le Zaïre vers quelles destinées?* Dakar, CODESRIA, pp.18-45.

Lévy, B.H. (ed), 1987, *L'éloge des intellectuels*, Paris, Grasset.

Lindenberg, D. (ed), 1990, « L'intellectuel est-il une spécialité française? », in P. Ory, ed., *Dernières questions aux intellectuels*, Olivier Orban, pp.155-205.

Mangu, A Mbata B., 2002, « The Road to Constitutionalism and Democracy in post-colonial Africa: The Case of the Democratic Republic of Congo », unpublished LLD Thesis, University of South Africa.

Mangu, A Mbata B., 2003, « Constitutions sans constitutionnalisme, 'démocraties autoritaires' et responsabilité sociale des intellectuels en Afrique centrale : quelle voie vers la renaissance africaine? » Communication à la conférence sous-régionale du CODESRIA pour l'Afrique centrale, Douala, 4-5 octobre.

Mulambu Mvuluya (ed), 1992, « L'État et sa Structure : quête permanente de la stabilité ? », in M. Kankwenda, ed., *Le Zaïre vers quelles destinées?* Dakar, CODESRIA, pp.47-87.

N'da, P. (ed), 1987, *Les intellectuels et le pouvoir en Afrique noire*, Paris, L'Harmattan.

Nzongola-Ntalaja, G. (ed), 1994, *The Democratic Movement in Zaire 1956-1994*, Harare, AAPS.

Nzongola-Ntalaja, G. (ed), 1997, « The State and Democracy », in G. Nzongola-Ntalaja, M. Lee, eds., *The State and Democracy in Africa*, Harare, AAPS, pp.9-24.

Ory, P. (ed), 1990, « Qu'est-ce qu'un intellectuel ? », in P. Ory, ed., *Dernières questions aux intellectuels*, Olivier Orban, pp.9-50.

Ory, P. et J.F. Sirinelli (ed), 1986, *Les intellectuels en France, de l'Affaire Dreyfus à nos jours*, Paris, Armand Colin.

Prochasson, C. (ed), 1990, « Y a-t-il un âge d'or des intellectuels ? », in P. Ory, ed., *Dernières questions aux intellectuels*, Olivier Orban, pp.107-153.

Rajaee, F. (ed), 1994, « Intellectuals and Culture: Guardians of Traditions or Vanguards of Development », in S. Soemardjan, K.W. Thompson, eds., *Culture, development, and Democracy: The role of the Intellectual*, Tokyo, New York, Paris, United Nations University Press, pp.39-52.

Sartre, J.P. (ed), 1949, *What is Literature?* New York, Philosophical Library.

Sartre, J.P. (ed), 1972, *Plaidoyer pour les intellectuels*, Paris, Gallimard.

Sivaraksa, S. (ed), 1994, «Culture, Development, and Democracy: The Role of Intellectuals», in S. Soemardjan, K.W. Thompson, eds., *Culture, Development, and Democracy: The Role of the Intellectual*, Tokyo, New York, Paris, United Nations University Press, pp.73-83.

Young, C. (ed), 1979, *Introduction à la politique congolaise*, Kinshasa, PUZ.

# 3

## Conscience a-historique et crise de nationalisme et de panafricanisme chez les intellectuels. Le cas des économistes congolais

**Nkongolo Funkwa**

### Introduction

Il n'est un secret pour personne que l'incapacité des économistes africains en général et congolais en particulier à trouver des solutions aux problèmes du développement de leurs pays plus de quarante ans après l'indépendance agace plus d'un. Est-ce un problème d'incompétence ou de manque de nationalisme et de panafricanisme ? Dans tous les deux cas, quelle serait l'origine de cette incompétence, de ce manque de nationalisme et de panafricanisme ?

Concernant particulièrement le développement de l'Afrique et partant celui de la RD Congo, il est admis que le goulot d'étranglement, en dernière instance, se trouve être le manque de capitaux (investissements, crédits, etc.) ; bref, le manque de moyens financiers.

Si l'on admet la définition laconique donnée par Codjo Achodé, selon laquelle « les intellectuels sont des cadres concepteurs du développement » (Molli 2003:1), il y a lieu de se demander pourquoi, plus de quarante ans après les indépendances, les intellectuels économistes africains et congolais n'ont jamais su inventer ou concevoir des stratégies de financiarisation du développement de leurs économies nationales.

Par ailleurs, le nationalisme se définit comme un sentiment d'attachement à la nation, sentiment où dominent la fierté et l'honneur d'appartenir à celle-ci plutôt que le froid calcul de la raison ou des appétits les plus bas[1]. Le nationalisme ainsi défini s'attache à la notion de souveraineté, d'unité et de prise de conscience de valeurs léguées par un passé commun[2]. Nos intellectuels économistes ont-ils ce sentiment d'attachement à la fierté et l'honneur de la nation, excluant le calcul de la raison et des appétits les plus bas ? Comment pourrait-on expliquer qu'un tel sentiment ne les ait pas poussés à inventer de solutions contournant tous les obstacles existants ou dressés sur la voie de la financiarisation du développement économique de leur pays et de leur continent ? Sont-ils même conscients d'une telle nécessité, d'une telle possibilité d'action ? Si tel n'est pas le cas, quelle est l'origine de cette absence de conscience ? Voilà un ensemble des questions auxquelles nous allons essayer, au travers de ce corpus, de fournir des réponses.

## I. La formation historique, la concience historique et la conscience nationale

Dans cette partie, nous entendrons clarifier les concepts ci-dessus, afin de permettre une communion d'appréhension entre nos lecteurs et nous.

### La formation historique et son but fondamental

Comme la formation historique est assurée aux apprenants par le « cours d'histoire », qu'il soit de type général ou spécifique, nous commencerons par la notion de cours d'histoire avant d'aborder le but qu'il poursuit.

#### *Du cours d'histoire*

Quant nous parlerons du « cours d'histoire », quel que soit le niveau (primaire, secondaire ou supérieur) où celui-ci est dispensé, il faut qu'on nous comprenne bien. Il ne s'agit pas vaguement d'avoir un cours au programme ayant pour intitulé « Histoire » ou « Histoire économique de l'Afrique » ou « Histoire économique de la RD Congo », non ! Il s'agit plutôt, fondamentalement au niveau méthodologique d'avoir un cours structuré, selon l'évolution, du repère le plus reculé dans le temps au repère le plus récent. Il s'agit d'avoir un cours structuré de manière à faire percevoir par ses chapitres et sections, les différents changements, les différentes révolutions, les différentes dynamiques, les différentes continuités et discontinuités, bref les différentes étapes dans l'évolution d'une communauté d'hommes donnée, de l'économie particulière de l'Afrique ou encore de l'économie particulière de tel ou tel pays d'Afrique. Il s'agit du cours d'histoire économique, qui fait connaître aux apprenants, futurs intellectuels, l'évolution des généralités et des particularités de l'économie de l'Afrique ou de tel ou tel pays d'Afrique ; qui fait connaître la particularité de la mécanique des causes à effets à travers le temps, des difficultés, obstacles, et goulots d'étranglement particuliers qu'a connus et que connaît encore l'économie africaine, ou l'économie de tel ou tel pays africain.

#### *Le but de toute formation historique*

Le but final de toute formation historique est de doter les apprenants de la conscience historique[3]. Plusieurs experts et plusieurs commissions des programmes d'enseignement dans différents pays l'ont clamé haut et fort : « Parmi les points de départ des finalités, le développement de la conscience historique constitue le premier élément de la valeur formative de la branche Histoire ».

Le programme d'histoire de la structure S/O/'89 de l'enseignement catholique a également déclaré la conscience historique comme le but final de l'enseignement de l'histoire.

Qu'est-ce alors cette conscience historique ? Karl Ernest Jeissman dit que la conscience historique est une combinaison complexe de l'interprétation du passé, de la perception du présent et des attentes du futur[4].

La conscience historique naît et se développe à travers un processus d'apprentissage long et cohérent dans lequel s'élaborent d'une part des connaissances, des aptitudes et des attitudes historiques et où d'autre part existe un dialogue permanent entre la réalité historique et la réalité actuelle. C'est ce processus d'apprentissage que l'on appelle formation historique, laquelle aboutit à la conscience historique.

Ailleurs, Kraus (2003:1-2) écrit dans son *Rapport à la nation et l'histoire* : « la conscience historique est l'une des composantes de la culture politique d'un peuple comprenant non seulement l'actualité politique, mais également l'expérience politique transmise par l'histoire ». De ce qui précède, nous disons pour le cas sous notre étude que la conscience historique est l'une des composantes de la culture économique d'un peuple comprenant non seulement l'actualité économique, mais également l'expérience économique transmise par l'histoire économique de ce peuple. Jeanne Kraus poursuit : « La conscience historique est une sorte de mémoire collective : les traces laissées dans les esprits (et qu'ont transmis l'école, la famille, l'écrit et l'image) par les expériences ou plutôt par les traumatismes historiques. Ces pratiques, valeurs et expériences tendent à devenir une seconde nature »[5]. C'est une telle conscience historique qui pousse à l'action pour l'avenir ou le devenir d'une nation.

De ce qui précède, qu'est-ce que la conscience a-historique alors ? C'est toute faculté qu'a l'homme de connaître sa propre réalité et de la juger, sans que celle-ci ne soit fondée sur la réalité historique, ni sur les expériences données par la formation historique. C'est une conscience vaille que vaille qui pousse à l'inaction ou à des réactions compromettant l'avenir et le devenir d'une communauté, d'une nation…

## La conscience historique et ses trois modes d'expression

Notre discours a pour objectif, en dernière instance, de parvenir à proposer les moyens par lesquels nos économistes peuvent être dotés d'une conscience historique c'est-à-dire une conscience fondée sur la connaissance de l'histoire économique de leur propre société. C'est pourquoi il sera plus centré, ici, sur l'analyse de la conscience historique étant entendu que l'absence de celle-ci laisse libre parcours à la conscience a-historique.

Il existe trois modes par lesquels un citoyen donné fait percevoir ou exprime son fait de posséder la conscience historique. C'est notamment par la connaissance/compréhension ou le savoir/compréhension des choses ; les aptitudes/compétences dans l'action ; les attitudes/comportements de responsabilité et d'autonomie.

La connaissance/compréhension fournit les éléments cognitifs ou intellectuels de la personnalité ; la compétence fournit les éléments dynamico-affectifs de la personnalité ; tandis que les aptitudes/comportements participent à la fois à ces deux types d'éléments.

Et à chacun de ces modes d'expression, il se distingue les connaissances/compréhension intellectuelles et les connaissances/compréhension sociales ; les compétences intellectuelles et les compétences sociales, les attitudes intellectuelles et les attitudes sociales.

Il faut donc retenir qu'il existe des savoirs/compréhension, des aptitudes/ compétences, des attitudes/comportements que seule la branche d'histoire donne à la personnalité de l'apprenant et futur intellectuel, et cela bien sûr à travers de la conscience historique.

Nous allons, ici, voir quelques-uns des savoirs/compréhension, des aptitudes / compétences et des attitudes/comportements particuliers retenus par une commission *ad hoc* constituée en France en 1999, comme exclusivement donnés par la conscience historique par le biais de la formation historique[6].

### a) *L'expression de la conscience historique à travers la connaissance/ compréhension*

Les expressions de la conscience historique par le mode de connaissance/compréhension se manifestent par :

• L'éducation cumulative dans le chef de l'apprenant et futur intellectuel, d'un cadre général historique de référence, par exemple pour le futur économiste, l'accumulation d'un cadre général des connaissances historiques sur l'économie du Congo, ou de l'Afrique et ce depuis les origines jusqu'à nos jours.

• La compréhension de l'évolution et de la complexité du fait social ou du fait économique à savoir reconnaître la continuité et la discontinuité ; situer les événements sur la ligne conjoncturelle et structurelle à long terme qui leur convient.

• Le grand travail d'encadrement de l'histoire comporte trois dimensions qui sont : temps, espace et aspect social. À leur tour, celles-ci comprennent une série de catégories comme : le temps divisé en périodes (Antiquité, Moyen Âge …) ; l'espace en échelons (local, régional, national, continental, mondial) ; et le social englobant les domaines sociaux (conditions socio-économiques, sociopolitiques, socioculturelles). La connaissance descriptive de ces dimensions et catégories est nécessaire pour arriver à une connaissance structurée. Et l'apprenant et futur intellectuel apprendra ainsi à s'efforcer de situer un fait déterminé dans chacune des catégories, à savoir le temps, l'espace et la vie sociale. On pourra pousser ainsi plus loin jusqu'à un niveau plus élevé où chaque apprenant et futur intellectuel pourra apprendre à rechercher le processus où se situe le fait et les mécanismes qui en déterminent le déroulement.

Nous venons de voir ci-haut les quelques manifestations ou expressions de la conscience historique sous forme de la connaissance /compréhension des faits, des situations et des problèmes. L'absence dans le chef d'un intellectuel, de ces manifestations ou expressions de la conscience historique laisse libre cours en lui, à ce que nous qualifions de conscience a-historique, la conscience a-historique qui est une conscience à l'absence de tout fondement historique.

### b) L'expression de la conscience historique à travers les aptitudes/ compétences

La même commission citée plus haut avait sélectionné les compétences de base que la formation historique donne à l'apprenant et futur intellectuel pour l'action à travers la conscience historique. De ces compétences de base, elle a fait découler certaines compétences partielles. Nous allons juste en citer quelques-unes que nous estimons qu'elles manquent, nous le démontrerons plus loin, dans le chef de nos intellectuels économistes.

- Capacité de situer dans le temps (sur la ligne du temps), à l'endroit géographique précis (sur une carte) et dans le domaine social qui convient, un fait, un problème, un personnage ou un mécanisme donné. Aptitude à indiquer si un personnage, un fait ou un événement a vécu avant ou après un autre.
- Capacité de formuler avec ses propres mots, quelle évolution ou changement est né de l'interaction d'individus et de groupes, à une époque, à un endroit, sur un terrain social déterminé.
- Capacité à utiliser les termes de la branche histoire comme fait, processus, structures, périodes et cultures historiques, et à les relier à de nouveaux contenus (par exemple économiques) et ainsi, les appliquer à la résolution de problèmes. Pour ce faire, être apte à manier des schémas explicatifs comme « but, moyen, conséquence (téléologique) »[7].
- Capacité à appliquer les méthodes historiques à de nouveaux contenus (comme le contenu économique). Ce qui donnerait l'aptitude à : distinguer un fait d'un simple avis (interprétation, propre à un individu) autrement dit, distinguer un fait d'une idéologie ; discerner les relations causales dans des événements successifs ; distinguer but et résultat, cause et conséquence ; constater si un fait sous-tend la conclusion ou la généralisation, dans le cas contraire, cette généralisation devient suspecte d'idéologie ; constater si quelque chose est difficile à prouver ; et identifier le nœud d'une affaire, d'un problème ou d'une crise.
- Reconnaître la continuité et la discontinuité, la simultanéité et la non-simultanéité.
- Situer les événements sur la bonne ligne, à long terme, conjoncturelle et structurelle. Cela étant, savoir, dans un texte, indiquer et aussi distinguer événements, conjonctures et structures.
- Disposer de la capacité d'appendre, d'étudier des contenus à partir d'une bonne position du problème. De ce fait avoir des aptitudes à formuler des questions principales et secondaires qui découlent de la position du problème.
- Être capable de raisonner pour résoudre un problème, cela par une bonne confrontation des hypothèses.

Ce sont là quelques compétences que la formation historique, à travers la conscience historique dote à l'apprenant et futur intellectuel. L'absence de la formation historique appropriée dans le cursus universitaire de ce dernier aboutit à l'absence de toutes ces aptitudes /compétences et entretient en lui ce que nous qualifions de conscience a-historique.

### c) L'expression de la conscience historique à travers les attitudes/ comportements

La formation historique, dans son but de doter le futur intellectuel d'une conscience historique, nationale, continentale ou universelle ne donne pas que des connaissances/ compréhensions et des compétences. Elle concourt aussi à lui doter des valeurs et des attitudes qui ont pour but d'influencer à court ou à long terme, son comportement, ses prises de positions, ses prises de décisions. Ces attitudes sont de deux ordres : les attitudes sociales, et les attitudes intellectuelles. Nous en sélectionnons ci-après quelques-unes :

• Montrer de l'intérêt et de l'estime pour son passé. Pour cela : vouloir acquérir la connaissance des problèmes sociaux du présent et du passé ; vouloir connaître les formes de société autres que l'africaine et l'occidentale, aussi bien dans le présent que dans le passé ; s'intéresser à l'histoire « économique », en ce qui concerne notre sujet sous analyse, de sa propre région et les survivances du passé.

• Adopter une attitude critique à l'égard de l'information sur le passé comme sur le présent. Pour ce faire, désirer être bien informé, être minutieux dans la recherche et le traitement (classement, analyse) de l'information.

• Être conscient de l'évolution de l'image de l'homme, du monde et des valeurs qui motivent le comportement humain. Pour cela, avoir du respect pour la spécificité culturelle (de son pays ou de son continent) ; avoir du respect pour les principes démocratiques tels que liberté, égalité, justice, transparence.

• Être prêt à assumer une responsabilité et à vouloir une société digne de l'être humain par conscience historique. Pour ce faire : vouloir collaborer à l'amélioration du sort des hommes ; vouloir s'engager pour la justice sociale et économique ; assumer une responsabilité politique ; vouloir s'engager pour la compréhension internationale (éducation à la paix, problème du tiers-monde...).

Tous ces attitudes /comportements sont absents de la personnalité de ceux qui n'ont pas eu, dans leur programme, une formation historique sur leur région particulière dans leur domaine de spécialisation. Cela s'exprime en eux par des attitudes trahissant une conscience a-historique.

En laconique, nous venons d'analyser ci-dessus les différents modes d'expression de la conscience historique et par un argument *a contrario*, l'absence de ces mêmes expressions chez ceux qui, faute de formation historique appropriée, ont une conscience a-historique. Nous allons maintenant démontrer comment la conscience historique est le fondement primordial de la conscience nationale, du sentiment national, et partant, du nationalisme. La conscience a-historique étant, souvent, le fondement de la crise du nationalisme et partant de la crise du panafricanisme.

## La conscience nationale, le nationalisme et le panafricanisme

Nous n'entendons pas sous cette rubrique procéder à des définitions et analyses académiques de chacun de ces concepts. Il ne sera pas question ici, par exemple, des origines aux caraïbes du panafricanisme, ni de sa version africaine dénommée « krumahnisme » ou « conscientisme »[8]...

Nous dirons simplement un mot sur le concept central de « nationalisme» et sur ses sources. Cependant notre grande préoccupation sera, surtout, de démontrer les liens qui unissent les différents concepts les uns aux autres.

Doctrine affirmant la prééminence de la nation sur le corps social qui la compose, le nationalisme repose sur l'existence d'un sentiment d'appartenance à une communauté nationale liant des individus autour d'une histoire, d'une langue, d'une religion communes. En Europe occidentale, le sentiment national se développa à partir de la fin du Moyen Âge avec l'émergence des États centralisés qui s'appliquèrent à mener une politique d'unification territoriale, linguistique et économique, en rupture avec le morcellement et les disparités liées au système féodal. Comme on le voit, il y a à la source l'Histoire commune qui, en passant par la conscience qu'on en a, lie les individus dans un sentiment commun.

À la base de tout se trouve la conscience historique. Lorsque cette conscience historique est née dans la personnalité d'un citoyen à la suite d'un enseignement sur l'histoire de sa nation, cette conscience historique se transforme en conscience nationale. Dès cet instant, cette dernière nourrit en lui un sentiment national qui le pousse à adopter des attitudes nationalistes (nationalisme). Ça c'est le nationalisme dans son sens étroit[9]. Dans un sens large, lorsque cette conscience historique naît dans le cœur d'un citoyen à la suite d'un cours d'histoire de l'Afrique, elle se transforme en un sentiment panafricain et le pousse à adopter des attitudes panafricanistes (panafricanisme).

De même, lorsque cette conscience historique naît dans le cœur d'un apprenant de la Faculté des sciences économiques à la suite d'un cours d'histoire économique de sa nation, elle se transforme en sentiment national qui le pousse à avoir des attitudes économiques nationalistes (nationalisme économique), ainsi de suite.

Ainsi donc, le cours d'Histoire ou la formation historique sur sa nation, son continent devient la voie obligée pour faire éveiller la conscience historique, pour faire réveiller le sentiment national ou panafricain, et pour créer dans la personnalité d'un futur intellectuel, des compétences et des attitudes responsables vis-à-vis de sa nation, de son continent. C'est la voie obligée pour doter le jeune intellectuel des connaissances utilitaires sur d'où vient l'économie africaine, où est-ce qu'elle en est aujourd'hui, et quelles sont les différentes voies possibles de sortie pour l'avenir.

De même l'absence d'un tel cours, d'une telle formation laisse libre cours à la conscience a-historique c'est-à-dire à la conscience non fondée sur la connaissance de son histoire nationale. Cette conscience a-historique entretient chez le jeune intellectuel l'absence de conscience nationale, laquelle provoque la crise du sentiment national, la crise du nationalisme économique, si on ne se limite qu'à l'exemple à l'étude, celui des économistes congolais. Tout cela peut être schématisé comme suit :

## Le bon exemple du « nationalisme économique » dans l'histoire

Il est curieux de constater, dans l'histoire, que les trois pays qui se sont fait les porte-étendard du « nationalisme économique » à la fin du XIXe siècle, bien que chacun d'eux ait été sur un continent distinct, soient ceux qui, aujourd'hui, sont devenus les trois plus grandes puissances du monde. Il s'agit des États-Unis, du Japon et de l'Allemagne. Lorsque chacun d'eux démarrait cette croisade économique, il était considérait comme un pays en retard du développement par rapport à l'Angleterre, à la Belgique, à la France, et à la Hollande (Adda 1996:39).

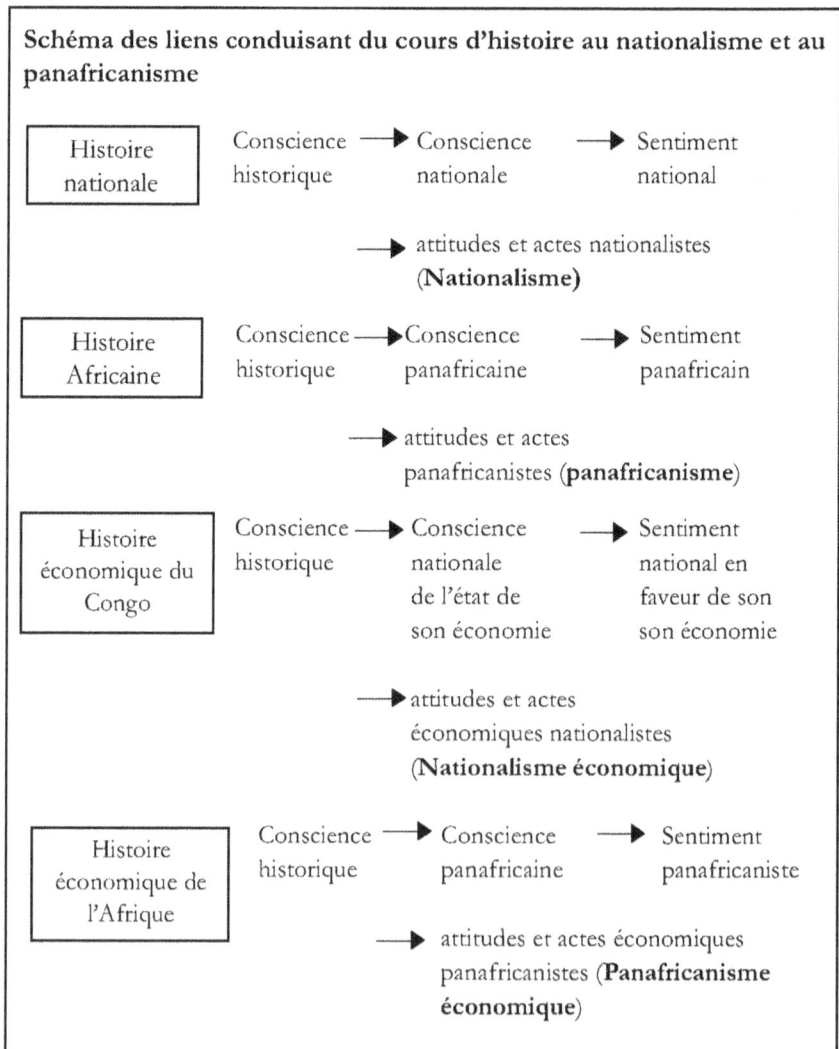

---

**Schéma des liens conduisant du cours d'histoire au nationalisme et au panafricanisme**

| Histoire nationale | Conscience historique → Conscience nationale → Sentiment national |

→ attitudes et actes nationalistes (**Nationalisme**)

| Histoire Africaine | Conscience historique → Conscience panafricaine → Sentiment panafricain |

→ attitudes et actes panafricanistes (**panafricanisme**)

| Histoire économique du Congo | Conscience historique → Conscience nationale de l'état de son économie → Sentiment national en faveur de son son économie |

→ attitudes et actes économiques nationalistes (**Nationalisme économique**)

| Histoire économique de l'Afrique | Conscience historique → Conscience panafricaine → Sentiment panafricaniste |

→ attitudes et actes économiques panafricanistes (**Panafricanisme économique**)

---

Il était intéressant à ce stade de voir comment ce « nationalisme économique » a accompli des prouesses en termes de développement ailleurs, avant de démontrer comment nos économistes, à la suite de leur conscience a-historique, s'évertuent à préconiser son contraire.

Le nationalisme économique s'applique dans un pays par le biais de ce qu'on appelle la doctrine du néo-mercantilisme. Le néo-mercantilisme reprend la doctrine du mercantilisme du rôle accélérateur de l'État dans l'organisation de l'économie, mais cette fois, avec un corrigé : au lieu de considérer comme richesse l'accumulation des métaux précieux, il emprunte à Adam Smith (le père du libéralisme) la conception de la richesse entendue comme accumulation des biens matériels transformes. Donc, c'est l'alliage entre l'État et l'industrialisation. Voilà le secret de la suprématie économique actuelle de ces trois pays. Comment nos économistes l'ignorent-ils ?

En effet, face au discours libre-échangiste forgé par l'économie politique classique, s'ébauche, dès le milieu du XIXe siècle, un contre-discours, qui met en avant les effets négatifs de la concurrence entre nations de niveaux de développement inégaux et plaide pour une intervention active de l'État en faveur des industries naissantes. De façon frappante, ce néo-mercantilisme, version économique du réalisme politique qui règne sur l'Europe, s'épanouit à partir des années 1870 dans les trois nations – États-Unis, Japon, Allemagne – qui dominent aujourd'hui l'économie mondiale. Une véritable démystification de l'ultra libéralisme.

En effet, c'est dans l'Allemagne morcelée, dont l'unité politique reste à accomplir en cette fin de XIXe siècle, que la contestation du discours libéral trouve son expression théorique la plus vigoureuse, sous la plume de Friedrich List, qui publie en 1840, son livre intitulé Système national de l'économie politique. Tout un programme. En effet, il préconise dans ce livre, le *Zollverein* c'est-à-dire l'union douanière allemande, autrement dit une industrialisation fondée sur l'élargissement et la protection du marché intérieur. List montre, en outre, la nécessité d'un protectionnisme éducateur (Adda 1996:40). Sa thèse essentielle est qu'une nation doit d'abord développer ses capacités productives avant d'affronter la concurrence internationale. Or cette capacité réside avant tout dans l'aptitude à transformer les produits, et non à exploiter uniquement ce que la nature offre plus ou moins généreusement. L'industrie est donc la base de la puissance économique et son essor, dans un monde caractérisé par des écarts de développement, exige l'intervention de l'État.

Alors que la théorie libérale classique jette la poudre aux yeux de l'humanité en faisant croire à l'existence d'un monde homogène partout, où les enjeux des puissances semblent absents, où le temps historique est évoqué, List oppose une version réaliste où la puissance politique s'allie avec la puissance économique (Plum 1975:18 ; Manoussos 1961:126).

Ce même nationalisme économique se retrouve aussi aux États-Unis dans les écrits d'Alexander Hamilton. En effet dans son *Report on Manufactures* publié en 1881, il associe richesse, indépendance et sécurité à la prospérité des manufactures. Il dit que ces dernières exigent pour leur développement une protection efficace. Dans le même sens, le président américain Ulysse Grant, le vainqueur du Sud sécessionniste, dénonçait de la façon la plus révélatrice la doctrine libérale en ces termes :

> …pendant des siècles, l'Angleterre a pu bénéficier d'un régime de protection qu'elle a poussé à l'extrême […]. Sans nul doute, c'est à ce système qu'elle doit sa puissance actuelle. Au bout de deux siècles, l'Angleterre a trouvé bon d'adopter le libre-échange parce qu'elle pense que la protection ne peut plus rien lui apporter. Eh bien, Messieurs, ce que je sais de mon pays me porte à croire que d'ici deux siècles, lorsque l'Amérique aura tiré ce qu'elle peut tirer d'un système de protection, elle aussi adoptera le libre-échange (Adda 1996:40-41).

Est-ce que nos économistes congolais et africains, avec leur conscience a-historique connaissent ces secrets ? La seule erreur que le président Grant avait commise, c'est celle d'avoir sous-estimé la rapidité avec laquelle son pays allait y parvenir. Car près de 15 ans après seulement, fort de ce nationalisme économique et de la politique économique néo-mercantiliste qu'elle implique, les États-Unis et l'Allemagne se sont affirmés comme puissances mondiales, posant à l'Angleterre le défi le plus sérieux qu'il aurait dû affronter il y a 100 ans.

Et ce sont ces États-Unis, comme promis par Grant, qui prêchent à nos économistes aujourd'hui, que seul le libre-échangisme à toute épreuve sortira nos pays du sous-développement[10] !

Enfin, c'est le Japon qui a obtenu les résultats les plus spectaculaires à la suite du nationalisme économique et de la politique économique néo-mercantiliste.

Au départ en retard technique par rapport à la Chine et à l'Inde au XVIIe siècle, le Japon, par nationalisme, s'imposa un isolement pendant deux siècles (1639-1859) qui interrompit pratiquement tout contact avec les commerçants européens. Ainsi, il n'a pas subi le traumatisme de la souveraineté aliénée, ni de l'industrie saccagée par le déferlement des produits occidentaux, ni d'un régime démographique bouleversé par l'intrusion européenne.

Face à la menace qui pèse sur sa souveraineté à la suite des fameuses expéditions du Commodore américain Perry en 1853-1854, l'État japonais réagit par une politique de centralisation du pouvoir et de libéralisation économique interne, visant à transformer l'ouverture commerciale imposée en instrument de modernisation.

À partir de 1868, l'État s'emploie à jeter les bases d'une industrialisation et d'une organisation économique moderne, suivant en cela, mais au rythme accéléré, le chemin jalonné par l'Europe mercantiliste depuis le XVIIe siècle : suppression des corporations, libération de la paysannerie, abolition de toutes les restrictions aux échanges intérieurs, édification d'un système bancaire et financier moderne, encouragement de la création d'entreprises et à l'importation des techniques occidentales, etc. (Adda 1996:41-42).

Farouchement attaché à son indépendance nationale, le Japon va même jusqu'à se fermer vis-à-vis de tout emprunt et investissement extérieur. En contrepartie, c'est l'État qui investit massivement dans les industries lourdes et infrastructures de base, qui permettront d'équilibrer la croissance et de la maintenir sur un sentier rapide.

Nos économistes africains en général et congolais en particulier, connaissent-ils ces réalités historiques.

Ce nationalisme économique japonais d'inspiration de Friedrich List ne s'est pas limité au XIXe siècle. Même après la Deuxième Guerre mondiale, c'est lui qui permit une reprise rapide. Les Japonais ne se laissèrent jamais distraire ni par les théories économiques occidentales, ni par leurs propres économistes acquis à ces théories qu'ils exclurent du reste de la prise de stratégie. Voici le témoignage de Allen (1963:105-106) :

> Les principes qui présidaient à la mise en œuvre de la politique n'étaient guère redevables à la théorie économique soit classique, soit néo-keynésienne. À la fin de la guerre, les économistes japonais dans l'ensemble n'étaient pas comme on le montrera plus loin, considérés comme des conseillers valables par l'élite au pouvoir. Aussi, au début, se tourna-t-elle vers des hommes formés à d'autres disciplines, en particulier des ingénieurs qui avaient eu une expérience d'administrateurs pendant la guerre. Ces derniers, naturellement, étaient favorables à une politique tenant à l'expansion de la production, et leurs recommandations sur les moyens d'action n'étaient pas entravées par quelque reste de croyance au libre-échangisme et aux mérites d'une économie de marché (laisser-faire) encore moins par les notions naissantes de gestion de la demande (pour soit-disant éviter l'inflation) ou d'État providence. Si l'on peut dire qu'une théorie a influencé leur action, ce fut celle de Friedrich List, dont le principe de « l'industrie balbutiante » pourrait certainement se retrouver dans la politique du début de l'après-guerre. À en juger par leur comportement à cette époque, les autorités japonaises souscrivirent volontiers à la théorie de List selon laquelle la mise en place des forces productrices était plus importante que l'attribution de revenus élevés dans l'immédiat. La stratégie du développement fut élaborée de concert par les industriels et les officiels du MITI (ministère du Commerce international et de l'industrie). La tâche initiale consistera à sélectionner les industries qui pouvaient prétendre en priorité recevoir une aide.

Pourquoi nos économistes ignorent-ils les prouesses de cette théorie salutaire de Friedrich List ? Pourquoi s'accrochent-ils à des théories qui lui sont contraires au point de compromettre le développement de leur économie ?

Quant à nous, à la fin de cette partie sur le nationalisme économique et la politique économique néo-mercantiliste qu'elle implique, et après analyse, nous sommes parvenus à dégager un schéma historique suivant :

**Schéma historique de toute évolution économique d'une nation vers le développement**

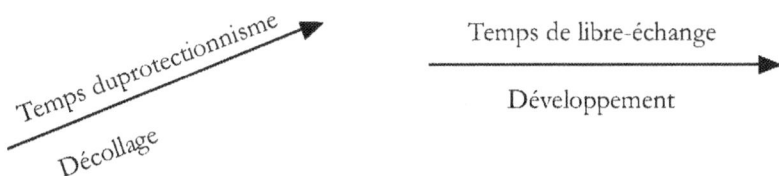

Autrement dit, pendant le temps de la recherche du décollage économique, l'économie de tout  pays doit savoir user du protectionnisme éducateur, mais dès que le développement est acquis, le pays peut préconiser le libre-échange. Vouloir faire le contraire est un acte anti-national.

## II. La formation universitaire en sciences économiques en RD Congo entre 1960 et 2003 comme source de conscience a-historique et de crise de nationalisme

La devise de l'enseignement supérieur et universitaire en RD Congo est : « Science sans conscience n'est que ruine de l'âme ». Nous, nous dirons : « Science sans conscience historique, sans conscience nationale n'est que ruine de la nation ». Nous allons voir, dans ce point, comment la formation historique, mieux le cours d'Histoire économique du Congo et celui d'Histoire économique de l'Afrique n'ont jamais étaient prévus au programme de la Faculté de sciences économiques, voici plus de 40 ans. Cette Faculté accorde le privilège à des cours donnant la prééminence à l'économisme. La conscience a-historique qui en résulte est lourde de conséquence en termes d'incompétence, et d'attitudes irresponsables de la part de nos intellectuels économistes.

### La misère des programmes des cours face à la spécificité de l'évolution de l'économie africaine

Entre 1960 et 2003, alors qu'ailleurs les intellectuels plaident en faveur de la ré-appropriation de leur histoire nationale, de la ré-appropriation de leur devenir, en RD Congo, les programmes des cours formant en Faculté les économistes évacuent toutes les matières ayant trait à l'histoire de leur propre économie.

Nous avons analysé les trois programmes qui se sont succédé de 1956 à nos jours, de même que le nouveau qui est introduit en année de recrutement depuis novembre 2003. Nous les dénommons : programme d'avant 1971 ; programme de l'UNAZA ; programme d'après 1981, et nouveau programme (c'est-à-dire celui entrant en vigueur à partir de novembre 2003).

Dans le programme d'avant 1971, trois cours d'histoire sont prévus : « Histoire économique contemporaine » (30h), en deuxième candidature de sciences commerciales ; « Histoire de la pensée économique » (30h) et « Histoire diplomatique contemporaine » (45h) en première licence de sciences commerciales et consulaires (Université officielle du Congo à Lubumbashi 1968:80-86).

Dans le programme de l'UNAZA (1971-1981), quatre cours d'histoire sont prévus :

- Histoire économique (45h) en deuxième graduat Sciences économiques.
- Histoire de l'industrialisation (30h) en deuxième licence de Sciences économiques,
- Histoire de la pensée économique en première licence de sciences économiques (45h) et en quatrième année de sciences économiques (ex : ENA (60h), cours à option).
- Histoire diplomatique (60h) en première licence de sciences commerciales (Rectorat de l'Université nationale du Zaïre 1973:136-143).

Dans le programme d'après 1981, un seul cours se maintient : Histoire économique (45h) en deuxième graduat Sciences économiques.

Dans le nouveau programme mis sur pied en novembre 2003, quatre cours d'histoire sont prévus :

- Histoire du Congo et de l'Afrique (en graduat)
- Histoire économique (en graduat)
- Histoire comparée de l'industrialisation (en Licence de l'orientation économie industrielle et de l'orientation économie du développement).
- Histoires des faits de population (en Licence de l'option démographique) (Table ronde des Universités du Congo TRUC, Commission 1 chargée des programmes des universités, 2003).

Tels sont les programmes des cours de formation du futur intellectuel économiste entre 1956 et 2003. Comme on le voit, pas un seul cours d'Histoire devant apprendre aux futurs intellectuels économistes congolais la dynamique et la spécificité de l'évolution de l'économie de la RD Congo ou de l'Afrique, n'est prévu. Encore que le cours d'Histoire du Congo et de l'Afrique que le nouveau programme prévoit à partir de cette année se limite à l'Histoire générale et non à l'Histoire économique.

Bref, tout ce que nous avons exposé dans la deuxième partie de ce texte comme dividende acquis par l'apprenant futur intellectuel au travers de la formation historique à savoir la conscience historique et ses différents modes d'expression en terme des connaissances/compréhension, des aptitudes/compétences et d'attitudes/comportements responsables, échappent aux économistes pour ce que est de leur lien vis-à-vis de leur nation et de leur continent. Il en découle que les intellectuels économistes congolais ont une conscience a-historique, et souffrent d'une crise de conscience nationale, d'une crise de sentiment national, d'une crise de nationalisme et de panafricanisme. Ils sont formés comme des spécialistes d'une économie mondiale homogène partout, sinon, comme des spécialistes d'une économie du monde, mais ne maîtrisant rien sur les spécificités particulières de la mutation dans le temps de l'économie de leur nation, de l'économie de leur continent. Cette conscience a-historique et la crise du sentiment national qui en découle, ont conduit les intellectuels économistes congolais à des attitudes catastrophiques pour leurs pays. Et nous le verrons plus loin. Mais en attendant, cette question s'impose : la formation donnée à la Faculté des sciences économiques est-elle vraiment scientifique ?

### Entre science et idéologie : la Faculté des sciences économiques donne prééminence à l'économisme

Une question s'impose : qu'est-ce qui justifie cette ignorance suspecte de l'importance du cours d'Histoire économique du Congo et de l'Afrique pour des futurs intellectuels appelés à transformer cette économie particulière ? Nous allons découvrir ici que la dénonciation de cet état des choses a été faite à plusieurs reprises, même par les victimes elles-mêmes, les économistes. Mais commençons par comprendre la notion d'idéologie.

### La notion d'idéologie et sa différence avec la science

À l'origine de cette rubrique, nous voulons démystifier la confusion que sème une « idéologie » en se faisant passer pour de la « science ».

En effet, une idéologie, comme dit Althusser, est un système (possédant sa logique et sa rigueur propres) de représentations (images, mythes, idées ou concepts selon les cas) doué d'une existence et d'un rôle historique au sein d'une société donnée (Michaud et Marc 1981:129-130).

La caractéristique principale de l'idéologie est d'être une sorte de connaissance « naïve prise au piège des apparences ». Elle est souvent confondue et prise pour de la science.

Comme le dit Jaspers, l'idéologie s'apparente à l'illusion : « une idéologie, écrit-il, est un complexe d'idées ou des représentations qui passe aux yeux du sujet pour une interprétation du monde ou de sa propre situation, qui lui représente la vérité absolue, mais sous forme d'une illusion par laquelle il se justifie, se dissimule, se dérobe d'une façon ou d'une autre, mais pour son avantage immédiat » (Michaud et Marc 1981:130). Comme on le voit, alors que la science s'appuie sur des faits historiques, l'idéologie, elle, s'appuie sur les idées des individus et sur des représentations de ces derniers. Cela lui permet de jouer son rôle d'occultation de la réalité, et de justification et de défense dissimulée des intérêts d'un groupe ou d'une classe donnée, sous le couvert d'un faux statut de science.

Lorsqu'un mode de connaissance s'appuie sur des idées et des représentations de gens plutôt que sur des faits et des évidences empiriques, il ne s'agit pas d'une science, mais plutôt d'un piège de l'idéologie.

C'est pour éviter ce piège de l'idéologie que les économistes allemands au XIXe siècle ont préféré fonder, pour sortir leur pays du retard accumulé face au développement économique de l'Angleterre et de la France, leur science sur l'histoire plutôt sur des idées et des représentations des individus comme Richardo. Ils créèrent alors la célèbre École historique allemande, qui a servi de socle à l'idéologie du nationalisme économique ainsi qu'à la politique économique dite néo-mercantiliste. On en voit aujourd'hui les résultats : non seulement l'Allemagne a comblé le retard de son développement face à ces deux pays, mais bien plus, elle les a dépassés et trône désormais comme la plus grande puissance économique de l'Europe.

Face à cette évidence, il faut dire que la Faculté des sciences économiques du Congo ayant évacué les matières d'Histoire économique au profit des matières donnant des idées et des représentations des individus, elle est en vérité une Faculté d'idéologie économique et non de sciences économiques. Elle est, pour être précis, une Faculté d'économisme (Landes 2000:11-18)

### Processus de critique de la prééminence de l'idéologie de l'économisme dans la formation des économistes africains et congolais

Nous donnerons une critique déjà faite par un Africain sur l'ensemble de la formation des économistes en Afrique et deux critiques émises par les Congolais au niveau de leur pays.

Au niveau de l'Afrique, Samir Amin écrivait (Amin et Coquery-Vidrovitch 1969:7-8) que si les grands économistes classiques de la première moitié du XIXe siècle étaient préoccupés de comprendre la dynamique (c'est-à-dire l'évolution ou l'histoire du système capitaliste), le triomphe du marginalisme devait conduire à l'abandon de cette préoccupation fondamentale. Le marginalisme fait ainsi perdre à l'économie son caractère de science sociale. L'économie au lieu d'étudier les rapports entre les hommes organisés en sociétés à l'occasion de la production et de la circulation des richesses, étudie les rapports entre l'homme isolé (Robinson dans son île) et les choses.

L'économie devient dès lors a-historique (dépourvue de contenu historique). Elle ne permet donc plus de comprendre ni le mouvement de transformation des systèmes économiques, ni la dynamique de l'accumulation caractéristique du capitalisme. Elle s'enferme dans de faux problèmes : la recherche des mécanismes qui assureraient spontanément un équilibre « harmonieux » (celui de l'offre et de la demande des biens, celui de la rémunération des facteurs et de leur soi-disant productivité, celui de l'épargne et de l'investissement, celui de la balance extérieure, etc.). Son caractère statique et apologétique du système capitaliste devient évident, comme son isolement dans la tour d'ivoire des universités, incapable qu'elle est devenue de comprendre l'histoire (Amin et Coquery-Vidrovitch 1969:8), donc, de servir à l'action (à l'action de transformation, de développement). Samir Amin poursuit son propos en lançant un appel pour le besoin de la théorie du développement et du sous-développement, de voir l'économie réintégrer l'histoire, et tenter d'en comprendre le mouvement.

Au niveau de la RD Congo, une analyse faite par Bongeli Yeikolo intitulée « Université et sous-développement au Zaïre ou la spécialisation de l'incompétence » est fort critique du programme des cours de la Faculté des sciences économiques. En effet, sous sa rubrique intitulée « L'économie politique enseignée au Zaïre », il commence par faire remarquer que « toute théorie scientifique naît dans un contexte social donné, en fonction des problèmes concrets que se posent les hommes en société à une époque déterminée de leur histoire » (Bongeli 1984:25 et 46).

Citant Kankwenda, professeur à l'Université de Kinshasa, Bongeli poursuit qu'en ce qui concerne l'enseignement économique au Zaïre, lorsqu'il a été introduit, il ne pouvait être que la théorie de la structure économique de la métropole ou de tout autre qui lui est qualitativement semblable. Et cela parce que l'imposition de la structure économique européenne sur la nôtre, et partant, la domination des valeurs propres à la structure économique de l'Europe sur les nôtres exigeaient des économistes européens, non pas l'élaboration d'une théorie nouvelle correspondant à cette structure économique qualitativement différente, mais plutôt la diffusion de la structure économique européenne en tant qu'instrument de la propagation des valeurs économiques des métropoles. Après tout, constatait l'auteur qui est lui-même économiste, « nos maîtres étaient bien des économistes de la colonisation ». Une théorie « scientifique », en vérité une idéologie fut ainsi imaginée pour voler au secours de l'impérialisme en quête de justification (Bongeli 1984:46).

À partir de cette conception européocentrique, dit Kankwenda, les programmes de cours sont conçus en conséquence au cours de trois premières années, la totalité des matières économiques inscrites au programme, sauf peut-être un ou deux cours, enseignent la connaissance des sociétés libérales achevées. Ces cours s'intitulent monnaie et crédit, micro-économie, macro-économie, finances publiques, etc. Il faut ajouter à cela les cours à caractère technique : comptabilité, management, etc. La finalité, c'est de répondre aux besoins des entreprises (alors que celles-ci sont encore à créer), et de produire de jeunes « cadres » qui connaissent les mécanismes de l'économie de marché et, qui sont rompus à ses techniques de gestion.

Dépourvus de sens de l'histoire et occultant ainsi les problèmes essentiels de l'économie congolaise et africaine, les produits d'une telle formation-déformation qui, du reste, mesurent le développement avec des critères insignifiants comme le PIB, le niveau de consommation, le nombre de médecins par habitant, le revenu moyen par habitant vont définir le sous-développement comme le résultat des lacunes qu'il suffira de combler pour qu'il y ait développement. Parmi ces lacunes, se disent-ils, il y a le manque de cadres et de capitaux. C'est ce qui amènera nos économistes à se convaincre que le manque de capitaux chez nous au Congo ou en Afrique est dû à une « douce négligence » de la part des pays riches vis-à-vis des pays pauvres. Tout est conçu aussi mécaniquement et avec tant d'irresponsabilité. Et c'est ce qui explique, en leur chef, cette confiance toujours renouvelée, malgré le démenti de l'histoire, que les Occidentaux viendront un jour avec leurs capitaux (aides ou investissements) et développeront nos pays. Quelle naïveté ?

Il faut retenir que l'économisme ainsi enseigné dans nos Facultés des sciences économiques—fondé sur des idées (lois, postulat, théorie, concept et modèle) et lui-même fruit d'une création mentale plutôt que de l'histoire des structures économiques—est une idéologie et non une science. C'est une idéologie apologétique du marché et du libéralisme et non une science. Mieux, c'est une théologie du marché... En privant les futurs intellectuels économistes de la conscience historique, il entretient en eux l'absence de sentiment national et partant, entraîne dans leur chef des actes anti-national et anti-panafricain, à l'exemple de ceux que nous verrons dans la partie qui suit.

## Conscience a-historique et négligence du primat de création d'une structure financière autocentrée pour le développement du pays

Nous allons analyser cette rubrique en deux volets : les leçons tirées de l'histoire des pays actuellement développés et le malheureux exemple des économistes congolais.

### Les leçons tirées de l'histoire des pays actuellement développés

Dans l'histoire des pays actuellement développés, si les deux premiers facteurs de production à savoir la terre et le travail humain n'ont pas manqué, il n'en a pas été de même pour le troisième, le capital qui, au tout début, a souvent posé des problèmes. Et pourtant c'est exactement ce facteur qui a le rôle de catalyseur entre les deux premiers. Comment ces pays aujourd'hui développés ont-ils pu franchir cet obstacle de manque de capitaux et de structure financière autocentrée ? Nous prendrons juste quelques cas.

## Les États-Unis

Aux États-Unis, pour résoudre le problème de capitaux ou de crédits pour le développement économique, la solution fut trouvée dans la création, sur la base de la monnaie nationale, d'un système bancaire interne et autocentré extrêmement dense. Trois phases sont à distinguer dans cette évolution bancaire.

### a) Le régime de la pleine liberté ou *Free Banking*

Il va de la création des premières banques au XVIIe siècle à la réforme de 1863. À ce stade il faut distinguer les Banques privées et les Banques d'États.

### • Les banques privées

Elles furent créées pour venir en aide aux colons et eurent donc un caractère nettement rural (d'Haeye 1938:63). À cette époque, l'épargne faisait défaut et la monnaie elle-même était rare. Pour contourner cet obstacle, une solution fut imaginée. Elle consistait à autoriser ces banques à émettre des « billets de crédits » (*bills of crédit*) pour remplacer les billets de banque. Les actionnaires de la banque gageaient leurs terres en couverture de cette émission. Aucune réglementation ne fut imposée à ces banques : ainsi les émissions des *bills of crédit* furent excessives. D'où le nom de *free banking* pour exprimer cette liberté. C'était avec cette structure financière autonome, autocentrée et autodynamique que les États-Unis battirent les socles de leur décollage économique. Point d'étrangers ne furent attendus pour apporter en devises étrangères les « capitaux introuvables ».

### • Les *State Banks* (ou Banques d'État)

Le stade suivant dans le développement bancaire fut la création des *State Banks*, c'est-à-dire des banques d'État, recevant leur charte d'incorporation de l'État où elles sont établies (d'Haeye 1938:64). Imaginez le nombre d'États composant les États-Unis et chacun à cette époque avait sa propre banque. Ces banques relevaient de la juridiction de cet État, et non pas de la juridiction fédérale. C'est comme si dans nos États africains actuels, chaque province avait sa propre banque relevant de sa juridiction.

Et ce n'est pas tout. Dans l'idée des promoteurs de la *State Bank*, chaque État ne devait avoir qu'une *State Bank*, et l'État en question en serait l'actionnaire principal. Mais comme c'était un régime de liberté, à défaut de dispositions légales, on vit surgir d'autres banques en très grand nombre qui s'arrogèrent également le titre de State Bank, sans cependant jouir de l'appui officiel de l'État. Cet état de choses provoqua l'existence d'un nombre très élevé de *State Banks* aux États-Unis. Quiconque avait besoin de capitaux, de crédits pour créer une entreprise, pour produire, pour commercialiser, etc. , les trouvait à portée de mains. Les États eux-mêmes n'avaient pas besoin de se tirer les cheveux pour attendre des hypothétiques aides ou investissements qui viendraient de l'étranger. On disposait des capitaux dès que l'on a avait besoin. Il suffisait de créer les techniques financières et des structures financières nationales. Aucun contrôle d'émission de billets de banque n'était institué, et ces crédits provoquèrent une expansion économique extraordinaire des États-Unis en général, que ne freinaient par courtes périodes que les alternances inéluctables du cycle des affaires. Il faut noter que chaque banque émettait, au nom de cette liberté, sa propre monnaie (d'Haeye 1938:65) pourvu que les capitaux, les crédits abondent.

b) Le *National Bank* système (1863)

Le but que poursuivit le législateur, en promulguant le *National Bank Act* était avant tout la création d'une circulation uniforme dans le pays entier. C'est seulement à ce moment que l'on pense aux États-Unis, à la couverture des billets émis.

c) Le *Federal Reserve System*

Le *National Bank Act* avait doté le pays d'une circulation uniforme, le *Federal Reserve Act* va s'efforcer de l'assouplir, d'assurer à cette circulation une certaine élasticité (c'est-à-dire moins de limitations d'émission), répondant aux besoins de l'expansion économique, du développement.

La mesure capitale sera la création d'un organisme central ou plus exactement d'un groupe d'organismes centraux – *Federal Reserve Banks* (FED) – accordant aux banques affiliées au système (*Member Banks*), le privilège de l'escompte. Et même avec ce système qui reste de rigueur jusqu'à ce jour, les États-Unis demeurent le pays à tradition de surcrédit, de surcapitalisation, allant jusqu'à avoir sur leur territoire, au début du XXe siècle, plus de 30 000 banques, sans compter les autres organismes de crédit (d'Haeye 1938:37).

Comme on vient de le voir, aux États-Unis, une structure financière complexe, en monnaie nationale, avait résolu le problème de manque de capitaux. Le temps nous manque pour démontrer que c'était le même chemin choisi par l'Angleterre, l'Allemagne, la France, la Belgique, les pays scandinaves, le Canada. Et que l'État y a joué un rôle central (Fay 1990 ; Taillor 1990 ; Allen 1983:66-84). Mais pour ne pas escamoter notre argument, le cas du Japon mérite que nous en disions un mot.

Le Japon

En effet, comme on peut lire dans « Le défit économique du Japon », que le Japon, devant le besoin de capitaux pour financer son développement économique, n'est pas tombé dans l'illusion d'attendre des devises-capitaux venant de l'extérieur. Il a au contraire élaboré ses institutions financières, non pas en imitant aveuglément les modèles occidentaux, mais en les adaptant habilement à ses propres besoins. Ses principales banques appartenaient aux empires des Zaibastu dont elles assuraient les besoins financiers. Cela signifie que toutes les grandes entreprises avaient leurs propres banques qu'elles ont elles-mêmes créées pour collecter l'épargne et lui assurer, comme un fleuve qui coule, un afflux permanent de crédits. Ni ces banques, ni les nombreuses banques locales et provinciales ne se conformaient ou ne prêtaient attention, dans leur politique de crédit, aux directives données par la Banque du Japon (la banque centrale). De même, pour mener à bien sa politique d'expansion, le gouvernement avait trouvé pratique d'établir un certain nombre de banques semi-officielles qui avaient des fonctions spécifiques. Ainsi, le secteur officiel du système bancaire remplissait les fonctions essentielles à la réalisation de la stratégie économique du gouvernement. Dans les années 1930, la banque centrale fut appelée à reprendre la totalité des obligations émises par le gouvernement pour financer son vaste déficit budgétaire. Comme un banquier japonais l'a déclaré, « son rôle principal devint celui d'un fournisseur de crédit illimité pour le gouvernement » (Allen 1983:66-67). C'est ainsi qu'en 1978, le Japon comptait plus de 210 banques et 10 000 autres organismes de crédit environ (mutuelles, coopératives, Fonds, etc.).

Il n'a pas été nécessaire d'aller chercher les capitaux à l'étranger, mais ils ont été créés en monnaie nationale, par l'élaboration d'une structure autonome diversifiée, autodynamique et autocentrée de financiarisation de l'économie japonaise. Des théories de l'économisme ont été évacuées, mises de côté et n'ont pas justifié une peur irraisonnable de l'inflation sacrifiant le développement.

*Le malheureux exemple des économistes congolais à la suite de leur conscience a-historique*

Fondé, nous l'avons vu, sur des idées (lois, postulat, théorie concept et modèle) fruit d'une création du mental cohérent de certains auteurs classiques (A. Smith et D. Ricardo entre autres) et non sur l'histoire des autres structures économiques dans le monde, l'économisme est une idéologie apologétique du marché et du libéralisme, et non une science.

Partant du marginalisme à la fin du XIXe siècle, il reçut, des empires financiers monopolistes capitalistes (qui en sont les véritables tireurs de ficelle dans l'ombre) une mission historique : celle de faire accepter, dans toutes les sociétés de la planète, les lois du marché (ou l'autorégulation de la main invisible) et la spécialisation internationale, comme les seules voies pour réaliser rapidement le bonheur de l'humanité. Et pour y parvenir, ils (c'est-à-dire ces groupes financiers monopolistes capitalistes qui, au-delà de l'apparence, constituent « la véritable main invisible ») se convinrent de s'assujettir, dans tous les pays de la planète, le savoir organisé du domaine de l'économie, à savoir, les Facultés des sciences économiques ; cela afin d'y former les agents de relais de leur idéologie (économisme). Cela devait se faire par l'évacuation du programme des cours de leur formation, de toutes les matières (notamment d'Histoire) pouvant leur donner la dynamique des structures économiques et sociales particulières de leur pays, et en n'y laissant qu'un ensemble de notions abstraites (rareté, besoin, bien, capital, offre, demande, salaire, profit, intérêt, coût, épargne, etc.), appelées pompeusement « économie pure » et, conçues comme théories, concepts et lois applicables partout.

Ainsi, ayant exclu de son objet d'étude la recherche de la loi d'évolution (passée, présente et future) des systèmes économiques et sociaux particuliers, notamment celui de la RDC, laquelle pouvait former des universitaires capables de créer les changements des structures dans leurs propres pays (aucun cours d'Histoire d'économie du Congo, ni d'Histoire monétaire ou financière du Congo), l'économisme s'est donné pour mission de former des simples spécialistes dans l'art de la gestion, la gestion de quelques rares unités économiques que les groupes financiers monopolistes capitalistes auront implantées chez nous. C'est dans ces conditions et à cet objectif que nos économistes sortant de nos Facultés ont été et sont formés.

Ainsi, victimes de la formation en économisme, dépourvus des connaissances-compréhensions sur l'évolution spécifique de leur économie et, des aptitudes-compétences que seule la formation historique, comme nous l'avons vu plus haut, donne aux apprenants futurs intellectuels, les économistes du Congo-Kinshasa se sont fait des boîtes de résonances de l'application de la politique de stabilisation conseillée par leurs formateurs belges et les institutions de Bretton Woods, gendarmes des intérêts des groupes financiers mondiaux.

Il est intéressant de suivre les contradictions dans le chef de l'un de leurs formateurs à l'économisme. En effet, tout en reconnaissant qu'en Amérique latine une stabilisation monétaire tentée par des moyens orthodoxes (dévaluation, blocage du crédit et des salaires) sera immédiatement remise en cause tant que persistent les facteurs d'inélasticité de l'offre ; tout en reconnaissant que, pire encore, les mesures monétaires, sans supprimer les causes profondes de l'inflation, risquent de provoquer l'arrêt de la croissance industrielle et d'accentuer le chômage urbain en alignant toute activité économique sur le secteur dont l'offre est la moins élastique, voici la proposition pour le moins suspecte et étrange que Lacroix (1967), l'un des formateurs et inspirateurs des économistes congolais fait :

> Au Congo par contre, la dévaluation, le contrôle du crédit et de la restauration de l'équilibre des finances publiques, bref, le train des mesures classiques que comporte une opération de stabilisation monétaire, ne mériterait plus de critique des structuralistes latino-américains.
>
> Loin de se borner à résorber l'excès de demande, une politique monétaire orthodoxe au Congo (c'est-à-dire de stabilisation) s'attaque en même temps aux facteurs structurels d'inflation.

Quelle déclaration péremptoire ! Et dans quel but ? Mais l'histoire s'est chargée de démentir cette affirmation de commande. En effet, plus de 43 ans d'application de la politique monétaire de stabilisation après, les facteurs structurels d'inflation ont demeuré au Congo démocratique. L'insuffisance de l'offre qui en est, en vérité, la principale cause n'a jamais été corrigée. Au contraire, comme le reconnaît Lacroix pour l'Amérique latine, ces genres de mesures monétaires, sans supprimer les causes profondes de l'inflation, risquent de provoquer l'arrêt de la croissance industrielle et d'accentuer le chômage, la croissance industrielle du Congo s'en est trouvée ralentie et le chômage accentué avant même que les mesures de zaïrianisation ne viennent les aggraver (Peemans 1999:258-529).

En vérité, cette politique de stabilisation n'a pour objectif que de ramener l'économie du pays aux meilleures conditions du respect des « lois libres » du marché et de la maintenir dans l'état de simple débouché des économies développées, qui lui est assigné par la spécialisation internationale. Quelle évidence de conscience a-historique ! Quelle absence de conscience nationale ! Quel exemple d'absence de nationalisme économique !

### Comment les choses se sont-elles passées concrètement ?

On sait que, pour construire l'économie d'un pays, autrement dit, pour produire, il faut réunir trois facteurs : la terre, le travail et le capital. Et que si le Congo réunit les deux premiers facteurs, c'est le troisième, le capital (ou monnaie, ou valeur en biens capitaux, ou valeur de titres) qui lui manque pour relancer sa construction. Hélas ! que voit-on dès l'aurore de l'indépendance du pays ? Dès l'annonce de l'imminence de l'Indépendance du Congo, à partir de 1958, les Belges, par panique, mais aussi par stratégie, se mettent à démanteler tout le petit système financier (capitaux en valeur mobilière, capitaux ou divers système bancaire) qu'ils venaient de renforcer il y a huit ans pour la construction dans le cadre du plan décennal 1949-1959. Ils se mettent à retirer et à rapatrier vers l'Europe tous les capitaux liquides qui circulaient à ces jours-là, dans le jeune et embryonnaire système financier congolais.

Alors que ce catalyseur (capital financier) entre le facteur terre et le facteur travail pour un véritable procès de production, est ce qui faisait défaut au jeune Congo indépendant pour sa construction, les économistes congolais—formés et conseillés en cela par les économistes de la Belgique, du FMI et de la Banque mondiale qui font le relais de la stratégie néo-coloniale des empires financiers monopolistes capitalistes— vont se convaincre et se mettre à étrangler, sinon à démanteler le peu qui restait encore de l'embryonnaire système financier congolais. Comment cela ? En effet, le credo qu'ils reçoivent et qu'ils véhiculent est : avant de relancer ou construire l'économie congolaise, il faut d'abord, au préalable, la stabiliser. Or la politique conjoncturelle de stabilisation comprend trois mesures : la dévaluation ; la réduction de l'offre de monnaie et de l'octroi des crédits à l'économie ; et l'équilibre budgétaire (bref, un assainissement monétaire et financier).

Donc par l'application de la deuxième mesure inhérente à toute stabilisation, les économistes congolais prenaient la charge, voilà 43 années que cela dure, de figer systématiquement l'embryonnaire système financier qui existait dans le pays. Stabilisation à partir de 1963 : programmes de stabilisation en 1976, 1977, 1979-1980 et 1981 ; programme d'ajustement structurel à partir de 1983, et programme de stabilisation à partir de 2001[11] ! Par ces programmes de stabilisation, ils opéraient de manière systématique et permanente la répression de tout crédit à l'économie, la laissant s'étioler progressivement, comme un arbre dont on a coupé à la base la circulation de la sève et qui voit l'une après l'autre ses feuilles s'assécher et tomber, jusqu'à ce qu'il devienne entièrement sec et qu'il meurt.

Tout cela revenait pratiquement à la démolition progressive, lente mais systématique du seul lien pouvant relier le travail et la terre au Congo, dans un procès de production, voire dans un procès de construction nationale. Résultat de cette politique prétendument dictée par la phobie de l'inflation : en quarante-trois ans, le PNB du Congo s'est réduit et a été, pratiquement, divisé par 3. Le Congo est réellement devenu un des meilleurs débouchés des économies capitalistes développées du Nord réduit à importer même la boîte d'allumettes, la boîte de tomate, et plusieurs autres articles qu'il produisait déjà avant l'indépendance. De premier exportateur mondial d'huile de palme du début du siècle par exemple, le Congo est réduit à importer aujourd'hui une partie de sa consommation de ce produit des pays asiatiques.

Aujourd'hui, nous parlons de la nécessité de la construction de l'économie congolaise en situation de post-conflit. Mais avec quelle politique monétaire ? Ou bien c'est la même politique de stabilisation qui continue, mais elle n'a jamais, selon les leçons de l'histoire du monde, concouru nulle part à une construction ou à l'expansion de l'économie, ou alors on opte pour son contraire, auquel cas il faut dès ce jour, nous atteler à la construction d'une architecture financière nationale digne de ce nom, condition sans laquelle, parler d'une politique monétaire expansionniste est un leurre.

Alors que nous avons vu ci-dessus comment, pour contourner l'obstacle de manque de capitaux au début du décollage de leurs économies, tous les pays aujourd'hui développés avaient élaboré et créé, en leur propre monnaie, une structure financière dense, diversifiée et autocentrée (plus de 200 banques ici, plus de 30 000 là-bas), au Congo-Kinshasa, comble de scandale, il y a seulement plus ou moins 7 banques aujourd'hui. Alors que dans les pays développés cités, sous l'impulsion de l'État et des personnes privées, ces banques étaient essentiellement nationales, au Congo-Kinshasa, presque toutes ces 7 banques sont de capitaux étrangers et contrôlées discrétionnairement par ces derniers. Quelle conscience a-historique ! Quel manque de sens de l'histoire de la part de nos « économistes » qui sont indifférents face à ce scandale !

Alors que la banque centrale (les États-Unis en a douze par son système de FED) dans tous les pays aujourd'hui développés, fort de son rôle de « prêteur en dernière instance », a joué un rôle central dans la profusion des crédits à l'économie tant que les impératifs de la production nationale l'exigeaient, au Congo démocratique, nos économistes se sont fait des cobayes de l'expérimentation d'un modèle ignoré par l'histoire, celui où la banque centrale arriverait à encourager le développement économique au moyen d'un objectif permanent de stabilisation de la monnaie. Quelle aberration !

On peut ainsi mesurer les conséquences de l'absence dans le chef de nos « intellectuels » économistes, certaines connaissances-compréhensions, certaines aptitudes-compétences que seule la formation historique (à travers l'Histoire économique ou l'Histoire monétaire et financière de leur pays ou de leur continent) leur aurait données.

## La perspective de formation historique et l'impératif de construction d'une Afrique autonome sur le plan financier demain

Loin d'être une situation particulière au Congo démocratique, le piège de répression des crédits en monnaie nationale à l'économie – mieux de création et d'entretien de la pénurie de capitaux décrite ci-haut, au travers de la politique de stabilisation – bloque le développement autocentré, autodynamique et auto-entretenu de l'économie de l'Afrique tout entière.

Pour preuve, la dénonciation restée toujours d'actualité qu'en avait fait Amin (1998:469-471) pour ce qui est des pays africains de la zone franc :

> Le système monétaire des pays africains de la zone franc a donc œuvré jusque-là dans une direction fortement déflationniste. Il a imposé aux États, une orthodoxie financière rigoureuse à faire rêver les plus conservateurs des banquiers du 19e siècle, une rigueur que la France elle-même ne pratique plus depuis longtemps, à laquelle s'ajoute l'orthodoxie rigoureuse pratiquée dans l'octroi des crédits à l'économie. Est-ce normal ? Il est facile de dire que l'inflation n'est pas le développement. Les intentions sont douteuses quand on sait que le statu quo prétend imposer à l'Afrique une performance qui sera alors unique dans l'histoire du monde : un développement rapide sans inflation.

Que faire devant pareille situation ? Quelle stratégie adopter comme voix de sortie? Nous proposons une stratégie à deux volets :

1) Retourner dans toute l'Afrique les Facultés des sciences économiques dans le giron de sciences sociales et y instaurer une formation historique ayant pour objectif de doter ces apprenants futurs intellectuels africains de la conscience historique et partant, de la conscience nationale, du sentiment national, du nationalisme économique. Les cours suivants seraient alors introduits dans le programme de leur formation :

a) Au premier cycle

• Histoire économique du Congo (à remplacer selon les pays) : 30 heures théoriques et 30 heures pratiques en Ier Graduat soit 60 heures.

• Histoire économique de l'Afrique : 30 heures théoriques et 30 heures pratiques en IIe Graduat, soit 60 heures.

• Histoire économique du monde : 30 heures théoriques et 30 heures pratiques en IIIe Graduat, soit 60 heures.

b) Au second cycle

• Histoire, selon la spécialisation, du pays (Congo) en Ière Licence (30 heures théoriques). Par exemple, Histoire monétaire et financière du Congo, dans l'option Économie monétaire et financière ; Histoire de la population congolaise dans l'option Démographie ; Histoire industrielle du Congo dans l'option

Économie industrielle ; Histoire de la politique économique du Congo dans l'option Économie publique, etc.

- Histoire selon la spécialisation, de l'Afrique en IIe Licence (cf. le même exemple ci-dessus).

2) Procéder à l'élaboration et l'implantation, à l'exemple des États-Unis, du Japon et d'autres pays aujourd'hui développés comme démontré sous la rubrique *ad hoc* dans ce texte, d'une structure bancaire dense, diversifiée, et autocentrée, couvrant tous les secteurs de la production et toutes les régions : provinces, districts, territoires, villages. Ce réseau bancaire aura entre autres missions :

- De relier dans tout le pays le facteur travail et le facteur terre dans un procès de production.
- De financer les filières entières de la production, en partant de la recherche/développement, à la création ou le renforcement des entreprises, en passant par l'innovation et l'application de nouvelles techniques et méthodes de production, tant dans l'agriculture, les fabriques que dans les industries et services.
- De financer toutes les filières de la distribution jusqu'à la consommation en passant par les assurances.

Pour rendre ce volet opérationnel, il faudra que la banque centrale retrouve le rôle qu'elle a joué ailleurs, en pareille période, celle de « prêteur en dernière instance », assurant par une politique monétaire et financière incitative, la survie de tout le système ; il faudra aussi que l'État joue le rôle qu'il a joué en pareille circonstance ailleurs, comme démontré plus haut, pour le cas des États-Unis, du Japon, etc.

C'est par ce réveil de la conscience historique des apprenants futurs intellectuels économistes, c'est par ce nationalisme et panafricanisme économique, c'est par cette création des banques et des organismes de crédit avec une volonté et une fierté nationale de sortir du bourbier actuel, que le Congo démocratique ou tout autre pays africain pourra construire une Afrique pensée en termes d'autonomie et d'indépendance financière dans le processus de son développement.

Lubumbashi, le 31 janvier 2004.

## Notes

1. Le nationalisme sous-entend ainsi un cœur d'homme tout attaché à promouvoir la grandeur de sa nation en tant que groupe. Voir « Nationalisme », *Encyclopédie de l'Agora*. (http://agora.qc.ca:mot.nsf/Dossier/Nationalisme) 05 novembre 2003.

2. Autrement dit par la prise de conscience de valeurs communes léguées par une histoire commune. Voir « Nationalisme », *Encyclopédie Microsoft Encarta 98*. C 1993-1997.

3. Par formation historique, il faut entendre tout enseignement d'histoire, tout enseignement qui livre la matière aux apprenants selon le déroulement évolutif de

faits. Voir « Formation historique », (http://users.Pandora.be/michel.Van-halme/formation 5.htm).

4. Karl Ernest fait ici appel à la notion de la tri-temporalité chère aux historiens ; l'histoire englobant trois temps : le temps passé, le temps présent et le temps futur. Ainsi la formation historique, par la conscience historique, amène les apprenants à projeter les tendances du futur.

5. Hoffman qui a écrit « Sur la France » est ici cité par Kraus (2003), (http://www.dfjw.org/paed (texte). animrenco/animrenco 07.html).

6. Et l'on doit comprendre ici que toute formation qui a évacué les cours d'histoire de son cursus empêche les apprenants d'acquérir ces savoirs, ces compétences et ces comportements. Voir Vanhalme M., «Formation historique ». (http://users.Pandora.be/michel.vanhalme/formation 5.htm), 06 novembre 2003.

7. C'est avec intérêt que l'on lira à ce propos le même Vanhalme

8. Nous savons que beaucoup a été écrit là-dessus. Voir « Nationalisme », *Encyclopédie R Encarta* 98. c 1993-1997. Voir de même Sciamma J., 2003, « Nkrumah, père du panafricanisme – Ghana-politique-Afrique », jeudi 10 juillet, (http://6347.html» www.afrika.com/article6347.html).

9. Ce sont ces attitudes nationalistes, appelées autrement patriotiques, qui ont été à la base de la sortie de plusieurs nations du sous-développement et de la misère. Voir « Pouvoir populaire, économie autocentrée et panafricanisme », (http://www.anti-impérialisme.net/html/LM/p. 2000/4.htm).

10. En effet, l'agence d'information des États-Unis publie et diffuse au travers de l'Afrique, des volumes consacrés à la promotion du commerce et des investissements. Voir *Perspective économique, Revue électronique de l'Agence d'information des États-Unis*, vol. 4, n° 3 août 1999.

11. On peut pour s'en convaincre lire tous les Rapports annuels de la Banque du Zaïre devenue aujourd'hui Banque centrale de Congo.

## Références

Adda, J., 1996, *La mondialisation de l'économie. 1 Genèse*, Paris, La Découverte.

Allen, C.G., 1983, *Le Défi économique du Japon*, Paris, Armand Colin.

Amin, S., 1998, *Impérialisme et sous-développement en Afrique*, Paris, Éd. Anthropos.

Amin S. et Coquery-Vidrovitch, C., 1969, *Histoire économique du Congo 1880-1960*, Dakar-Paris, IFAN-Anthopos.

Bongeli, Yeikolo, 1984, « Université et sous-développement au Zaïre ou la spécialisation de l'incompétence », *Analyses sociales*, Laboratoires d'analyses sociales de Kinshasa, LASK, vol. 1, n°2, mars-avril.

D'Haeye, M., 1938, « L'évolution du système bancaire aux États-Unis d'Amérique », *La vie économique et sociale*, n° 6,15 juin.

Fay, S., 1990, « L'organisation du système financier britannique », *Problèmes économiques*, n° 2170, 12 juin.

Kraus, J., 2003, « L'animation des rencontres franco-allemandes. Nouvelles perspectives. Rapport à la nation et à l'histoire », (http://www.dfjw.org/paed (texte) animrenco/ animrenco 07.html).

Lacroix, J-L, 1967, *Industrialisation et transformation des structures économiques*, Paris, La Haye, Ed. Mouton & Cie.

Landes, S., 2000, « Déraison de l'économisme », *Communis*, n° XXV, 1-janvier-février.

Manoussos, G., 1961, *Inflation, croissance et planification*, Paris-Genève, Droz.

Michaud G.d. et Marc E., 1981, *Vers une science des civilisations*, Bruxelles, Complexe.

Molli, M.D., 2003, « Économie : le Nepad est un des rares projets crédibles », *Le progrès*, vendredi 08 août, (http://www. le–progrès.info/article.php ?id_article = 1557), le 05 novembre 2003.

Peemans, J-P, 1999, *Le Congo-Zaïre au gré du XXème siècle. État, économie, société, 1880-1990*, Paris-Montréal, Ed. L'Harmattan.

« Perspective économique », *Revue électronique de l'Agence d'information des États-Unis*, vol. 4, n° 3 août 1999.

Plum, W., 1975, *La promotion des arts et métiers dans l'Allemagne de la première moitié du XIXème siècle. Aspects sociaux et culturels de l'industrialisation*, Bonn, Friedrich.

Rectorat de l'Université nationale du Zaïre, 1973, *Annuaire général de l'Université nationale du Zaïre (UNAZA)*, 1972-1973.

Table ronde des Universités du Congo (TRUC), Commission 1 chargée des programmes des universités, 2003, Liste des filières et des matières retenues.

Taillor R., 1990, « Le secteur bancaire scandinave en pleine mutation », *Problèmes économiques*, n° 2172, 25 avril.

Université officielle du Congo à Lubumbashi, 1968, Programme des cours, année académique 1967-1968.

# 4

# Les jeunes et les représentations des enjeux géo-stratégiques de l'Afrique à l'ère de la mondialisation. Cas des étudiants congolais de Lubumbashi, RD Congo


**Ngoie Tshibambe**

« Pas de représentation neutre, ni d'expression neutralisée »
(Marion 1995:355)
« Ce ne sont pas les actes, ce sont les mots qui sont le moteur du monde »
(Hein 1997:52)

## Introduction

Lorsque l'Organisation de l'unité africaine lance le Plan d'Action de Lagos en 1980, les rédacteurs de cette stratégie africaine de développement entrouvrent une boîte de dialogue qui pose l'importance de la mise à contribution de l'enseignement de manière à populariser ce Plan auprès des populations africaines. Cette nécessité d'« une pédagogie de l'unité africaine », à l'évidence, incontournable, était suggérée par des experts africains, invités à titre personnel par le Secrétariat de l'OUA au Colloque de Monrovia sur les perspectives du développement de l'Afrique à l'horizon 2000. Selon ces experts, cette « nouvelle pédagogie » devait conduire ainsi à trois mesures concrètes, notamment

la création d'un Marché commun africain, le renforcement des dispositions favorisant la libre circulation des personnes et des biens sur le continent africain, en commençant par la décision symbolique de la suppression des visas entre pays africains, et l'éducation de l'opinion publique africaine à l'unité de l'Afrique afin que l'idée ne soit pas appréhendée au niveau des responsables seulement (Ntumba 1994:155-156).

Dans l'opinion publique susmentionnée, une place de choix est réservée à la jeunesse africaine, « ce fer de lance de la Nation », pour qu'elle soit socialisée aux vertus et aspirations de cette utopie créatrice dont l'écriture ne cesse de bousculer les Africains en quête de « la construction imaginaire d'un avenir idéal » (Barrea 1986 :70). Dans son projet de la renaissance africaine qu'il fait reposer sur « le panafricanisme rationalisé », Kodjo (1985:11, 245) repose constamment son espérance sur la jeunesse africaine pour « imposer l'Afrique aux autres ».

Si Decraene (1980) a, à juste titre, intitulé un de ses ouvrages *Vieille Afrique, Jeunes Nations*, nous pouvons également, en nous autorisant quelques déplacements des mots, évoquer l'Afrique des vieux dirigeants d'aujourd'hui qui sera celle des États des jeunes dirigeants de demain ! Le renouvellement de la classe dirigeante en Afrique est en œuvre et il n'y a pas de doute que « la génération des indépendances » (Mbembe 1985:7) soit appelée à occuper des hautes fonctions politiques dans les pays africains demain et après-demain.

C'est cette importance de la jeunesse comme catégorie sociale appelée à assurer la relève dans la conduite des destinées de l'Afrique de demain qui nous amène à faire une lecture africaine de soi en explorant la conscience sociale des étudiants en rapport avec la problématique de leur identité, du nationalisme et de l'idéal panafricain dans ce monde globalisé. En effet, quoique l'opinion, comme le dit Foucault, ne soit en quelque sorte que « l'écume des structures plus profondes »[1], le savoir qu'elle nous offre peut donner lieu à réajuster « les écritures africaines de soi » (Mbembe 2000:4-19).

Trois moments structurent l'articulation de cette étude. Dans un premier temps, nous présentons la méthodologie et la problématique de l'enquête ; ensuite, les caractéristiques de la population atteinte et, enfin, l'analyse des réponses reçues aux questions posées avant de tirer la conclusion.

## Méthodologie et problématique de l'enquête

Les résultats de cette recherche proviennent de l'enquête qui s'est déroulée sur le campus de l'Université de Lubumbashi du 10 septembre au 20 octobre 2003[2]. Les étudiants ont accepté volontiers de répondre à la batterie de questions administrées, après que nous leur avons expliqué qu'il ne s'agissait pas d'une enquête sur des questions de politique interne du pays. Certains pensaient qu'il s'agissait d'un test organisé pour le compte d'une organisation non gouvernementale dont ils tenaient à avoir l'adresse pour y postuler un emploi.

Le questionnaire utilisé est constitué de seize questions : huit questions à choix multiples aisées à dépouiller et bien acceptées dans l'interaction de la recherche et huit autres questions ouvertes. Le questionnaire a été administré individuellement à des étudiants et ces derniers devaient répondre directement en présence de l'enquêteur sans consulter aucun support (les notes de cours, le dictionnaire ou l'Atlas). De la sorte, nous recevions l'expression du bagage intellectuel de l'étudiant qu'il garde tapi en lui.

Nous avons interrogé 323 étudiants. Ces personnes interrogées ont été choisies au hasard par la technique de *lottery* en intégrant la dimension du genre de façon à constituer un échantillon représentant à peu près 2,5 % de l'ensemble des étudiants de l'Université de Lubumbashi[3]. Nous avons également tenu à avoir des étudiants devant représenter l'ensemble des facultés et instituts facultaires de l'Université[4].

Alors que, pour Mbembe (1985:7) « la génération des indépendances ne se reconnaît ni dans les idéologies de la Négritude qu'elle dénonce, ni dans celles de l'authenticité qu'elle travestit dans le rire et le mépris. Le panafricanisme ne trouve pas plus de grâce à ses yeux », nous voudrions partir de telles énonciations discursives en les confrontant aux observations empiriques pour : 1°) évaluer le degré d'intériorisation de l'impératif de l'unité de l'Afrique dans les milieux des étudiants congolais ; 2°) apprécier leur perception de l'alter africain ; et 3°) décoder si possible la configuration des imaginaires des jeunes Congolais dès lors qu'ils sont appelés à raconter l'être de l'Afrique dans le monde présent.

## La population atteinte

Au regard des éléments d'identification sociale par les étudiants fournis, nous allons présenter les caractéristiques de l'échantillon atteint de manière à déterminer les catégories dont il sera ensuite possible de comparer les réponses aux diverses questions.

**Tableau 1 :** Répartition des étudiants échantillonnés par sexe et par âges

| Sexe<br>Âges | Étudiants | Étudiantes | Total |
|---|---|---|---|
| Moins de 19 ans | 0 | 8 | **8** |
| 20- 25 | 75 | 94 | **169** |
| 26 et + | 130 | 16 | **146** |
| Total N = 100% | 205 | 118 | **323** |
| par sexe | **(63,46)** | **(36,53)** | |

La répartition par sexe révèle une sur-représentation des étudiants par rapport aux étudiantes. Dans la distribution par âge, il convient de souligner que nous avons questionné plus de jeunes étudiantes de la tranche d'âge de 20 à 25 ans que des étudiants. Par ailleurs, dans le groupe des étudiants questionnés, aucun étudiant n'entre dans la tranche de moins de 19 ans.

**Tableau 2 :** Répartition des étudiants/étudiantes interrogés par faculté

| Faculté Sexe | Agronomie | Droit | Economie | Lettres | Médecine | Polytechnique | Psychologie | Sciences Sociales | Total % |
|---|---|---|---|---|---|---|---|---|---|
| Étudiants | 20 | 15 | 31 | 20 | 20 | 24 | 26 | 24 | **55,43** |
| Étudiantes | 13 | 20 | 19 | 16 | 18 | 18 | 19 | 20 | **44,60** |
| N= 100% | 33 | 35 | 50 | 36 | 38 | 42 | 45 | 44 | **323** |
| %/Faculté | 10,21 | 10,83 | 15,47 | 11,14 | 11,76 | 13,00 | 13,93 | 13,62 | **100** |

Pour les sujets interrogés, il se dégage une distribution relativement équilibrée des étudiants représentant les huit facultés. C'est la Faculté d'économie qui a, en fait, une représentation élevée, suivie de la Faculté de psychologie et des sciences de l'éducation. Pour la Faculté de droit, le nombre d'étudiantes est élevé par rapport à celui des étudiants.

Cette brève analyse des caractéristiques des sujets constituant l'échantillon va nous aider à interpréter objectivement les résultats. Elle définit par ailleurs les sous-classes dont, en cas de besoin, il s'agira de comparer les réponses. Les sous-classes sont les suivantes : 205 étudiants et 118 étudiantes ; les 16 sous-classes de 8 facultés.

## Le dépouillement du questionnaire

Pour analyser les réponses reçues à chaque question, il nous revient d'examiner tout d'abord leur modèle de distribution : y a-t-il une opinion dominante ou les avis sont-ils dispersés ? L'assertion « pas de réponse ou pas de commentaire » permet d'évaluer le degré (élevé ou faible) attaché à la question posée. Ainsi, pour chaque question, nous présentons le dépouillement général des réponses reçues, puis, si possible, les différences significatives ou très significatives entre différentes catégories de répondants. Nous subdivisons ces questions en celles de croyances, d'appréciations, d'expériences, de préférences et de valeurs.

### Les questions de croyances

Nous voulons nous placer dans le débat récent qui conduit à rappeler que l'homme moderne devient de plus en plus téléspectateur s'éloignant de « l'homme imaginatif » sur lequel Gaston Bachelard aimait tant gloser. En cette ère de la vidéo-sphère, la technique moderne participant au processus de l'imagination, soit l'ouverture ou la fermeture pour le monde « ne dit pas ce qu'il faut penser, mais ce qu'il convient de croire » (Godin 1996:198). En déplaçant l'accent des croyances au croire, il convient de fixer par là que nous référons « le croire à une disposition acquise et (nous l'inscrivons) dans la dimension du temps » (Willaime 1993:9). À cet égard, huit questions sont à ranger dans cette rubrique du croire, la première étant celle du nationalisme.

| | % |
|---|---|
| 1. Que représente pour vous le nationalisme ? | |
| a. Une valeur indispensable pour construire l'État | 65,90 |
| b. Un discours-refuge instrumentalisé par ceux qui sont au pouvoir | 12,12 |
| c. Un obstacle à la réalisation de l'unité africaine | 1,51 |
| d. Il est dépassé à cette ère de la mondialisation | 3,78 |
| e. Pas de réponse | 16,66 |

Sollors (1989:XI) a écrit : « le nationalisme n'est pas le réveil des nations à une prise de conscience ; il a inventé des nations là où elles n'existaient pas ». Le nationalisme joue ainsi dans l'imaginaire des jeunes Congolais son rôle primordial dans la formation de l'État-nation. En fait, le contexte de la guerre d'agression dont le Congo-Kinshasa est victime est justiciable de la prégnance de la valorisation du nationalisme dans le croire des jeunes Congolais. Ainsi se justifie cette opinion dominante reflétant cet écart entre la première assertion, « une valeur indispensable pour construire une nation » (65,94 %), qui est choisie à peu près par plus de deux quarts des répondants, alors que la deuxième assertion en ordre d'importance, « pas de réponse » reçoit seulement 16,66 %. La proposition de réponse à connotation négative, un « discours-refuge instrumentalisé par ceux qui sont au pouvoir » a reçu 12,12 % ; l'assertion dévalorisant complètement le nationalisme, « il est dépassé à cette ère de la mondialisation », est retenue par 3,78 % et l'assertion qui oppose le nationalisme à l'unité africaine, « un obstacle à la réalisation de l'unité africaine », est choisie par 1,51 %.

En fait, les étudiants ont choisi la première assertion à concurrence de 70,11 % plus que les étudiantes (29,88 %). Les étudiants de la Faculté des sciences sociales (33,33 %) ont choisi la première assertion plus que ceux des autres facultés : médecine (21,59 %), droit (11,26 %), économie et lettres (5,16 %), polytechnique (10,32 %), psychologie et agronomie (6,57 %). Les étudiantes dans l'ensemble ont choisi l'assertion c plus que ne l'ont fait les étudiants.

| | % |
|---|---|
| 2. Qui aimeriez-vous être appelé ? | |
| a. Un nationaliste | 4 2,42 |
| b. Un panafricaniste | 3,03 |
| c. Un nationaliste et un panafricaniste | 29,54 |
| d. Cela ne m'intéresse pas | 18,93 |
| e. Pas de réponse | 6,06 |

Cette question permet au sujet interrogé de se définir dans l'espace dans lequel il vit, cette définition permettant de dégager s'il y a une antinomie entre « être nationaliste » et « être panafricaniste ». Pour Marion (1999:350-360), la définition de l'identité n'éclaire pas le débat lorsqu'elle consiste à poser des questions métaphysiques comme — « Suis-je ? » et « Que suis-je ? » alors que la perspective heureuse est celle qui pose la question « Qui suis-je ? ». Il y a bien évidemment une opinion dominante, celle de l'assertion a, « un nationaliste », retenue par 42,42 % des répondants. L'assertion c d'une définition combinée, « un nationaliste et un panafricaniste », représente 29,54 %. L'assertion e, « pas de réponse », n'a que 6,06 %. Pourtant en l'additionnant à l'assertion d, « cela ne m'intéresse pas », on atteint un pourcentage (24,99 %) avoisinant celui de l'assertion c. L'assertion panafricaniste est choisie par 3,03 %.

Les garçons (68,38 %) ont choisi l'assertion a plus que les filles (31,61 %). Aucune fille n'a choisi l'assertion b.

| 3. La crise en Afrique serait due : | % |
|---|---|
| a. Au tâtonnement des jeunes États africains | 8,33 |
| b. Au néo-colonialisme qui enlace l'Afrique | 38,63 |
| c. À la surpopulation de ce continent | 2,27 |
| d. Au manque d'imagination des dirigeants africains | 38,63 |
| e. Pas de réponse | 12,12 |

Deux assertions rivalisent dans la perception des jeunes Congolais sur la cause de la crise en Afrique : c'est l'assertion b, « le néo-colonialisme qui enlace l'Afrique » (38,63 %) et l'assertion d, « le manque de l'imagination dont font montre les dirigeants africains » (38,63 %). L'assertion e, « pas de réponse », est choisie par 12,12 % ; l'assertion a, « le tâtonnement des jeunes États africains », par 8,33 % et l'assertion c, « la surpopulation de ce continent », par 2,27 %. Les deux assertions qui représentent le même pourcentage élevé ici reflètent les débats de la littérature sur les causes de la dérive de l'Afrique, débats qui oscillent entre les deux paradigmes, celui de la modernisation et celui du « joug » (Bayart 1989 ; Amin 1989) et les étudiants congolais ne sont pas encore sortis de ces carcans théoriques. Si Mbembe (2000:5-6) a raison de relever en ce qui concerne l'Afrique le récit d'« un rapport essentiellement polémique au monde » qui tend à enfermer la doxa africaine dans une sorte de prison, il ne conviendrait pas néanmoins de lui concéder lorsqu'il écrit : « La quête de la souveraineté et le désir d'autonomie ne vont pas presque jamais de pair avec la mise en question de soi-même (la critique de soi) ». L'assertion d, pour autant qu'elle est choisie par 38,63 % ne reflète-t-elle pas une telle autocritique présentée dans l'imaginaire des jeunes ?

| 4. Que pensez-vous de cette opinion : « Nous, les Africains, nous sommes perdus pour toujours, nous ne pourrons jamais rivaliser avec les autres » ? | % |
|---|---|
| a. Ceci est vrai | 0,75 |
| b. Ceci n'est pas vrai | 53,03 |
| c. Ceci est vrai et cela me révolte | 14,39 |
| d. Ceci est vrai, mais c'est la faute de nos dirigeants | 28,03 |
| e. Pas de réponse | 3,78 |

La phrase en question est citée par Kodjo (1985:223) qui la prend comme une énonciation dangereuse qui tend à obscurcir la capacité des Africains à s'assumer au présent et au futur. L'assertion b, « ceci n'est pas vrai », parce que catégorique et sans commentaire, comprend plus de la moitié des répondants (53,03 %) ; l'assertion d, « ceci est vrai, mais c'est la faute de nos dirigeants », occupe 28,03 % ; la proposition de réponse c, « ceci est vrai et cela me révolte » est choisie par 14,39 % ; l'assertion e,

« pas de réponse », a 3,78 % tandis que l'assertion a, « ceci est vrai », représente 0,75 %. Les deux propositions de réponse, c et d, qui portent des compléments d'information, lorsqu'elles sont cumulées, représentent plus du tiers des choix. Notons que cette question a intéressé davantage tous les répondants, d'où le faible pourcentage de l'assertion e, « pas de réponse ».

Il y a un fait à noter ici, c'est que les filles sont les seules à avoir choisi l'assertion a alors qu'aucun garçon ne l'a choisie. Il y a plus de garçons (83,33 %) que de filles (16.66 %) qui ont choisi l'assertion e. Il se dégage que dans les questions d'engagement, la proportion de filles est généralement faible (17,39 %) par rapport aux garçons (82,60 %).

5. L'initiative de la création d'une force de défense africaine
prise au Sommet de l'Union africaine à Maputo en juillet 2003 est réaliste

| | % |
|---|---|
| a. Oui | 12,87 |
| b. Non | 12,12 |
| c. Peut-être | 27,27 |
| d. C'est du folklore | 20,45 |
| e. Pas de commentaire | 27,27 |

Cette question d'ordre pratique faisant suite à la précédente devrait nous permettre d'avoir l'opinion des jeunes sur les initiatives des Africains dans les relations internationales. Alors qu'à la question 4, la majorité de choix a porté sur la contestation de l'affirmation de l'incapacité des Africains, mis en face d'une initiative concrète, les jeunes Congolais présents ont émis des avis différents. L'assertion c, « peut-être » et l'assertion e, « pas de commentaire », représentent chacune 27,27 % ; l'assertion d, « c'est du folklore », a reçu 20 % ; l'assertion a, « oui » a 12,87 % et la proposition de réponse b, « non », 12,12 % également.

Les deux assertions c et e participent à une égale indécision, et cette indécision traduit la justesse des remarques de Kodjo selon lesquelles « pour mieux travailler au redressement du continent, l'élite africaine se doit de pénétrer le sens de l'évolution de l'histoire afin d'appréhender certaines constantes des lois de l'évolution des peuples. Ces lois, ainsi que celles de la géopolitique et de la géostratégie, les Africains aiment à les ignorer, les considérant comme réservées à une minorité avertie » (Kodjo 1985:173-74).

6. L'unité africaine apparaît comme l'instrument du développement
de l'Afrique pour lui permettre de participer à la politique
mondiale et de contribuer à l'établissement de la paix en ce continent
Qu'en pensez-vous ?

| | % |
|---|---|
| a. Ceci est vrai | 14,39 |
| b. Ceci relève de la rêverie | 8,33 |
| c. C'est vrai, surtout par rapport à la paix en Afrique | 49,24 |
| d. Ceci est vrai, surtout pour imposer l'Afrique aux autres | 12,87 |

e. Pas de commentaire                                                        14,39

C'est l'assertion c, « c'est vrai, surtout par rapport à la paix en Afrique », qui reçoit presque la moitié des choix des répondants (49,24 %). Un écart se décèle entre ce choix et les quatre autres assertions. En ordre d'importance, l'assertion a, « ceci est vrai », représente 14,39 % ; l'assertion e, « pas de commentaire », 14,39% ; l'assertion d, « ceci est vrai, surtout pour imposer l'Afrique aux autres » est choisie par 12,87 % ; l'assertion b, « ceci relève de la rêverie », a 8,33 %. Entre la vision autocentrée de l'unité africaine (soit s'occuper de soi-même et régler les questions de la paix) et la vision altero-centrée du panafricanisme (soit inscrire la politique de puissance à l'agenda de la pensée), les étudiants congolais s'intéressent au problème de la paix dont l'incidence a des effets sur leur vie. Le traumatisme de la guerre dont le Congo est en voie de sortir est encore récent dans la mémoire des Congolais. Le pourcentage aussi important de l'assertion e, « pas de commentaires », doit être souligné.

En ce qui concerne les différences entre sous-classes par sexe, nous noterons que les filles ont choisi (55,55 %) plus que les garçons (44,44 %) l'assertion b. L'assertion d a été choisie par 30,61 % des filles contre 69,38 % pour les garçons.

7. Les États africains et leurs organisations internationales
ont joué un grand rôle dans la résolution du conflit en RDC                    %
a. Ceci est vrai                                                             12,12
b. C'est faux                                                                12,12
c. Ce rôle est insignifiant                                                  28,03
d. Ils l'ont fait pousser par l'ONU                                          35,60
e. Pas de commentaires                                                       12,12

Les réponses données à la question sur le rôle des organisations interafricaines au Congo conduisent à avoir la perception sur la responsabilisation sociale de ces institutions. Les réponses à cette question présentent une diversité des avis. C'est l'assertion d, « ils l'ont fait pousser par l'ONU », qui récolte 35,60 % ; l'assertion c, « ce rôle est insignifiant », est choisie par 28,03 % des répondants ; les trois dernières assertions (a : « c'est vrai » ; b : « c'est faux » et e : « pas de commentaires ») ont chacune 12,12 %. À lire *in fine* le non-dit des assertions b, c et d qui participent à une commune dévaluation du rôle des autres Etats africains, nous pouvons procéder à un regroupement de ces assertions et nous apercevoir qu'elles représentent les trois quarts des choix des répondants. L'assertion e, « pas de commentaires », offre de savoir qu'un nombre des jeunes Congolais ne s'intéresse pas tellement aux questions de politique internationale.

Relevons que les filles ont choisi l'assertion b pour 51,28 % plus que les garçons (48,71 %) et dans l'assertion e, il y a 74,10 % des filles qui l'ont choisie plus que ne l'ont fait les garçons (35,89 %).

8. L'Afrique a perdu son importance stratégique
pour les puissances étrangères en cette ère de la mondialisation.

| Qu'en pensez-vous ? | % |
|---|---|
| a. Ceci est vrai | 21,21 |
| b. Ceci n'est pas vrai | 15,15 |
| c. On le dit pour nous complexer | 25,75 |
| d. Ceci est bon pour que nous nous occupions de nous-mêmes | 28,03 |
| e. Pas de commentaires | 9,84 |

Cette assertion est une idée répandue dans la littérature après la fin de la guerre froide. Laïdi (1993) y consacre une analyse pertinente. Il n'y a pas d'avis prédominant. L'assertion d, « ceci est bon pour que nous nous occupions de nous-mêmes », à 28,03 %. L'assertion c, « on le dit pour nous complexer », représente 25,75 %. L'assertion a, « ceci est vrai », est choisie par 21,21 %. L'assertion b, « ceci n'est pas vrai », reçoit 15,15 % tandis que l'assertion e, pas de commentaire, à 9,84 %. L'avis majoritaire représenté par l'assertion d révèle que les étudiants congolais considèrent la dévaluation de l'Afrique comme intéressante dans la mesure où celle-ci va placer les Africains devant leurs responsabilités pour assumer leur avenir.

### Les questions de préférences subjectives

Les préférences subjectives reposent sur des choix qu'un répondant est appelé à faire. Il y a bien évidemment fort à parier que ces choix dépendent de certaines valeurs dont le répondant croit qu'elles peuvent concourir à un monde où il fait bon vivre. Dans cette rubrique, nous avons dégagé trois questions.

1. Citez les noms des chefs d'État africains qui, pour vous, représentent le motif de fierté africaine.

Les répondants ont été appelés à présenter cinq noms de chefs d'État, un chiffre qui représente à peu près 10% de l'ensemble des chefs d'État africains. Une assertion f, « pas de réponse », est prévue et a enregistré 3,03 %. En ordre utile, voici les cinq chefs d'État africains les plus mentionnés : a. Moammar Kadaffi avec 173 mentions, Nelson Mandela avec 155 mentions, Laurent Désiré Kabila et Thabo Mbeki, 115 mentions chacun, et Robert Mugabe, 78 mentions.

Si le peloton des mentions est constitué de ces cinq chefs d'État, il y a lieu de dire que dans l'ensemble des réponses, quarante-trois chefs d'État africains ont été cités parmi lesquels 65,11 % des noms sont ceux des hommes qui sont soit au pouvoir, soit ayant été au pouvoir jusque dans les années 90 ; 34,88 % des mentions se réfèrent à des anciens chefs d'État (pour la plupart déjà morts). Parmi les anciens chefs d'État africains, les jeunes Congolais citent en ordre utile Léopold Sédar Senghor (48 mentions), Nyerere (43 mentions), Nkrumah (40 mentions), Nasser (10 mentions) et Houphouët-Boigny (8 mentions). Le nom de Mobutu Sese Seko a reçu 33 mentions.

C'est autant dire que les jeunes Congolais n'ont pour horizon de référence que le passé récent, le passé ancien étant de plus en plus absent de leur souvenir/mémoire[5].

2. Quel pays africain aimeriez-vous visiter ?

Les répondants avaient à citer un seul pays africain à cet égard. L'assertion, « aucun pays », reçoit 1,51 %. Trois pays africains reçoivent des mentions relativement élevées. Il s'agit de l'Afrique du Sud avec 140 mentions, l'Égypte, 55 mentions et le Nigeria, 35 mentions. Ces trois pays sont en fait des puissances émergentes en Afrique : c'est pour cela que les jeunes rêvent de les visiter.

3. Dans quels pays africains aimeriez-vous travailler ?(citez-en deux pays)

De Rosny (2002:624), dans une étude sur les jeunes au Cameroun affirme que la recherche du statut par les jeunes Africains passe par la quête du succès et à cet égard trois chemins sont aisément identifiés pour y conduire : il y a d'abord la tentative d'émigrer à l'étranger, ensuite la *feymania* et enfin l'adhésion à un groupe de prière. Voyager à l'étranger est le rêve de beaucoup de jeunes. Sur cette question, mentionnons le fait que l'assertion, « aucun pays ne me tente pour cela », représente 13,63 %. En ordre utile, le Zimbabwe a obtenu 50 mentions, l'Égypte et l'Angola ont obtenu chacun 35 mentions, la Namibie 33 mentions et l'Afrique du Sud, 25 mentions. La ville de Lubumbashi est beaucoup branchée vers l'Afrique australe où se dirigent les hommes d'affaires. Les récits qu'ils rapportent de leurs voyages créent une configuration de l'imaginaire valorisant les conditions de vie dans ces pays de l'Afrique australe.

4. Quel est le président africain qui vous a le plus déçu ?

a. Mobutu Sese Seko                                93 mentions
b. Paul Kagame                                     75 menions
c. Laurent-Désiré Kabila                           38 mentions
d. Idi Amin                                        30 mentions
e. Aucune réponse                                       25 %

Cette question permet aux jeunes d'évaluer leurs chefs d'État en relevant les moins bons. Mobutu Sese Seko est mentionné plusieurs fois et il lui est reproché la dictature sous l'emprise de laquelle il a dirigé le Zaïre (actuellement la République démocratique du Congo). La gabegie financière et la généralisation de la corruption qui ont fini par fissurer le tissu socio-économique de ce pays sont mis au mauvais compte du dernier « Roi du Zaïre »[6]. Paul Kagame est mentionné par les jeunes Congolais qui pensent qu'il a déstabilisé la RDC, qu'il y a fait un autre génocide et qu'il est arrogant et est au service des Américains pour faire main basse sur les richesses de la RDC. L.-Désiré Kabila, le Mzee, est cité car il est mort très tôt sans avoir conduit à terme son projet politique sur le pays. Les jeunes citent aussi Idi Amin. La référence à Idi Amin par les jeunes Congolais pourrait se justifier par le fait que mort dernièrement, son nom a été cité à cette occasion par les médias internationaux et on y faisait le bilan de son règne. Yoweri Museveni est mentionné 15 fois ; Jean-Bedel Bokasa, 13 fois ; Samuel Doe 8 fois ; Léopold Sédar Senghor est mentionné 5 fois et on lui reproche le fait qu'il avait la nationalité française tout en étant chef de l'État sénégalais ; Mengitsu Hailé Mariam

3 fois. Macias Nguema n'est cité aucune fois. Vingt cinq (25) pour cent des répondants ont choisi l'assertion « aucune réponse ».

### Les questions d'expérience personnelle

Dans cette rubrique, il y a deux questions. La première concerne les pays déjà visités par les étudiants et la deuxième est relative aux contacts avec des correspondants dans d'autres pays africains.

1. Quel(s) pays africain(s) avez-vous déjà visité ?

L'assertion, « aucun pays visité » représente 51,51 %. La RDC est un pays dont la population vit en majorité dans la pauvreté. La plupart des étudiants sont d'origine paysanne ; ceux dont les parents sont des fonctionnaires de l'État ne sont pas mieux lotis. Dans cet environnement postcolonial, survivre au quotidien est la transaction qui vaille : faire du tourisme est une référence qu'on cite comme étant le privilège des autres, les privilégiés de la mondialisation. Du reste, ces visites ont eu lieu non à titre de tourisme-loisirs, mais dans le cadre des « affaires », un terme qui veut dire qu'avec un peu d'argent, on tente d'y acheter des marchandises à revendre au Congo. Les jeunes Congolais se sont ainsi rendus dans ces pays limitrophes pour « casser la pierre », nous voulons dire pour faire des affaires. Les 48,48 % des répondants qui disent avoir visité un ou deux pays africains, ont mentionné la Zambie (98 mentions), le Congo-Brazzaville (33 mentions), la Tanzanie (28 mentions), l'Angola (25 mentions), le Rwanda (18 mentions).

| 2. Avez-vous des correspondants dans des pays africains ? | % |
|---|---|
| a. Oui | 51,51 |
| b. Non | 48,48 |

Les jeunes Congolais de Lubumbashi ont des correspondants dans des pays africains (51,51 %). Parmi ces pays africains, l'Afrique du Sud vient en première position avec 108 mentions, suivie de la Zambie (35 mentions), du Zimbabwe (15 mentions), du Nigeria, du Cameroun, du Sénégal et de l'Angola (8 mentions chacun). Alors que l'Internet, avec des cybernets qui s'implantent partout, est presque à la portée de beaucoup, certains jeunes disent ne pas avoir des correspondants (48,48 %).

### Les questions de connaissance générale

Deux questions ont offert aux sujets enquêtés l'occasion de recourir à leur bagage intellectuel pour y répondre.

1. Citez quelques écrivains et hommes politiques africains qui vous ont marqué en ce qui concerne la problématique de l'unité africaine :

| | |
|---|---|
| a. Léopold Sédar Senghor | 123 mentions |
| b. Kwame Nkrumah | 73 mentions |
| c. Moammar Kadafi | 65 mentions |
| d. Pas de réponse | 19 % |

Léopold Sédar Senghor occupe la tête du peloton pour le nombre de fois de ses mentions, suivi de Kwame Nkrumah et de Moammar Kadafi. Les jeunes Congolais citent trois fois les auteurs suivants, Samir Amin, George Padmore, Cheikh Anta Diop et Jean Ngandjeu. Un professeur de l'Université de Lubumbashi, Kadony Nguway qui dispense un enseignement sur les organisations internationales africaines est mentionné huit fois. À l'évidence, il s'avère que les jeunes Congolais ne lisent pas de livres écrits sur cette question. Pour preuve, les trois premiers noms cités le sont en leur qualité d'(anciens) chefs d'État. Du reste, c'est parmi les étudiants du département des relations internationales à la Faculté des sciences sociales qu'on a mentionné les noms de ces auteurs qui ne sont pas des chefs d'État.

2. Citez quelques pays africains et leurs richesses économiques et
   culturelles
   a. L'Afrique du Sud                               123 mentions
   b. Le Sénégal                                      88 mentions
   c. Le Nigeria                                       88 mentions
   d. L'Angola                                         78 mentions
   e. L'Égypte                                         65 mentions
   f. Aucune réponse                                   23,48 %

L'assertion f, aucune réponse, représente à peu près des répondants. Cette fraction n'a aucune idée sur des richesses économiques et culturelles que détiennent les autres pays africains. Par ailleurs, dans le dépouillement des réponses, nous avons constaté que certains répondants pouvaient aisément citer un ou deux pays sans néanmoins être capables d'en mentionner avec exactitude les ressources économiques ou culturelles. Ainsi, l'Afrique du Sud reçoit le plus de mentions (123), suivie du Sénégal (88) et du Nigeria (88 mentions), l'Angola (78 mentions) et l'Égypte (65 mentions). La Zambie est citée 58 fois ; la Libye est citée 55 fois, la Côte d'Ivoire, 53 fois ; le Rwanda est mentionné 33 fois ; l'Éthiopie, 5 fois et l'Ouganda, 3 fois.

## Conclusion

Au terme de cette analyse, il y a lieu de dégager certaines évidences relativement à la problématique qui ordonne cette enquête. La première évidence est que dans les milieux estudiantins au Congo-Kinshasa, le degré d'intériorisation de l'idéal panafricain est faible. En fait, entre le nationalisme et l'idéal panafricain, l'étudiant congolais préfère le premier au second. Dans le contexte de la guerre d'agression dont la RDC est victime de la part des États limitrophes, la sensibilité de la jeunesse congolaise au nationalisme se comprend. Par ailleurs, c'est à la Faculté des sciences sociales où se dispensent des enseignements sur les organisations internationales africaines et les problèmes de l'intégration économique que les jeunes sont amenés à prendre conscience de la problématique de l'idéal panafricain[7].

La deuxième observation concerne la perception que l'étudiant congolais a de l'alter africain. Vivant dans une société postcoloniale frappée par la crise, le jeune Congolais rêve de s'échapper de son pays. Sur ce chapitre, les jeunes Congolais sont attirés par certains pays dans leur imaginaire ; c'est le cas du Zimbabwe, de l'Afrique du Sud, de l'Égypte et du Nigeria. C'est seulement comme lieu où ils peuvent bien vivre que certains pays africains intéressent les jeunes Congolais. Quant à l'Africain comme une subjectivité, le Congolais n'en a cure. La notion de solidarité africaine se dilue comme une écriture sur le sable chez le jeune Congolais.

La troisième observation a trait à la problématique de l'être de l'Afrique dans le monde globalisé. Il y a deux versants à considérer à cet égard. D'une part, lorsque l'on veut savoir ce que le jeune Congolais pense de la crise africaine, on s'aperçoit de la prédominance de deux paradigmes en vogue : « le paradigme du joug » (Bayart 1989:25-30) rivalise avec celui qui privilégie la dynamique interne des États africains. L'imaginaire de la victimisation est aussi fort que celui de l'autocritique. D'autre part, la question sur le devenir de l'Afrique ne bouscule pas l'imaginaire du jeune Congolais. En relations internationales, le devenir des États-nations se jauge à l'aune de la puissance et les États responsables se doivent de gravir tous les pics sur l'échelle de la puissance. C'est Aron (1962:60) qui, explicitant la philosophie des relations internationales, soulève cette équation lorsqu'il écrit : « L'unité politique se pose en s'opposant ». Imposer l'Afrique aux autres ne préoccupe pas le jeune Congolais. Or, un tel imaginaire devrait être à son horizon imaginatif.

Quoi qu'il en soit et suivant en cela Kahn et Bruce-Briggs (1973:311),

> le futur suit des modèles types, s'aligne sur l'idée contemporaine des lois scientifiques, et forme une combinaison éclectique et syncrétique de toutes les perspectives. Même s'il existe une équation de l'histoire comme l'espèrent ceux qui voudraient modeler l'avenir, l'homme pris individuellement, en est un paramètre important. Modifiez-le et vous changerez le résultat.

À l'évidence, former le jeune Congolais aux connaissances de l'Afrique et aux enjeux géostratégiques dans le monde est un impératif pour que l'Afrique puisse compter sur le plan des nations et sortir du statut d'objet pour devenir le sujet de l'histoire. Cette formation et cette information, à l'heure de la mondialisation, ne s'acquièrent pas uniquement par l'école ; les mass-media contribuent largement à la construction des éléments participant à la constitution du bagage intellectuel des jeunes. En changeant un tantinet la paraphrase de Massimo d'Azeglio, disons que l'Afrique est faite ; resterait à faire les Africains[8].

## Notes

1. Foucault, M. cité par Freccero (1994:35).
2. L'équipe qui nous a épaulé dans la récolte des données du questionnaire fut composée des assistants Ilunga Lufulwabo et Ntambwe Kayembe et des étudiants Badibanga Badiadiabo, Kabika Etobo et Malumba Malumba.
3. Lors de la cérémonie de clôture de l'année académique 2002-2003, le 29 juillet 2003, le Recteur de l'Université de Lubumbashi a afiirmé que le nombre de la population estudiantine était de 12 960. Voir Rectorat de l'Université de Lubumbashi, *Discours du Recteur,* texte dactylographié, Secrétariat du Rectorat, Unilu, juillet 2003.
4. L'Université de Lubumbashi dispose de 13 facultés et instituts facultaires. Pour des raisons de l'enquête, nous les regroupons sur la base de leur rapprochement disciplinaire et nous en avons dégagé 8. Il s'agit de : 1) la Faculté des sciences sociales, administratives et politiques ; 2) la Faculté de médecine (représentant la médecine humaine et la médecine vétérinaire) ; 3) la Faculté d'économie (représentant la Faculté des sciences économiques et l'Ecole supérieure du commerce) ; 4) la Faculté des Lettres ; 5) la Faculté polytechnique (représentant la Faculté polytechnique, la Faculté des sciences et l'Ecole supérieure des ingénieurs civils) ; 6) la Faculté de psychologie et des sciences de l'éducation ; 7) la faculté des sciences agronomiques ; et 8) la faculté de Droit.
5. Cet élément confirme la justesse de la pensée de Okolo lorsque parlant de l'identité il écrit : « L'identité, en même temps qu'elle se fonde sur un déjà-là, est d'abord une tâche, une volonté de demeurer, une projection de soi en vue d'une construction de l'avenir... Le présent et le futur plus que le passé fondent et définissent l'identité » (1990:14)
6. C'est le titre d'un film documentaire sur le règne du Président Mobutu.
7. Cette perspective d'information de la jeunesse estudiantine en République démocratique du Congo sur les questions de l'unité africaine est entrain d'être fermée : la réforme de l'enseignement universitaire initiée depuis le début de l'année académique 2003-2004 propose d'autres enseignements au département des relations internationales ; l'enseignement sur les organisations internationales africaines, par exemple, est supprimé du programme.
8. Cité par Kalinowski & Moniak-Azzopardi (2003:166).

## Références

Amin, S., 1989, *La faillite du développement dans le Tiers Monde et en Afrique. Une analyse politique,* Paris, Éditions L'Harmattan.

Aron, R., 1962, *Paix et guerre entre les nations,* Paris, Éditions Calmann Lévy.

Bayart, J.-F., 1989, *L'État en Afrique. La Politique du ventre,* Paris, Éditions Fayard.

Decraene, P., 1980, *Vieille Afrique, Jeunes Nations,* Paris, PUF.

De Rosny, E., 2002, « L'Afrique des migrations. Les échappés de la jeunesse de Douala », *Études,* n°3965, mai, pp.623-633.

Dubar, C., 1996, *La socialisation. Construction des identités sociales et professionnelles*, 2ᵉ édition, Paris, Éditions Armand Colin.

Freccero, C., 1994, « Savoir et pouvoir à l'ère de la vidéo », *Magazine Littéraire*, n°325, octobre, pp.34-35.

Godin, C., 1996, « Imaginaire et vidéo », *Études*, n°3853, septembre, pp.197-205.

Hein, C., 1997, « La politique et les intellectuels », *Études*, n°3861, janvier, pp.51-57.

Kalinowski W. & Moniak-Azzopardi A., 2003, « Réemploi du religieux dans la géopolitique. Le cas des identités collectives russes et européennes », *Études*, n°3982, février, pp. 163-173.

Kahn, H. & Bruce-Briggo B., 1973, *A l'assaut du futur*, Paris, Éditions Robert Laffont.

Kodjo, E., 1985, *...et demain l'Afrique*, Paris, Éditions Fayard.

Laïdi, Z., 1989, Le déclassement international de l'Afrique, *Politique étrangère*, n°3, pp. 3-21.

Marion, J.-L., 1999, « Le paradoxe de la personne », *Études*, n°3914, octobre, pp.349-360.

Mbembe, J.A., 1985, *Les jeunes et l'ordre politique en Afrique noire*, Paris, Éditions L'Harmattan.

Mbembe, A., 2000, « À propos des écritures africaines de soi », *Bulletin du Codesria*, n°1, pp.4-19.

Ntumba, L.-L., 1994, « La Communauté économique africaine : une chance pour l'Afrique? », *Zaïre-Afrique*, n° 238, mars, pp.153-170.

Okolo, O., 1990, « Identité et développement », *Revue philosophique de Kinshasa*, vol. IV, n°6, juillet-décembre, pp.9-16.

Rectorat de l'Université de Lubumbashi, *Discours du Recteur*, 29 juillet 2003, Lubumbashi.

Sollors, W., 1989, *The Invention of Ethnicity*, New York, Oxford University Press.

Willame, J.-P., 1993, « Le croire, l'acteur et le chercheur. Introduction au dossier 'croire et modernité' », *Archive des sciences sociales des religions*, n°81, janvier-mars, pp.7-16.

# 5

## Permanence et bifurcations
## du « sentiment nationaliste » ivoirien

### Aghi Bahi

### Introduction

Depuis au moins une décennie, le débat identitaire semble occuper les devants de la scène politique ivoirienne. Le regain des tensions politiques dues aux luttes pour la conservation ou la conquête du pouvoir d'État a intensifié ce débat identitaire à tel point que Scheuer (2001), dans un film controversé, a pu présenter la Côte d'Ivoire comme une « poudrière identitaire ». L'exacerbation de la crise a fait surgir, au moment paroxystique de la guerre civile, un sursaut national alimenté par un « sentiment nationaliste ». Ce sentiment fait-il surface en Côte d'Ivoire ou est-il permanent dans la politique moderne ivoirienne ? Cette question est importante en ce sens qu'à l'heure du mouvement implacable de la globalisation, l'idéal panafricain, qui doit aussi être pensé en termes de définition de l'identité, peut être contrarié par des dérives identitaires mues par des velléités nationalistes particularistes et isolationnistes. Dans cette Afrique en proie aux conflits de toutes sortes, un « sentiment nationaliste » est-il en contradiction avec l'idéal panafricain ? Comment penser l'articulation entre nationalités et idéal panafricain, entre nationalismes et panafricanisme ?

Le nationalisme peut être appréhendé comme le résultat de l'action de l'idéologie politique, et notamment de sa réinvention d'une communauté utopique, sur l'imaginaire social. En tant que principe politique selon lequel l'unité politique et l'unité nationale devraient se rejoindre, le nationalisme s'appuie sur des constructions identitaires. Le sentiment nationaliste est pour E. Gellner « le sentiment de colère provoqué par la violation de ce principe, ou le sentiment de satisfaction provoqué par sa réalisation » (Gellner 1983:1). Tout nationalisme est susceptible de sustenter un sentiment nationaliste en même temps qu'il se nourrit d'une telle émotion. Le « nouveau » nationalisme ivoirien s'inscrit singulièrement dans un processus de construction « sur le mode tragique » de la modernisation de l'Etat moderne (NO˙ 2003), et s'accompagne malheureusement de dérives.

L'idée rectrice de notre étude est simplement que le « sentiment » nationaliste actuel est une construction historique opérée, au cours des différents régimes (colonial et post-coloniaux), dans les formes, le langage et l'énonciation du politique. Dans le champ et l'espace de la communication politiques, le processus d'adhésion rend compte de la formation et de l'acquisition des identités des acteurs et celle-ci donne sens à l'action politique. Ces acteurs sont également caractérisés par des pratiques étant à la fois de l'ordre du réel, du symbolique et de l'imaginaire (Lamizet 2003). Ces logiques sont donc importantes pour saisir pleinement l'explosion actuelle de la question nationale. C'est pourquoi nous entrerons, dans la mesure du possible, dans les formes et le langage du politique en Côte d'Ivoire. Le travail des intellectuels – « techniciens du savoir pratique » pour reprendre l'expression de Sartre (1972:25) – fondamental dans toute fécondation nationaliste, traverse les articulations de l'étude que nous proposons. Dans un premier temps, nous essaierons de montrer comment et pourquoi, de la période coloniale à la guerre civile actuelle, le « sentiment nationaliste » survit aux mutations sociales. Nous tenterons ensuite de cerner et comprendre ce qui nous semble être des bifurcations du même principe nationaliste avant de nous hasarder à une ouverture sur le changement d'échelle que constitue une perspective panafricaine.

## Permanence du « sentiment nationaliste »

Avec la décennie 1935-1945, les Africains de l'Ouest sont de moins en moins disposés à supporter les abus et le racisme européens indissociables de leur condition humiliante de colonisés. Cette période, qui a fortement marqué le nationalisme africain a vu se concrétiser de « nouvelles formes de résistance africaine », particulièrement des mouvements politiques, religieux, culturels, syndicaux ainsi que la venue du journalisme politique africain. Une effervescence nationaliste est ostensible vers la fin de la Seconde Guerre mondiale qui, catalyseur important de cette ébullition, « apprit à l'Afrique à être plus nationaliste', y aiguisa la « prise de conscience politique » (Diop *et al.* 1998:97) et peut être considérée comme le début véritable de l'éveil nationaliste africain. Dans l'espace de l'Afrique occidentale française, la Côte d'Ivoire est un « bastion » du Rassemblement démocratique africain sur lequel « la politique de répression concentra ses efforts » (Suret-Canale et Boahen 1998:194). L'abolition du régime de l'indigénat et du travail forcé, l'octroi récent des libertés publiques devaient susciter chez les colonisés « évolués » des valeurs de liberté et d'égalité vis-à-vis des colonisateurs.

Mais les premières revendications à caractère « nationaliste » sur fond d'autochtonie et de xénophobie sont enregistrées dès la fin des années 1920.[1] Le contrecoup de la crise économique de 1929 sur le travail salarié a éveillé et attisé chez les jeunes et les chômeurs un sentiment d'animosité voire de bouffées xénophobes des Ivoiriens à l'encontre des non Ivoiriens jugés privilégiés[2] (Bayart, Geschiere et Nyamnjoh 2001:181 ; Gonnin 2003:26-27). Le Pape (1995:41-42) rapporte des incidents sur fond ethnique tels que par exemple des « provocations contre des Dahoméens », une « chasse aux Mossi », respectivement en 1938 et 1939. Cette fermentation « enrichit » la conscience nationale (Tiacoh 1999:203) et se traduit par une inflation d'associations culturelles, apolitiques et politiques, souvent engorgées par la question de l'originaire. Les démêlés itératifs entre Ivoiriens et étrangers se poursuivent, comme par exemple entre Ivoiriens de la Ligue des originaires de la Côte d'Ivoire (LOCI) et Togolais-Dahoméens en 1958 (Dozon 1997:789). Or, nombre de ces associations « fusionnèrent pour donner naissance aux partis politiques modernes » (Tiacoh 1999:204) et participent de la constitution d'un courant nationaliste qui récuse la Françafrique prescrite par Houphouët-Boigny.

## Limites du nationalisme « économique »

Au nom de l'unité nationale et de la formation de la nation, le monopartisme a été préféré au multipartisme. Le parti d'Houphouët-Boigny, au pouvoir depuis peu, phagocyte d'abord les partis d'opposition, avant de se livrer à une élimination des réfractaires. « La tradition nationaliste sera écrasée pendant plus de trente années d'"houphouétisme" par la lourdeur de la présence française, à la fois économique et politique » (NO* 2003). Le territoire devenu État souverain, et les opposants à l'alliance stratégique entre la Côte d'Ivoire et la France neutralisés, un autre nationalisme est développé pour créer une nation. Cela a-t-il refoulé pour autant les « réflexes identitaires » qui témoignent de la vigueur du sentiment national (Tiacoh 1999: 212) ?

Le nationalisme « économique » du parti unique visant le progrès est aujourd'hui une idéologie absolue. À telle enseigne que l'on a tendance à minorer ses effets dans la société ivoirienne. Ce nationalisme économique et territorial oublié, dont Sékou Touré avait fustigé la vision « balkanisatrice », est résolument anti-Nkrumah et radicalement opposé au nationalisme panafricain. Houphouët-Boigny, qui pensait que le panafricanisme était une utopie et un moyen utile de propagande (Laronce 2000:265), se prenait même à ironiser :

> Il n'y a jamais eu, que je sache – que vous sachiez les uns et les autres – une Nation au niveau d'un Continent donné. Ça n'a jamais existé. Il y a des États qui se sont construits au fil des siècles. Les frontières sont des cicatrices de l'Histoire. Même les meilleurs esthéticiens n'arriveront pas à les effacer facilement (Documents du Parti 1985:12).

Pour le « vieux » , l'avenir de l'Afrique est avec l'Occident, et celui de la Côte d'Ivoire avec la France. Le régime pro-français de la Côte d'Ivoire d'Houphouët-Boigny, étroitement chaperonné par l'Occident dans le domaine économique, avait obtenu de meilleurs revenus économiques que ceux du Ghana de Nkrumah « au prix d'une certaine dilution de la souveraineté politique » (Mazrui 1998:132). Déjà, la Conférence africaine française de Brazzaville (1943) visait à mieux stabiliser le système colonial français, secoué par la Seconde Guerre mondiale, et « le préserver des influences extérieures, et notamment américaines » (Diop *et al.* 1998:95). Les États nés de la concession par les métropoles coloniales de la souveraineté nationale « ont souvent transformé l'idée nationale en un thème conservateur » et « le nationalisme conservateur freine (…) contrarie le processus inachevé de la construction des nations », et les livre à l'influence des puissances étrangères (Fougeyrollas 1987:191-192). En effet, la Seconde guerre mondiale accrut l'implication à l'échelle planétaire des deux nouvelles superpuissances. Elles avaient leurs propres idées impérialistes pour l'après-guerre et elles « entreprirent de faire pression sur les premiers colonisateurs, les Européens, pour les amener à démanteler leurs empires » (Mazrui 1998:140).

Le nationalisme économique, « politiquement correct », ayant un certain ascendant sur l'Afrique de l'Ouest, exaltant le sentiment de fierté de l'Ivoirien pendant plus de trente ans, reposait sur le mythe du succès économique : « miracle ivoirien', « poids lourd dans l'UEMOA », « Éléphant d'Afrique », « vitrine de l'Afrique de l'Ouest », « au revenu par habitant le plus élevé de la sous-région », « pays où il fait bon vivre », « terre d'accueil », « l'hospitalité légendaire du peuple ivoirien », « pays de paix », « nous sommes le pays qui compte le plus grand nombre d'étrangers sur son sol », « le seul pays où il n'y a pas de coups d'États », « havre de paix », etc. bref, « nous sommes les meilleurs ».

L'influence symbolique de la rhétorique du succès dans l'espace public national et auprès de l'opinion internationale est appuyée par les discours d'experts et conforte l'influence politique de la Côte d'Ivoire dans la sous-région. Forte de cette hégémonie sur l'Afrique de l'Ouest, et des relations personnalisées entre F. Houphouët-Boigny et les dirigeants français, la Côte d'Ivoire se dotait d'une place de choix dans le « pré carré » de la France (Bayart 1990:46, 51). Mais en dépit de la dévotion avec laquelle l'amitié franco-africaine est célébrée, la politique africaine de la France est un échec estime (Bayart 1990:49-50) :

> La perpétuation d'un style diplomatique outrancièrement personnalisé (…) un signe parmi d'autres de cette sclérose de la politique française, incapable de répondre au renouvellement démographique d'un continent dont plus de la moitié des habitants ont moins de vingt ans (…), mais aussi à l'évolution de ses attentes politiques, notamment à la résurgence de la revendication démocratique, bien avant que le dégel de l'Europe de l'Est et la libération de Nelson Mandela ne lui confère la force que l'on sait.

Plus encore, la faillite du nationalisme économique devait renforcer les pratiques rentières de l'État (Bayart 1991:18), tout en contenant de plus en plus difficilement les revendications sociales. Le retour au multipartisme en 1990 se fait dans des conditions de « grave crise économique et sociale ». En outre, la répression violente des mouvements sociaux par le gouvernement – ersatz de parti unique dirigé alors par le Premier ministre Alassane Ouattara –, et « la guerre de succession à la mort d'Houphouët-Boigny ont considérablement crispé le jeu politique, qui a vite tourné en un affrontement de prétendants plutôt qu'en une confrontation de projets. » (Banégas et Losch 2002:147). La dévaluation du franc CFA a «accru la déstabilisation du tissu social en aggravant les conditions de vie des prolétariats urbains, sans compenser cette dégradation urbaine par une augmentation à terme des revenus ruraux» et a mené à une « trappe de pauvreté » (Jarret et Mahieu 2002:48). De plus, « la pauvreté s'est déplacée des zones rurales vers les centres urbains » et a même augmenté à Abidjan où les salariés, plus nombreux que dans les autres zones, «sont ceux qui subissent les plus fortes pertes du pouvoir d'achat» (Bamba 2001:61-62).

## *« Tribalisme » et constitution des identités politiques*

À partir de ce projet initial de construction et de fortification de la nation, le « sentiment nationaliste » prend rapidement la direction du « tribalisme » . Le parti unique, adopté afin d'anesthésier la politisation de l'ethnicité, l'a plutôt domestiquée, utilisée et manipulée pour son propre maintien. Le régime a officiellement délégitimé l'ethnicité mais a officieusement pratiqué un mélange de « géopolitique » (nom policé de « l'ethno-régionalisme ») et de clientélisme ethnique. La stabilité apparente, le manque de contestation, la continuité et la durabilité de ce système, tant que les « clients » pouvaient être satisfaits, en faisaient donc un modèle d'État et un mode valide de légitimation du pouvoir. Le parti unique « unanimitaire » s'est ainsi donné une apparence de « démocratie à l'ivoirienne » .

Certes, l'ethnicité ne constitue pas la trame fondamentale du politique (Bayart 1989:82-83) mais sa politisation a conduit au «tribalisme» pour le contrôle du parti–État et de ses institutions. L'État est en fait au centre d'une double contrainte : la politisation de l'ethnicité qui risque de le désintégrer et la nécessité de cette politisation pour s'équilibrer. Une causalité circulaire et dialectique entre État et ethnicité apparaît dans la mesure où, d'une part, l'État n'arrive pas à assurer la construction nationale autrement qu'en créant l'ethnicité et, d'autre part, l'ethnicité contrarie la construction de l'État moderne (Sylla 2001:174). L'ethnicité est devenue une donne importante des « coutumes » politiques[3]. Est-ce contre « cette identité d'origine » ou plutôt pour renforcer les performances économiques que Houphouët-Boigny avait proposé un projet de construction identitaire matérialisé par le projet de double nationalité ?

> S'agissant de la double nationalité, j'avais pensé que l'Afrique, qui a en elle ce quelque chose qui lui est propre, cet humanisme empreint de fraternité vraie, de solidarité agissante, ne devrait pas suivre les procédés en honneurs dans les pays développés, où quand un homme, pour des raisons d'intérêt, demande une naturalisation, il doit renoncer à sa citoyenneté d'origine (Documents du Parti 1985:2).

Il faut dire que la Côte d'Ivoire étonne et que le personnage d'Houphouët-Boigny, « cerveau politique de premier ordre »[4], « sage de l'Afrique » , fascine. Sa personnalité est si marquante qu'elle finit par être projetée sur le « peuple » tout entier. Par conséquent, l'Ivoirien est « accueillant », « pacifique » , et surtout bien mieux loti que ceux qui sont « dans d'autres pays d'Afrique » . Les plus hautes autorités, à commencer par le chef de l'État lui-même, n'hésitaient pas, dans des allusions à peine voilées, à nourrir ce sentiment. La Côte d'Ivoire reste un symbole de paix donc les Ivoiriens sont des gens de paix. Le dialogue, « arme des forts » est notre arme, donc « nous sommes forts » .

Les pratiques clientélistes en cours dans l'action politique du parti unique n'ont cessé de conforter les identités ethniques. Elles devaient juguler les crises politiques et conforter le pouvoir comme en témoignent par exemple, en 1982, les motions de soutien des militaires et des cadres Bété au Président de la République[5]. Ces mobilisations, qui, par effet d'entraînement, sont suivies par celles des autres représentants des identités ethnopolitiques, activent et confortent les imaginaires ethniques et affirment l'ethnicité comme dimension importante de la construction des identités politiques.

Dès la libéralisation (très) partielle des scrutins en 1980, à l'intérieur même du PDCI[6] parti unique, l'ethnicité s'est avérée une arme redoutable pour disqualifier les adversaires politiques, voire les factions rivales. On assiste à un regain de l'autochtonie en tant qu'identité légitimant le candidat à un poste électif[7]. Chose remarquable, que personne ne semble relever par ailleurs, est qu'Houphouët-Boigny n'intervient pas officiellement pour autoriser les « non-Ivoiriens » et les «non originaires » à se présenter à ces mêmes élections dans une parfaite fraternité ethnique et transfrontalière[8]. La première expérience de démocratisation du scrutin porte en elle les germes de problèmes électoraux que l'on connaîtra par la suite[9] (Médard 1982:68). Si on peut estimer que les années 1990, c'est-à-dire le retour au multipartisme, ont fourni « de nouveaux lieux d'expression » à l'ethnicité, il faut cependant remarquer que cela s'est révélé au moins dix ans plus tôt en Côte d'Ivoire.

Certes, la corrélation complexe entre le multipartisme et le tribalisme n'est pas absolue mais plutôt tendancielle et échappe aux schémas simplistes dans lesquels on tend à l'enfermer au risque de laisser dans l'ombre d'autres logiques tout aussi déterminantes, comme le rappelle bien Bayart. Il est donc important d'éviter de surévaluer la congruence entre appartenance ethnique et adhésion politique qui s'inscrit dans l'élargissement du champ étatique emmené par la colonisation et perpétré par l'État post-colonial ; c'est à la construction de ce champ étatique élargi qu'il faut lier la récence de la cristallisation de la plupart des identités ethniques. L'ethnicité fait système avec l'État moderne et n'est pas nécessairement contraire à l'intégration nationale. Elle est « un mode d'accès à ses bénéfices matériels ; elle n'équivaut pas à la persistance de la tradition mais au partage des ressources de la modernité » (Bayart 1991:6-7). Par ailleurs, le multipartisme laisse apparaître plus nettement le déchaînement des luttes entre factions politiques qui écornifle les institutions politiques, les structures de l'État, la société civile mais également « les syndicats, les chefferies dites traditionnelles, les entreprises, jusqu'aux églises chrétiennes ou aux confréries islamiques. Or, les différentes ethnies (…) se partagent systématiquement entre plusieurs entrepreneurs politiques rivaux. » (Bayart 1991:6).

## *Échos identitaires*

L'ethnicité est « une représentation et un phénomène social produit par des acteurs et des situations historiques » qui suscite des mobilisations ayant des significations particulières (Coulon 1996:38). L'ethnicité, en tant que sentiment d'appartenance à l'ethnie, est une construction historique « toujours plurielle, évolutive, investie de significations complexes et multiples » (Otayek 2001:130) ; et cette historicité permet d'expliquer « sa saillance dans les sociétés africaines contemporaines » (Coulon 1996:38). Ce sentiment d'appartenance peut être le résultat d'une instrumentalisation, mais la croyance en ce sentiment n'est possible que parce que l'ethnicité est un langage compris par les acteurs.

L'efficacité du discours politique, la propagande efficace et continue du pouvoir monolithique, grâce au contrôle et la mainmise sur les médias, assure l'« idéologie de la réussite » ivoirienne (Bahi 1998:39). Reposant sur cette métaphore d'identité, la rhétorique du succès, dont l'image d'Épinal est le paisible « petit Manhattan », obtient un écho identitaire populaire. Certes, sa résonance n'a pas partout le même retentissement, générant enthousiasme et frustrations. Mais elle nourrit le sentiment de fierté, voire d'orgueil national, aiguillonne le sentiment nationaliste de la supériorité ivoirienne par rapport aux autres pays africains de la sous-région, et, au-delà, de l'Ivoirien par rapport au non-Ivoirien africain. Cette précellence, réverbérée à l'intérieur même du territoire ivoirien, provoque un effet pervers d'orgueil et de supériorité des Ivoiriens par rapport aux étrangers d'origine africaine ou syro-libanaise, entre les Ivoiriens eux-mêmes, et s'installe dans la violence ordinaire.

Quelques exemples de la littérature africaine, et dont le théâtre est l'Abidjan des années soixante-dix, donnent un aperçu de cet orgueil national vu par un étranger[10]. Les rapports entre communautés restent difficiles : Noaga (1978:21) rappelle en passant les vicissitudes que connaissent, dans les années soixante dix, les *dawa*[11] dans ce « bel Abidjan, comme dit la chanson, ville champignon, métropole moderne aux gigantesques immeubles, aux larges avenues toujours grouillantes, aux ambitions défrayant la chronique dans le Tiers-Monde ». Dans les tirades que propose Monénembo, l'ethnicité est fortement présente, et sont à la limite du tolérable. Par exemple, une longue tirade entre des passagers et un chauffeur de bus dans lesquels les rapports à l'ethnicité sont fortement présents. L'auteur y relate aussi la fuite des Guinéens face à la dictature de Sékou Touré et qui se réfugient dans les pays voisins : « (…) maintenant, c'est le tour de la Côte d'Ivoire, y a pas à dire, c'est zétrangers guinéens-là-même qui vont gâter beau pays de Côte d'Ivoire, ah ! »[12] (Monénembo 1993:38-41, 47).

La chanson populaire ivoirienne *zouglou* des jeunes n'est pas en reste de cet écho identitaire. Selon Adom, cette poésie chantée, née de la détresse des étudiants dans les cités universitaires, tient de la prose journalistique et de la chronique. Exprimant « le trouble d'une génération face à l'évanescence de ses repères identitaires » , cette expression culturelle est en même temps une quête d'identité positive (Adom 2000:94-98). « On sera se voir »[13] dit le refrain d'une chanson désormais célèbre. Les circonstances non clairement élucidées qui entourèrent le match ASEC/Kotoko donnent lieu à des violences sur les Ghanéens vivant à Abidjan. Ils rentreront chez eux par cars entiers[14]. Cette chanson parle de revanche, de représailles. Elle annonce ce à quoi l'on assistera plus tard : bastonnade de la communauté ciblée accompagnée de casses, de pillages, de chasse et de renvoi dans le pays d'origine. Les réactions de la classe politique et de la société civile ont été unanimes à condamner ces violences à l'encontre des « frères » ghanéens. Mais en leur for intérieur, ces mêmes représentants de partis politiques et de la société civile savaient que les choses avaient changé et que « les Ivoiriens ne se laissent plus faire » .

L'ethnicité est donc bien « un mode d'identification disponible et légitime » niché au cœur de l'imaginaire national. Elle est un langage qui fait partie du « sens commun » et de « l'horizon » africain et dans lequel une bonne partie de la population se reconnaît (Coulon 1996:47). Cela crée un sentiment d'orgueil national mais tisse patiemment et tranquillement les conditions d'émergence d'un nationalisme qui se nourrira de ce sentiment national fondé progressivement sur la « tribalité » et que les crises économiques et l'affaiblissement de l'État viendront exacerber. L'ethnicité, langage polysémique, se construit bien par rapport à une situation, est un ensemble de ressources potentielles pour l'action, et se caractérise par son rapport à l'État. Dans le cadre du parti unique, les autorités politiques ont tenté un équilibre précaire entre politique programmatique et politique politicienne et clientéliste : d'un côté, un discours intégrateur désavouait l'ethnicité ; d'un autre côté, des soutiens et des alliances à caractère clanique, ethnique et régionale étaient nouées comme le rappelle bien Coulon (1996:47).

S'il faut certes éviter de surestimer la dimension ethnique du politique, il est toutefois difficile de déprécier les effets des pratiques ethniques sur les rapports sociaux. Le champ politique a ses propres logiques et ses propres processus de formation des identités de ses acteurs. En l'espèce, celles-ci sont construites et même confortées, par rapport à l'ethnicité, à la fois par l'action gouvernementale et à travers les « coutumes » mises en place par les acteurs du champ politique. L'ethnicité, qui alimente directement le sentiment nationaliste, imprime durablement les rapports sociaux et devient une dimension constitutive des identités politiques. Elle a été utilisée comme modalité de formation et d'expression des identités politiques. Le processus de l'engagement rend compte fondamentalement de la formation et de l'acquisition des identités dans le champ de la communication politique. À cet égard, l'ethnicité se présente comme un nœud du processus complexe de constitution des identités politiques. En devenant ethnie à part entière, on devient semblable aux autres, un acteur reconnu du champ politique ayant légitimité à s'exprimer dans l'espace de la communication politique. Le travail des médias vient renvoyer à leurs usagers une projection symbolique de leur sociabilité politique qui, à leur tour, s'inscrivent dans les pratiques symboliques typiques des acteurs politiques. Dans la réalité de leur expérience, les acteurs inscrivent l'identité politique auto-attribuée dans des modes d'action susceptibles de transformer le champ politique ou à la faire évoluer dans un sens en adéquation avec leurs ambitions. Le « sentiment nationaliste » apparaît donc comme une permanence dans le débat politique ivoirien depuis un demi-siècle, même si ce sentiment trouve des lieux d'expression divers. Les dirigeants du parti unique ont idéologiquement présenté un nationalisme particulariste comme un nationalisme ouvert et cosmopolite.

## Bifurcations de la surpolitisation de l'ethnicité

Depuis le retour au multipartisme, la surpolitisation de l'ethnicité déchaîne des nationalismes ethniques d'action et de réaction. Les bifurcations micro-nationaliste, ethnonationaliste et ultra-nationaliste et leurs hybridations conduisent à une phase catastrophique et meurtrière. Cette fracture sociale et politique, qui ébranle l'unité nationale, est une déconvenue de l'expérience multipartite au nom de la démocratie. Pourquoi une « culture démocratique » ne semble pas bourgeonner dans le champ politique ?

### *Une intrication du politique et du religieux ?*

Le prophétisme, en période de pluralisme, aussi bien pendant la colonisation, qu'en l'expérience actuelle, traversée de débats et conflits politiques, a une forte présence dans l'espace public ivoirien comme le souligne Dozon (1995:116), et nourrit l'imaginaire nationaliste. Ces messianismes, qui s'affirment comme mouvement social expression politique dès le début des années 1900, commettaient tous « l'erreur de transférer les réactions politiques au niveau d'activités religieuses» (Ekanza 1975:55). La prophétesse Marie Lalou, fondatrice de l'Église *deima* (religion ivoirienne en pays Dida) avait auguré la venue d'un libérateur qui affranchirait les Ivoiriens du joug colonial, c'est-à-dire le destin national d'Houphouët-Boigny, député qu'elle rencontra et qu'elle investit d'un pouvoir mystique (Dozon 1995:117-118). Mais le personnage lui-même, dont le nom – « Houphouët-Boigny » – possède une forte efficacité symbolique, est entouré d'un halo prophétique. Il présente « des traits ambivalents, rappelant du même coup celui que composent les prophètes où le vrai, le faux et l'incertain se trouvent indissolublement mêlés » et c'est pourquoi il peut être perçu comme un « quasi-prophète » qui n'avait d'ailleurs pas hésité à se comparer à Mahomet et à Jésus (Dozon 1995:202-203). Ajoutons qu'Houphouët proclamait que « la paix est la seconde religion » des Ivoiriens sans dire par ailleurs qu'elle est la première religion du pays.

> À tort ou à raison, certains Ivoiriens viennent à considérer que le cœur du pouvoir est ostentatoirement aux mains des Baoulés et que la religion du Président est élevée à la dimension de religion officielle (…) Le traitement privilégié de la religion catholique est paradoxal au regard de la configuration religieuse du pays (Coulibaly 1995:145).

À vrai dire, le religieux, effervescent depuis la période coloniale, connaît un renouveau de prophétismes dans les années 1980 (Gadou 2001:24). Il semble même libéré par l'élargissement de l'espace public de 1990, et prend un poids plus important dans le champ politique. Les références au religieux deviennent omniprésentes dans le discours et la rhétorique politiques.

Au début des années 1990, le Père marianiste dirigeant le Sanctuaire marial d'Abidjan, fait une révélation au cours d'une Nuit de prières : la Côte d'Ivoire est une « terre bénie ou choisie par Dieu'. « La seconde patrie du Christ » . La Côte d'Ivoire qui vient d'entrer dans le multipartisme, est secouée par des crises de toutes sortes : tous les corps sociaux sont entrés en grève et, pour la première fois, l'on a assisté à une mutinerie de jeunes appelés au cours de laquelle le Président Houphouët-Boigny a failli être déposé. De plus, on peut aisément voir dans cette révélation une tentative de conjuration du risque de voir s'étendre la guerre du Liberia voisin à la Côte d'Ivoire. Cette même peur, s'affirmera au lendemain du coup d'État de décembre 1999, les grandes prières d'actions de grâce, parfois œcuméniques, reprennent pour remercier Dieu d'avoir sauvé la Côte d'Ivoire en permettant que ce putsch se soit déroulé « sans effusion de sang » , prouvant bien que le pays est choisi et béni, conformément à la révélation. Le religieux s'affirme dans le cadre de la société civile censée arbitrer les contradictions entre les acteurs politiques. Les journées de prières œcuméniques ou non pour la paix en Côte d'Ivoire ne se comptent plus ; les appels des leaders religieux au dialogue non plus. Mais la parole religieuse libérée travaille en profondeur le sentiment nationaliste. Les « pentecôtismes » sont les hérauts d'une annonciation de la Côte d'Ivoire devenue « patrie du Christ » . Elle n'est donc pas à leurs yeux, celle des religions traditionnelles et encore moins celle de Mahomet. On accuse le pouvoir Bédié d'essayer d'alanguir la communauté musulmane en jouant sur les divisions[15] entre le Conseil supérieur islamique et le Conseil national islamique (Coulibaly 1995 :147). Le travail du religieux dépasse la parole pour investir l'action symbolique[16].

Dans le champ politique, les références au religieux n'ont probablement jamais été autant présentes dans les discours croisés des acteurs politiques et dans la construction des identités que depuis la crise qui secoue le pays. Les mobilisations du religieux ne sont pas seulement le fait des représentants de religions. Les profanes eux aussi prennent en charge ces références.

Le multipartisme et sa parole libérée laisse mieux voir ce qui sourdait dans les profondeurs abyssales des milieux défavorisés dont les porte-parole sont des intellectuels, des diplômés, et des jeunes urbanisés. Désorientés par la distance entre les promesses politiques et leur déchéance, ils trouvent refuge et réconfort moral dans le religieux perçu comme « une béquille pouvant l'aider non seulement à supporter sa misère mais aussi à vivre l'espérance d'appartenir à un monde meilleur » (Akindès 1996:152).

Par ailleurs, la multiplication des associations de solidarité ethniques, régionales ou villageoises dans les villes, normalisées[17] ou spontanées, si elles dénotent la vitalité ou même la résilience de la société civile, présentent en même temps des risques d'incivilité de cette société civile. La floraison des nombreux «Parlements» de quartiers, et des *grins* avec lesquels ils sont en contradiction[18], et finalement la société civile elle-même, attise l'appétit de ceux qui escomptent les suffrages des citoyens. Leurs discours croisés radicalement opposés mixent références religieuses et clichés politiciens : « nous sommes accueillants ! », « nous comptons 26 % d'étrangers sur notre sol », « le seuil de tolérance est dépassé ! », « la Côte d'Ivoire aux Ivoiriens », « nous ne méritons pas cette sale guerre qui nous est imposée », il faut militer pour « la repentance et le pardon ». « C'est l'ivoirité qui est la cause de cette guerre que nous n'avons pas voulue », « on dit que nous sommes étrangers parce que nous sommes Dioula ou musulmans », «l'islam est une religion de paix», « que la Côte d'Ivoire redevienne comme avant », « c'est Gbagbo qui est le problème de la Côte d'Ivoire ». « C'est le peuple qui l'a choisi donc c'est Dieu qui l'a choisi », etc.

Les enjeux électoraux de l'an 2000 ont mis en avant la *vox populi vox dei* que les jeunes des parlements de rues aiment répéter (Bahi 2003:9) et dont le centre est la sémiotisation de la définition du « peuple » : les vrais Ivoiriens entendus à la fois comme les originaires, les autochtones qui inévitablement aiment leur pays. La voix des vrais ivoiriens – ceux du terroir – est le verdict de Dieu pour la Côte de Ivoire ; celui qui sera élu par ce vrai « peuple » sera donc l'élu de Dieu lui-même. «L'autorité vient de Dieu» , or «*vox populi vox dei* la voix du peuple est la voix de Dieu» donc celui qui a été élu par le peuple est élu de Dieu, etc. Un « étranger » à la magistrature suprême est une punition divine qui trouve sa justification dans des exégèses de passages bibliques[10]. Le religieux devient, bien plus qu'une béquille morale, un véritable soutènement de la rhétorique nationaliste. Rentré précipitamment de Rome où il projetait une visite au Vatican, au lendemain de l'attaque du 19 septembre 2002, les discours du Président Laurent Gbagbo, aux accents souvent messianiques, empreints d'allégories bibliques (« le rameau d'olivier » par exemple), visent à la mobilisation du peuple pour résister à l'agression. Il construit plus tard l'avanie de l'attaque rebelle et de la partition du pays comme une épreuve par laquelle la Côte d'Ivoire doit passer et par laquelle elle deviendra « la nouvelle Jérusalem » .

Cette saturation se manifeste d'autant plus aisément que la presse, quoi qu'on en dise, est débridée et se fait l'écho de ces dissensions (Bahi 2004). L'affirmation de la dimension religieuse dans le champ politique vient complexifier singulièrement la politisation de l'ethnicité et le développement de ce sentiment nationaliste ivoirien. Elle conduit à la construction de la figure « nation choisie », parangon même de la « communauté imaginée » (Anderson 1996). Cette nation élue ou prédestinée va renforcer l'orgueil national, alimenter le sentiment nationaliste et surpolitiser la dimension religieuse de la crise en même temps qu'elle va camper la légitimité de l'originaire. Il y a donc un travail articulé des acteurs politiques (entrepreneurs politiques et journalistes), des intellectuels organiques des partis politiques et de la société civile dans la lente construction d'un nationalisme vaporeux dans lequel ces formations et ces leaders politiques se reconnaissent. Un des enjeux est de faire entrer leurs valeurs dans la Loi fondamentale. C'est en cela que le conflit ressemble à « une crise de formation de l'État et de construction d'un espace civique » (NO2003). Mais, l'articulation de l'ethnicité, du politique et du religieux est assurément explosive et est porteuse de tentations sinistres.

## La tentation « essentialiste »

Alors que le parti unique tourne à plein régime, débute une double quête : celle de la spécificité culturelle ivoirienne, d'une part, et celle des premiers habitants de la Côte d'Ivoire, d'autre part. Boa Thiémélé, en tentant de recentrer le débat sur le contexte de création du projet initial de l'ivoirité, rappelle que l'idée est véritablement lancée en 1974 par N. Porquet, et amplifiée par le journaliste P. Niava, en pleine période d'expressions culturelles des Africains du continent et de la Diaspora. Cette affirmation de l'identité culturelle est même encouragée par l'UNESCO (Boa Thiémélé 2003:10-11). Il reste que l'ivoirité, codification «tardive» de la spécificité culturelle ivoirienne, est en elle-même un projet de construction identitaire. À partir de matériaux culturels, elle veut fixer l'identité ivoirienne et redéfinir sa position dans les limites territoriales ainsi que dans ses rapports au-delà de ses frontières. Elle ne peut être assimilée, tout au moins dans sa forme primitive, à un « récit ethnique » . Mais elle constitue un exorde culturel qui pose des possibles à partir desquels la création d'un programme narratif « ethniciste » est constructible.

En outre, si l'étude de Boa Thiémélé est riche en références contextuelles, elle omet – à notre sens – un aspect important dans la « politisation » future de ce concept et que nous appelons, faute de mieux, « la recherche de l'aborigène éburnéen » . Qui a commencé ? Peut-être le parti unique dont on soupçonnait la mainmise Akan (si ce n'est Baoulé) et qui voulait démontrer que les Ivoiriens viennent de partout. Certes rétorquent les autres, mais «nous étions là avant vous» comme en attestent les témoignages oraux. Ce débat me semble illustrer les prémices véritables de la re-formulation de l'ethnie et de la tradition. Si cette quête ne s'appelle pas ivoirité au moment où elle débute, elle intervient dans la même mouvance que l'« ivoirité culturelle » et ressemble à s'y méprendre à son pendant ethno-politique. Une vingtaine d'années plus tard, c'est de l'articulation de cette quête de spécificité culturelle et des enjeux de la découverte de ce natif, que l'ivoirité, dans ce qu'elle a d'essentialiste, s'avère potentiellement exploitable par des entrepreneurs politiques, et devient une véritable théorisation de l'ethnicité. Si « ivoirité » a pu renvoyer à «akanité» si ce n'est à « baoulisation » , elle est aussi une réponse à la Charte du Nord perçue après coup comme étant « contre-ivoiritaire ». En fait, dès 1992 les revendications des populations du Nord, s'estimant marginalisées par trente années de pouvoir du PDCI, produisent « un manifeste anonyme intitulé la Charte du Nord » et qui contient « les thèmes classiques du nationalisme régional » (Coulibaly 1995:146).

Par ailleurs, la pauvreté grandissante a certainement aidé la production de l'ivoirité, « une 'éthique du mal', fondée sur l'identité communautaire » (Jarret et Mahieu 2002:48). Avec l'augmentation de la pauvreté, les étrangers sont vus comme une des causes de la pauvreté des « autochtones » . La crise économique qui frappe la Côte d'Ivoire de plein fouet a des conséquences désastreuses à tous les niveaux. L'« ivoirité » (politique) apparaît lors des élections de 1995, comme façon d'éviter la discussion économique au profit d'arguments xénophobes ». Mais l'ivoirité, parce qu'elle donne une grille de lecture simpliste quant à la place légitime des étrangers et des nationaux, jette ou réveille tragiquement un doute sur l'identité des habitants du Nord ivoirien (Dozon 2000:57) et favorise les tracasseries administratives et les vexations policières. L'ivoirité « entre aussi en résonance avec des tensions sociales plus anciennes liées à la crise de l'emploi urbain et surtout à la crise agraire qui se manifestent par une mobilisation très virulente de l'autochtonie », l'Autre devenant « un bouc émissaire utile pour tenter d'exorciser les maux du pays » (Banégas et Losch 2002:147-148). Cette « éthique du mal », justifiée par plusieurs intellectuels ivoiriens, s'infiltre dans la Loi et serait à l'origine de « l'adoption à l'unanimité par l'Assemblée Nationale ivoirienne de la loi foncière de 1998 » (Jarret et Mahieu 2002:50-51).

La conscience tribale de l'appartenance au terroir a mis en avant l'autochtone comme prétendant légitime à un poste électif. C'est la recherche de l'identité «légitimante» , l'identité d'origine, mise en œuvre non vraiment par les institutions nationales mais par l'agrégation des actions individuelles des acteurs politiques. Une telle identité est d'abord une identité de résistance qui ponctue déjà la vie politique de la colonie. La contestation du projet identitaire (double nationalité) d'Houphouët-Boigny à cet égard n'est qu'un aspect de cette résistance qui, de nos jours, semble avoir pris le dessus. Elle se développe sur la base de l'exclusion. L'autochtonie, peut donc être saisie comme une identité de résistance qui se développe sur la base de l'exclusion. Elle participe de la construction de ce nationalisme qualifié de xénophobe et emmené par de jeunes désœuvrés mais guidé par des étudiants et par « diverses catégories socioprofessionnelles directement intéressées à une transformation du système (enseignants, avocats) » (Bayart 1991:19). L'ivoirité suppose directement la responsabilité d'intellectuels, entrepreneurs identitaires, ainsi que l'onction d'une bonne partie de la classe politique. Elle a en outre un retentissement redoutable chez les cadets sociaux du fait de l'action occulte des politiciens et d'une terrible campagne médiatique.

C'est donc aussi parce que ces revendications drainent des exigences liées à la modernité telles que la question foncière, la souveraineté et l'insertion du pays dans le mouvement de la mondialisation qu'elles sont malheureusement insérées dans un projet de société et dans un programme de gouvernement. Or cette recherche de l'« essence » ivoirienne, qui se fonde sur l'ethnicité en même temps qu'elle construit cette ethnicité, est frappée de suspicion, est dévoyée, n'est pas à même de constituer un liant national et fragilise même le lien social. Le recours à l'ivoirité, instrumentalisée pour des desseins partisans et pour la conquête du pouvoir, radicalise une ethnicisation du champ politique commencée sous le parti unique. La question de la citoyenneté ivoirienne, éludée au cours de trois décennies de parti unique est au cœur du débat polémique autour de l'ivoirité. Dans une telle controverse, la nationalité ne peut véritablement avoir de «pouvoir centripète» et de « capacité de rassembler autour d'elle une nation en formation » (Fougeyrollas 1987:187). Elle risque au contraire de virer à l'ethnonationalisme. Or, il se trouve qu'en l'absence actuelle d'une ethnie capable de jouer ce rôle d'ethnie principale, la stigmatisation porte sur une opposition Nord-Sud

dont la réalité pose problème mais dont le caractère simpliste porte en lui une efficacité symbolique avérée.

Les politiciens ont activé l'ethnicité et surtout un sentiment nationaliste qui semblait éconduit de la sphère politique (mais qui en fait ne l'était pas). Cette ethnicité, va
même être ce qui définit la citoyenneté dans ce qu'elle a de plus authentique. « La
définition politiquement dominante du 'peuple ivoirien' auparavant fondée sur
l'allochtonie, conformément à la volonté politique de donner du pays l'image d'une
société hospitalière et intégrant l'étranger, s'efface au profit d'une définition qui privilégie l'autochtonie » (Yao 2002:162). La distinction entre Ivoiriens et étrangers est
restée sans effet jusqu'à l'instauration de la carte de séjour en 1990. Ce document
active la distinction entre Ivoiriens et non-Ivoiriens définis désormais selon leur appartenance ethnique, en même temps qu'il marque l'exclusion des étrangers du champ
politique. Le fonctionnement de ces catégories « dans les rapports sociaux et l'imaginaire social, rend quasi inopérante la définition juridique de l'étranger ». La valse des
définitions consécutives de l'étranger est liée aux compétitions internes pour le pouvoir politique et aux moyens de légitimation de ce pouvoir. La question de la xénophobie est liée à ces acrobaties conceptuelles de l'étranger. Mais elle ne peut véritablement occulter la réalité d'une citoyenneté qui elle-même se définit par rapport aux
limites territoriales nationales et cette définition nouvelle rend caduques les « coutumes » politiques électoralistes. Il faut effectivement s'interroger avec Yao :

> Pourquoi la naturalisation (de l'étranger et de l'allogène) qui est d'abord une
> catégorie juridique, et l'immigration de longue date (près de trois générations
> dans le cas de la Côte d'Ivoire), ne suffisent pas dans l'imaginaire social, à intégrer
> la catégorie de nationaux, au sens de « gens de chez nous » selon une expression
> locale ? Ainsi, on peut bien être Ivoirien et demeurer anthropologiquement étranger
> (Yao 2002:176-177).

### *Une catastrophe de tentative « séparatiste » ?*

La politisation de l'ethnicité, visait la « capture de l'État et de ses institutions par
certains groupes ethniques soucieux de garder le monopole du pouvoir au détriment
d'autres groupes ethniques qui se donnent alors les moyens analogues pour prendre
ce pouvoir » (Sylla 2001:166). Cette première direction tribaliste pour profiter des
richesses de l'État devient et reste « politiquement correcte ». Mais toute surpolitisation
de l'ethnicité porte en elle une « charge explosive » et rend virtuellement possibles des
bifurcations dangereuses.

En tant qu'idéologie, le nationalisme manifeste le caractère national comme principe fondamental pour différencier les êtres humains. Au-delà de toute mesure, il
suppose que « les individus se sentent membres d'une nation et d'une seule avant
d'être membres d'un groupe plus étroit, et qu'ils soient prêts à faire les sacrifices
nécessaires pour défendre les intérêts de leur nation » (DPP* 1989:562). Un mouvement nationaliste est animé par un sentiment de colère éprouvé par la violation du
principe de correspondance entre unité politique et unité nationale ou la satisfaction

provoquée par sa réalisation. Il prétend surtout « représenter les membres de la natio-nalité en vertu des intérêts matériels et culturels qu'ils partagent » (DPP* 1989:563).

En ce sens, l'attaque du 19 septembre 2002 a attisé un mouvement nationalitaire – celui des jeunes patriotes – qui demande à ce que les divisions partisanes, religieuses ou de genre soient subordonnées à « l'intérêt supérieur de la Nation ». Mais la déroutante rébellion ivoirienne ne semble pas être un mouvement nationaliste séparatiste. Même si le fractionnement du pays est effectif, et que l'on a pu enregistrer des propos faisant allusion à une éventuelle sécession, la prise d'armes ne paraît pas réellement viser une redéfinition des frontières de l'État. Le sentiment national semble se renforcer en même temps que se durcit (s'affirme) la conscience ethnique (le sentiment d'appartenance à une ethnie, à une région). Des deux côtés de la « zone de confiance » on trouve des « patriotes » animés par des nationalismes contradictoires. Chacun se bat pour sa conception de la nation en tant que mode d'existence de la société globale : Au risque d'éloigner « les perspectives de définition d'un creuset citoyen et d'une culture politique commune » (Akindès 2004:45). Mais se bat-on pour quelque chose qui a un fondement objectif ou au contraire pour un produit de représentations collectives ? C'est la raison pour laquelle les anti-ivoirité répètent obstinément vouloir « que la Côte d'Ivoire redevienne comme avant », c'est-à-dire comme au temps d'Houphouët-Boigny. Nombre d'entre ceux qui se font les chantres de cette nostalgie passéiste de l'houphouétisme n'ont pas réellement connu cette époque mais, n'est-ce pas là une illustration supplémentaire du fait que, mort, Houphouët-Boigny connaît un regain de sacralisation, fait porter son ombre sur la Côte d'Ivoire et fait croire au retour du « miracle » (Dozon 1995:210).

Les protagonistes ivoiriens, « ivoiritaires » ou « contre-ivoiritaires » , réinventent et prennent en charge l'identité ivoirienne en l'encrant dans l'ethnicité et en faisant une dimension importante des identités des acteurs politiques. Ni l'une ni l'autre des parties, y compris la rébellion, ne veulent détruire l'État ou même le remettre fondamentalement en question. C'est pourquoi il est difficile de parler de mouvements nationalistes ivoiriens en tant que tels, mais plutôt de mouvance nationalitaire. Les protagonistes revendiquent le contrôle de l'État et du territoire national. Pour les rebelles ivoiriens, cette guerre « qui s'est imposée à eux » est leur manière d'affirmer leur sentiment national lié à « la revendication d'une seconde indépendance » et cette guerre civile ressemble plus « à un processus tragique de modernisation et comporte les ingrédients d'une transition démocratique » (NO 2003) à condition que les violences ne démolissent pas les mécanismes anciens mais encore opérationnels de négociation entre autochtones et allogènes. Or l'affirmation du religieux dans le champ est une menace réelle qui pèse sur ces dispositifs.

Mais il reste qu'aujourd'hui, le piège nationaliste de la surpolitisation de l'ethnicité se referme sur les apprentis micro-nationalistes et menace la nation tout entière. Le sentiment nationaliste exacerbé, instrumentalisé par le cynisme politicien, conduit à la situation catastrophique de guerre que nous connaissons. Le risque de séparation existe même si on peut encore percevoir les actes des uns et des autres comme une surenchère diabolique visant la capture de l'État afin de profiter de ses richesses. Les menaces de renforcement de la xénophobie et du racisme, de croissance de micro-nationalismes, sont bien réels : le sentiment «anti-français» qui semblait jusque-là impensable, est une nouveauté qui semble faire irruption *ex nihilo* sur le théâtre des affrontements. En réalité, il apparaît à chaque fois que les acteurs se sentent « trahis par la France ». Mais il se nourrit d'un fond généreux de récriminations contre l'ancienne puissance coloniale, à cheval sur l'imaginaire anti-colonialiste et sur une idée négative de la politique africaine de la France. En agitant l'épouvantail du néocolonialisme, il énonce un refus de l'immixtion de l'ancienne métropole dans le jeu politique ivoirien, exprimant en même temps une rancœur tardive par rapport à son passif colonial, ressentiment d'autant plus surprenant que ces jeunes patriotes n'ont qu'une expérience vicariale de cette période.

Comment sortir du piège et inverser le processus ? Peut-on re-conceptualiser la citoyenneté en dehors de la correspondance territoire-nation ? Est-il possible de donner la primauté à la citoyenneté (laquelle ?) sur l'ethnicité ? Cela pourra-t-il dépolitiser les appartenances ethniques et particularistes ? Comment en finir avec la « citoyenneté classificatoire » ?

La construction nationale doit apprendre à tenir compte des communautés ethniques tout en les dépassant, à intégrer les diversités religieuses et assurer la conjonction entre le pouvoir politique et le marché. Avec la mondialisation, la nation semble être un cadre dépassé pour les activités économiques mais « demeure une référence identitaire » (Fougeyrollas 1997:360). En s'appuyant sur les réflexions de Sylla (2001:171-182) on peut se demander comment alors créer des nouvelles formes de solidarités collectives à même de transcender les anciennes formes de solidarité ethniques et tribales ? Peut-on aujourd'hui mettre les partis politiques et les ethnies entre parenthèses et recentrer notre débat sur le renouvellement de l'État et de la démocratie (plutôt que sur les conflits ethniques, sur les guerres civiles, sur des organisations partisanes qui ne sont en définitive que les reflets de la politisation de l'ethnicité) ? Quel est cet autre État et quelle est cette autre démocratie, ce « renouvellement de l'État et de la démocratie pour une nouvelle synergie entre État, économie et so-ciété' ? La société civile, sur laquelle les espoirs du multipartisme étaient en partie fondés, peut-elle être renforcée et dégagée de l'ethnicité politisée ? Comment domes-tiquer l'ethnicité et lui donner un sens positif ? Dans ces conditions, comment réinventer la démocratie et comment créer un État nouveau ?

## Conclusion : « sentiment nationaliste » et idéal panafricain

Certes, les fondements du sentiment national ne se résument pas à un surgissement des passions nationalistes. Celles-ci trouvent leurs raisons et doivent leur existence au poids même du politique, or les identités nationales sont confortées par l'action politique. Les bifurcations « essentialiste » et « séparatiste » semblent faire penser que le passé proche du temps d'Houphouët-Boigny ne connaissait pas un tel sentiment. Pourquoi malgré ces rapports inter-communautaires, pourtant tendus, faisant apparaître le parti unique comme un long fleuve tranquille, le nationalisme économique, manipulant l'ethnicité, n'était pas perçu comme dangereux[20] ? Au-delà de la permanence et des avatars du nationalisme ivoirien, les mobilisations nationalistes actuelles sont liées à la modernité mais trouvent leurs justifications par et dans les « traditions », dans le « culturel » et articulent désormais ethnicité et systèmes religieux pour constituer des imaginaires nationaux au centre de tous les discours (Birnbaum 1997:22).

Un paradoxe apparaît après coup : tandis que la « xénophilie » houphouëtiste dominait, le travail politique était extraordinairement anti-panafricain ; alors que la Côte d'Ivoire est aujourd'hui perçue comme « xénophobe', elle est bien plus disposée au panafricanisme qu'avant. La crise ivoirienne révèle aussi avec acuité la prégnance des rapports de domination entre l'ancienne colonie et l'ancienne puissance coloniale et les difficultés que les atricains rencontrent pour régler les problèmes africains[21]. «L'idéologie panafricaine, par sa simple existence, impose une rupture fondamentale avec le système de violence symbolique du colonisateur» (Ziegler 1980:86). Mais le panafricanisme peut-il permettre de réinventer la démocratie et créer un État (des États) nouveau(x) qui soit un interlocuteur valable des grandes puissances ? Comment penser ou « repenser l'intégration africaine dans le sens de la création de nouvelles institutions fédératives impliquant les communautés de base sur l'ensemble du continent dans le processus même d'intégration africaine' ? (Sylla 2001:180). Un principe fédératif peut-il moderniser l'État ?

Le panafricanisme signifie-t-il une abrogation symbolique des nationalités ? Une nationalité panafricaine peut-elle constituer une « supra-nationalité » qui s'imposerait aux nationalités existantes et les transcenderait ? La nationalité elle-même signifie-t-elle une dilution symbolique de l'ethnicité ? Comment évoquer les problèmes identitaires de l'Afrique sans courir le risque de passer pour un « dystopiste » rompu à la cause néocolonialiste ? Comment songer à une intégration panafricaine dans un pays empêtré dans ses bévues ethnicistes ? Va-t-on alors vers un agrégat de nations ethniques fortes (dominantes) au détriment de minorités ethniques frustrées (dominées) ? La construction panafricaine ne révèlera-t-elle pas un conflit entre les vrais et les faux Africains, comme se révèlent partout des conflits entre vrais et faux nationaux ? Pour reprendre l'image de Yao citée plus haut, l'on pourra bien être Africain au (sens de panafricain) et rester sociologiquement de telle nationalité (ivoirienne par exemple) si ce n'est anthropologiquement de telle ethnie (bété par exemple). Il est donc nécessaire de (re)civiliser l'ethnicité afin d'élargir ses frontières intérieures, pour que la société civile, elle-même en formation, soit véritablement civilisée. Nul doute qu'un ensemble plus vaste fera apparaître d'autres contradictions et sera propice à d'autres catastrophes de replis « nationalitaires ». C'est pourquoi tout projet panafricain se doit d'intégrer la composante « culturelle » comme tête de proue. La tolérance doit demeurer au centre de l'idéal panafricain. L'action politique des panafricains doit être une politique de la tolérance sans être une tragique tolérance envers les tyrannies.

## Notes

1. Des associations de défense « des intérêts des Ivoiriens » vont se développer à partir de 1928 avec par exemple l'Union fraternelle des originaires de la Côte d'Ivoire (UFOCI).

2. L'Association de défense des intérêts des autochtones de Côte d'Ivoire (ADIACI), créée en 1937, fortement liée à la LOCI, est essentiellement composée d'employés. Elle veut obtenir des pouvoirs publics qu'elle garantisse l'embauche des autochtones aux postes spécialisés et faire barrage aux Africains venus des autres colonies.

3. En Côte d'Ivoire, le fameux « droit de vote aux étrangers », par exemple, est un bon exemple de telles « coutumes ». En contradiction avec l'article 5 de la première Constitution de la République de Côte d'Ivoire, cette qualité d'électeur ne repose donc pas sur une législation, mais plutôt sur une pratique instaurée par F. Houphouët-Boigny. Cette habitude devait fatalement être remise en question après la disparition du « vieux » d'autant qu'elle constituait une des récriminations majeures de l'opposition politique depuis les élections de 1990.

4. Cette expression qualifiante du Général De Gaulle augmente son prestige.

5. Ceux-ci sont en effet accusés d'avoir voulu fomenter une déstabilisation du pays afin de justifier un coup de force.

6. Parti démocratique de Côte d'Ivoire, section du Rassemblement démocratique africain, parti unique de 1960 à 1990.

7. Quelques exemples au niveau des compétitions électorales : pour les Mairies de la ville d'Abidjan, la bataille électorale est rude. Les autochtones comptent bien élire les *leurs* à la tête de *leurs* communes. J. Attoumbré (Baoulé) est « symboliquement disqualifié » au profit de J. Amoa (Ebrié) pour la Mairie d'Adjamé. À Anyama, Zarour (Libanais) se rendra compte qu'il n'est pas un « enfant du pays », etc. Tout cela se vérifie sur l'ensemble du territoire.

8. À dire vrai, Houphouët-Boigny est bien trop heureux de se débarrasser de nombreux barons du PDCI et de conforter du même coup sa position de chef incontesté comme le rappelle bien Koné (2003). En outre, le souvenir de l'échec du projet de la double nationalité semble encore vif dans les mémoires.

9. J.-F. Médard ne peut pas vraiment saisir certains aspects microsociologiques qui, à cette époque, ressemblent encore à des épiphénomènes et peuvent passer inaperçus.

10. Kollin Noaga, *Le retour au village*, Les classiques africains, 1978 ; Tierno Monénembo, *Un attiéké pour Elgass*, Seuil, 1993.

11. « *Dawa* qui signifie 'homme' en langue moré est le mot par lequel les Voltaïques sont souvent désignés en Côte d'Ivoire » précise Noaga (1978:15).

12. En italiques dans le texte. Autre extrait : « Kouassi Kouassikro est un serveur, d'accord, mais personne n'oublie que c'est un Baoulé de Sakassou, descendant en ligne directe du redoutable Kouakou Anougblé II (…). Et ce n'est pas parce que la mesquinerie du destin l'a conduit à faire le boy pour un Libanais qu'il se fera humble devant nous, ses frères guinéens (…) » (p.52).

13. Français des rues qui peut être traduit par « on se retrouvera » et qui exprime l'idée de revanche. C'est aussi le titre de ce tube *Zouglou* diffusé vers le milieu des années 1990.

14. Il ne s'agit pas de la première action violente envers la communauté ghanéenne. En ces débuts de multipartisme, et nonobstant la circonspection des tenants du pouvoir, les problèmes sont habillés « correctement », mais ne peuvent plus être aussi bien dissimulés

par l'ex-parti unique comme ce fut le cas par exemple au milieu des années 1980 où un match de football entre les Black Stars du Ghana et les Eléphants de Côte d'Ivoire a été suivi de violences physiques envers les Ghanéens résidant en Côte d'Ivoire.

15. Le CSI premier ayant le soutien du Président Konan Bédié, tandis que le CNI, « organisation rivale majoritaire est soupçonnée d'être favorable à l'ancien Premier ministre Alassane Ouattara ».

16. Pendant la guerre, les *dozos* féticheurs, bardés d'amulettes, prennent part à la guerre aux côtés des mouvements patriotiques rebelles. Les *komians* (féticheuses *baoulé*) dansent l'*Adjanou* pour maudire les rebelles. *Fokwè (tchaman)* et *Fakwè (Abbey)* défilent à Abidjan avec les patriotes, etc. de part et d'autre des zones patriotiques opposées, le mystique traditionnel trouve sa place aux côtés des religions du livre et brouille la dimension religieuse.

17. Association des femmes *Gouro* (marché *Gouro*), chef des *Abbey*, des *Bété*, ou encore de la communauté *Burkinabé* de tel quartier d'Abidjan, renouveau de la conscience *tchaman*, etc.

18. Les « Parlements » sont des espaces de « libre expression » apparaissant plus ou moins spontanément dans les quartiers d'Abidjan et dans des villes de l'intérieur et dont la « Sorbonne » du Plateau est la matrice historique ; les grins sont des lieux de rencontre autour d'une tasse de thé où les convives parlent de sujets divers y compris d'actualité politique. Les premiers pencheraient du côté du pouvoir tandis que les seconds seraient favorables au RDR…

19. Les Bénédictions et Malédictions (Deutéronome 28) par exemple.

20. Parce qu'il s'inscrivait dans la France-Afrique et en tant que tel représentait une des réussites patentes du bon élève d'Afrique de l'Ouest ? La réussite économique de la Côte d'Ivoire aurait donc été en quelque sorte la réussite de la France (de même que la réussite démocratique du Sénégal était celle de la France) en Afrique de l'Ouest.

21. Pour cette crise « ivoiro-ivoirienne », et en dépit d'une position diplomatique de « ni ingérence ni indifférence », il fallait que la solution soit française et que le théâtre de la signature du seul accord de paix possible soit Linas-Marcoussis… en France.

### Références

Adom, C., 2000, « Le syndrome d'André Leclerc dans la poésie ivoirienne : de la quête identitaire dans la nouvelle poésie chantée en Côte d'Ivoire', *Annales de l'Université du Bénin*, Série Lettres, Tome XX, pp.90-99.

Akindès, F., 2004, *Les racines de la crise militaro-politique en Côte d'Ivoire*, Dakar, Codesria.

Akindès, F., 1996, *Les mirages de la démocratie en Afrique saharienne francophone*, Dakar, Codesria.

Anderson, B., 1996, *L'imaginaire national. Réflexion sur l'origine et l'essor du nationalisme*, Paris, La Découverte

Bahi, A., 2003, « La 'Sorbonne' d'Abidjan : rêve de démocratie ou naissance d'un espace public ? », in *Revue Africaine de Sociologie*, 7, 1, Dakar, CODESRIA, pp.1-17.

Bahi, A., 2002, « Les lanternes de la Cité. Éthique professionnelle de la presse plurielle en Côte d'Ivoire», in Patrick J. Brunet et Martin David-Blais éds., *Valeurs et éthique dans les médias. Approches internationales*, Sainte-Foy Les Presses de l'Université Laval, pp 231-273.

Bahi, A., 1998, « Les tambours bâillonnés : contrôle et mainmise du pouvoir sur les médias en Côte d'Ivoire », *Media Development*, vol XLV 4, Londres, WACC, pp. 36-45.

Bamba, L. N., 2001, « La dévaluation a-t-elle aggravé la pauvreté en Côte d'Ivoire ? Une approche par le modèle de la valeur-temps », in Mamadou Koulibaly, éd., *La pauvreté en Afrique de l'Ouest*, Dakar-Paris, Codesria-Karthala, pp.49-69.

Banégas, R., Losch, B., 2002, « La Côte d'Ivoire au bord de l'implosion » in *Politique Africaine*, 87, Paris, Karthala, pp.139-161.

Bayart J.-F., Geschiere P., Nyamnjoh F., 2001, « Autochtonie, démocratie et citoyenneté en Afrique', in *Critique internationale* n°10, http://www.ceri-sciencespo.com/publica/critique /article/ci10p177-194.pdf

Bayart, J.-F., 1991, « La problématique de la démocratie en Afrique noire. La Baule et puis après ? », *Politique Africaine*, 43, Paris, Karthala, pp.5-20.

Bayart, J.-F., 1990, « France-Afrique : la fin du pacte colonial », *Politique Africaine*, 39, Paris, Karthala, pp.47-53.

Bayart, J.-F., 1989, *L'État en Afrique. La politique du ventre*, Paris, Fayard.

Boa Thiémélé, L.R., 2003, *L'ivoirité entre culture et politique*, Paris : L'Harmattan.

*Côte d'Ivoire poudrière identitaire*, 2001, film de Benoît Scheuer, Marie Stenbock et Dominique Tremblay, 60cm, couleur, réalisé dans le cadre de l'ONG Prévention des génocides, ©Focus Research.

Coulibaly, T., 1995, « Démocratie et surenchères identitaires en Côte d'Ivoire », *Politique Africaine*, 58, juin, pp.143-150.

Coulon, Ch., 1996, « Les dynamiques de l'ethnicité en Afrique noire », in Pierre Birnbaum, éd., *Sociologie des nationalismes*, Paris, PUF, pp.37-53.

*Dictionnaire de la pensée politique. Hommes et idées*, 1989, Paris, Hâtier (DPP).

Diop, M., *et al*, 1998, « L'Afrique tropicale et l'Afrique équatoriale sous la domination française, espagnole et portugaise', in A. A. Mazrui et Ch. Wondji, éds, *Histoire générale de l'Afrique VIII. L'Afrique depuis 1935*, Paris, UNESCO, pp. 79-98.

Documents du Parti, 1985, *La conférence de presse du Président de la République, Président du PDCI-RDA*, Abidjan, Hebdo Éditions.

Dozon, J.-P., 2000, « La Côte d'Ivoire entre démocratie, nationalisme et ethnonationalisme », *Politique Africaine n°78*, Paris, Karthala, pp.45-62.

Dozon, J.-P., 1997, « L'étranger et l'allochtone en Côte d'Ivoire', in B. Contamin, H. Memel Fotê, éds., *Le modèle ivoirien en questions. Crises, ajustements, recompositions*, Paris, Karthala-Orstom, pp.779-798.

Dozon, J.-P., 1995, *La cause des prophètes. Politique et religion en Afrique contemporaine*, Paris, Seuil.

Ekanza, S.-P., 1975, « Le messianisme en Côte d'Ivoire au début du siècle : une tentative de réponse nationaliste à l'état de situation coloniale », *Annales de l'Université d'Abidjan*, série L Histoire, tome 3, pp.56-71.

Fougeyrollas, P., 1997, « Nation », *Dictionnaire de sociologie*, Paris, Le Robert/Seuil, pp.359-360.

Fougeyrollas, P., 1987, *La Nation. Essor et déclin des sociétés modernes*, Paris, Fayard.

Gadou, D.M., 2001, « Effervescence religieuse en Afrique noire : approche historique et anthropologique », *Kasa Bya Kasa, Revue ivoirienne d'anthropologie et de sociologie*, 2, Abidjan, PUCI, pp.9-38.

Gellner, E., 1983, *Nation and nationalism*, New York, Cornell

Gonnin, G., 2003, « Assumer son histoire', *Débats. Courrier de l'Afrique de l'Ouest* n°6-7, Abidjan, INADES-CERAP, pp. 25-30.

Koné, A., 2003, *Houphouët-Boigny et la crise ivoirienne*, Paris : Karthala.

Lamizet, B., 2003, Communication politique, Lyon, Institut d'Études politiques, http://doc-iep.univ-lyon2.fr/Ressources/Documents/Enseignements/Cours/ComPolitique/thèse.html

Laronce, C., 2000, *NKrumah, le panafricanisme et les États-Unis*, Paris, Karthala.

*Le Nouvel Observateur*, 2003, « La seconde indépendance de la Côte d'Ivoire, Gbagbo et les 'nouveaux nationalistes' », interview de J.-F. Bayart, n°1996, 6 février (NO).

Le Pape M., 1997, *L'énergie sociale. Économie politique de la ville en Afrique noire, 1930-1995*, Paris, Karthala.

Mazrui, A.A., 1998, « Cherchez d'abord le royaume politique… », in A.A. Mazrui et Ch. Wondji, éds., *Histoire générale de l'Afrique VIII. L'Afrique depuis 1935*, Paris, UNESCO, pp. 131-154.

Médard, J.-F., 1982, « La régulation socio-politique', Y.-A. Faure et J.-F. Médard, éds., *État et bourgeoisie en Côte d'Ivoire*, Paris, Karthala, pp.61-88.

Monénembo, T., 1993, *Un attiéké pour Elgass*, Paris, Seuil.

Noaga, K., 1975, *Le retour au village*, Paris, Les Classiques Africains.

Otayek, R., 2001, « L'Afrique au prisme de l'ethnicité : perception française et actualité du débat », in *La Revue internationale et stratégique*, 43, automne, pp.129-142.

Sartre, J.-P., 1972, *Plaidoyer pour les intellectuels*, Paris, Gallimard.

Suret-Canale, J, Boahen, A. A., 1998, « L'Afrique occidentale », in A A. Mazrui et Ch. Wondji, éds., *Histoire générale de l'Afrique VIII. L'Afrique depuis 1935*, Paris, UNESCO, pp.191-223.

Sylla, L., 2001, « Ethnicité et multipartisme (Le modèle occidental d'Etat et de démocratie à l'épreuve du tribalisme)', *Kasa Bya Kasa* n°1, PUCI, pp.161-185.

Tiacoh, C., 1999, « L'histoire de la conscience de l'ivoirité', in R. Niamkey-Koffi, éd., *La question de l'éligibilité. Réformes institutionnelles en Côte d'Ivoire*, Abidjan, PUCI-ADIR, pp.191-212.

Yao, G. R., 2002, « Luttes politiques et reconstructions des identités collectives en Côte d'Ivoire (1990-2001)', *Journal des anthropologues*, n°88-89, Paris, AFA-MSH-CNL, pp.161-183.

Ziegler, J., 1980, *Main basse sur l'Afrique*, Paris, Seuil.

# 6

# Le nationalisme congolais de « possession » et la crise de l'État-nation dans le processus de mondialisation. Cas de la République démocratique du Congo

## Jacques Tshihwabwa Kuditshini

## Introduction

L'idéologie nationaliste est au cœur de la réflexion contemporaine. Il est difficile de comprendre le monde moderne et les conflits qui opposent différents pays sans interroger le nationalisme. La question nationale se pose donc aujourd'hui, à divers degrés d'acuité et sous diverses formes, et elle se pose partout. Elle hante, pourrait-on dire, un monde que les forces techniques unifient, mais dont les hommes continuent à vivre dans des communautés soumises à des dynamismes psychosociaux spécifiques. Mais le fondement de l'idée nationale varie grandement d'un État à un autre. Il y a le nationalisme des vieux pays d'Europe et celui des jeunes États africains issus de la décolonisation.Le nationalisme congolais dont il est question dans cette étude s'inscrit dans cette dernière perspective. Bien que répondant aux critères généraux de tout nationalisme, le nationalisme congolais fait souvent de la protection des richesses naturelles de la RDC contre l'exploitation étrangère son cheval de bataille. C'est un nationalisme construit surtout autour des richesses fabuleuses que possède ce pays. Nous le qualifions de « nationalisme de possession ».

Ce nationalisme congolais est le fruit du pillage systématique des richesses de la RDC pendant la colonisation. Il a été soutenu à la veille et aux premières heures de l'indépendance par le premier Premier ministre de la RDC, Lumumba, et les autres leaders nationalistes. Déjà à cette époque, ce projet avait échoué. Récemment encore (1997-2001), le Président LD Kabila qui a prétendu être l'héritier du lumumbisme, en a fait aussi sa clé de voûte. On en connaît le résultat. Ce nationalisme n'a pas empêché aux États voisins de la RDC et aux multinationales étrangères de se livrer à une exploitation illégale des ressources naturelles de ce pays, dans l'indifférence de la communauté internationale. Il n'est pas d'ailleurs exclu que la mort tragique du Président LD Kabila soit liée à sa propension à prêcher ce nationalisme à tout moment.

Il apparaît donc clairement que ce nationalisme congolais (de possession) est en mauvaise posture face au processus de mondialisation piloté par les puissances centrales. Dès lors, que deviennent ce nationalisme et l'État-nation congolais dans ce processus de mondialisation, porteur de violence du reste ? En cherchant à étouffer le nationalisme congolais (pour accéder à tout prix aux richesses de la RDC), la mondialisation ne l'exacerbe-t-elle pas ou ne favorise-t-elle pas le retour du national ? N'est-il pas néanmoins indiqué de repenser aujourd'hui ce projet nationaliste pour en faire, de concert avec les autres types de nationalisme, un instrument efficace de réalisation de l'idéal panafricaniste ?

À première vue, on ne peut s'empêcher de reconnaître que le nationalisme congolais apparaît bien fragile dans une époque qui n'est plus celle des grandes constructions nationales et où le monde est conquis par des sociétés multinationales qui se livrent une guerre permanente pour le contrôle des marchés et qui tentent de subordonner toutes les activités humaines à la logique du profit. Néanmoins, les contradictions qu'engendre ce processus de mondialisation qui prétend unifier alors qu'il divise et est porteur de violence, pourrait consolider davantage le nationalisme congolais. Cependant, pour que ce dernier soit efficace et opérant, il doit s'appuyer sur un autre type de nationalisme que nous qualifions de « nationalisme de personnalité ». C'est la combinaison et la valorisation simultanées de ces deux types de nationalisme qui donneront au nationalisme congolais une signification profonde et lui permettront de contribuer à la vivification du projet panafricaniste (lui-même repensé à la lumière des récents défis) en vue de construire une Afrique plurielle mais unie politiquement et économiquement, capable soit de faire face au processus de mondialisation, soit de se l'approprier.

À ce titre, cette étude se propose d'abord de cerner brièvement la dialectique existant entre la nation et le nationalisme et de relever aussi les différentes variantes du nationalisme au rang desquelles figure le nationalisme congolais de possession qui est encore en construction intellectuelle (premier point), cela permettra de situer ses origines dans le passé lointain et immédiat, ainsi que les facteurs de sa radicalisation (deuxième point).

Le troisième point de cette réflexion fait état des difficultés rencontrées par les pères des indépendances africaines, et particulièrement les leaders nationalistes congolais (Lumumba notamment) pour défendre ce nationalisme en 1960 déjà. Il ne fait aujourd'hui l'ombre d'aucun doute que les événements tragiques qui se sont succédé au lendemain de l'indépendance en RDC (mutineries, secessions, rébellions, assassinats, instrumentalisation du groupe de Binza…) trouvent en dernière instance leur profonde explication dans la tentative des puissances centrales d'étouffer ce nationalisme de protection de richesses (dont les enjeux réels n'étaient peut-être pas calculés par Lumumba dans le contexte de la guerre froide) et de rétablir un pouvoir non hostile à leurs intérêts.

Mis donc en hibernation par et sous le régime de Mobutu, le nationalisme de possession refera surface à la faveur du régime manifestement pro-lumumbiste instauré par LD Kabila. Mais ce nationalisme a eu du mal à protéger lesdites richesses dans un processus de mondialisation piloté par les puissances occidentales et dominé par les multinationales qui se font une guerre permanente pour accéder aux matières premières et aux débouchés, en recourant même à la violence (quatrième partie). Le cinquième point intitulé le « nationalisme congolais en quête de nouvelles formules » propose quelques voies et moyens susceptibles de redynamiser le nationalisme de possession congolais et d'en faire un instrument d'ouverture à tous les pays du monde en général (dans une coopération qui implique un partenariat sincère et responsable) et à ceux de l'Afrique en particulier pour la réalisation du projet panafricaniste revisité à la lumière des enjeux actuels de la mondialisation.

## De la dialectique entre la nation et le nationalisme

Le phénomène national est tout à fait inséparable de l'avènement et du développement de la société moderne. Celle-ci est au sens strict la société industrielle née en Europe aux XVIIe et XVIIIe siècles, une société du machinisme qui, après s'être épanouie notamment en Grande-Bretagne, en France et en Allemagne, devait gagner les États-Unis, le Japon et l'URSS.

À ce titre, Fougeyrollas (1968:31) estime que

> la nation est le mode global d'existence de la société moderne, et qu'elle est formée par un double processus d'agrégation entre ethnies et de ségrégation s'opérant parmi les éléments matériels et spirituels de la totalité culturelle antérieure et parmi les hommes et les collectivités établis sur un certain espace.

L'existence de la nation a entraîné un sentiment d'appartenance à cette communauté, sentiment qui aura été finalement la force psychique la plus intense et la plus répandue de l'ère moderne. En effet, le sentiment d'appartenance à la nation a nourri une idéologie moderne, le nationalisme. Et ce sentiment, comme nous l'avons mentionné au début de cet article, doit être placé au cœur de la réflexion contemporaine. Comme l'a si bien dit Sargent (1987:19), il est absolument impossible de comprendre le monde moderne sans le nationalisme, parce que ce dernier « participe presque toujours aux nombreux conflits entre différents pays et différentes idéologies de sorte que pour mieux comprendre ces conflits, il faut interroger d'abord le nationalisme ».

Il apparaît donc clairement que la nation est un phénomène socio-historique et que le nationalisme est une idéologie. À ce titre, il convient de rappeler que « ce n'est pas le nationalisme qui engendre la nation. C'est au contraire la nation qui engendre le nationalisme. Une fois né, le nationalisme, comme idéologie, entre en interaction avec la nation, comme réalité socio-historique » (Fougeyrollas 1968:45). Alors s'établissent des relations de type dialectique entre ces deux réalités. Ainsi comprise, l'idéologie nationaliste revêt plusieurs visages dont nous examinons quelques-uns dans les lignes qui suivent.

## Différentes variantes du nationalisme

Les fondements de l'idée nationaliste varient grandement d'un État à un autre. Tel nationalisme se réclame d'une supériorité ethnique, tel autre de l'universalité de la culture ; on en connaît d'amers, de florissants, de défensifs et d'offensifs. Certains chercheurs estiment qu'il est possible d'établir une distinction entre un bon nationalisme qui serait révolutionnaire, démocratique et libérateur et que l'on appellerait le *patriotisme,* et un mauvais nationalisme, agressif et oppressif, auquel on réserverait ce dernier qualificatif (Sureau 1988:14). Fougeyrollas (1968:46) avait déjà eu le mérite de relativiser cette distinction tranchée en précisant qu'il faut penser dialectiquement et reconnaître que le sentiment national a été et demeure indissociablement libérateur et oppressif, démocratique et agressif, révolutionnaire et conservateur. Tout en ne remettant pas en cause ce correctif d'importance majeure apporté par l'auteur précité, nous pensons néanmoins, que de manière générale, le nationalisme revêt souvent un visage d'exclusion ou de rejet, qui souvent conduit à des dérives qu'il faut évidemment dénoncer.

Ceci se remarque d'ailleurs par la conception que nous avons, tous sans exception, de l'étranger. L'étranger aujourd'hui, c'est tout simplement le non-national, celui qui n'a pas la nationalité de l'État sur le territoire duquel il se trouve. Dans la représentation que les sociétés se font de l'étranger, dit Lochak (1985:14) :

> on peut discerner un invariant, une constance, repérable tant au niveau des données sociopolitiques que dans les termes qui servent à le désigner, et qui renvoie sans nul doute (et c'est la raison de sa permanence) à quelque chose de plus profond, dans l'ordre du psychisme et de l'inconscient. L'étranger est celui qui n'appartient pas à la communauté politiquement constituée, qui est différent, et dont l'altérité et la différence provoquent une réaction instinctive de méfiance, de rejet, voire de haine à son égard de la part des membres du groupe.

L'étranger n'existe pas en soi, ce n'est pas une essence mais un construit social lié autant à des représentations abstraites qu'à des données concrètes (Lochak 1985:13), affirme-t-il encore.

L'étranger c'est donc l'autre, le « out group ». L'apparition de l'État-nation et l'universalisation de la forme étatique ont joué un rôle majeur (mais néfaste bien sûr), dans la perception de l'étranger. Poulantzas (1978:116-117) rappelle à cet effet que

> l'apparition de frontières, au sens moderne du terme, fixe un dedans et un dehors : à l'intérieur du territoire ainsi délimité et clôturé, l'État poursuit son œuvre d'homogénéisation et d'unification qui permet de réaliser l'unité des individus du peuple-nation ; et le non-national, hétérogène et inassimilable, devient, au sens propre, un corps étranger.

Si on s'inscrit dans cette perspective, on voit bien que la nation aura tendance à se construire contre les autres nations et la haine de l'étranger alimentera davantage le sentiment national.

Par le biais donc de la globalisation de l'étranger, on retombe, une fois de plus, dans la problématique du phénomène nationaliste, comme élément de rejet ou d'exclusion, et cela bien entendu, dans toutes les sociétés. Nous montrerons plus loin, comment le nationalisme congolais (nationalisme de possession) s'est construit autour des richesses que possède la RDC, entraînant un sentiment de rejet ou d'exclusion de l'Occident d'abord, et des pays voisins ensuite, ainsi que le danger que ce nationalisme de possession constitue aujourd'hui dans le processus de mondialisation. Un autre élément qui exacerbe le nationalisme d'exclusion, qui assure sa permanence et qui fait de lui un phénomène universel, est le fait qu'il s'accroche aujourd'hui à une force qui la dépasse. Guéhenno (1995:23) l'affirme quand il dit « on pourrait faire le tour du monde, et montrer que, sur des continents entiers, l'idée nationale ne survit aujourd'hui qu'en s'alliant à des forces qui la dépassent : la religion, la race, l'idéologie, la tribu ».

Contrairement à Guéhenno, nous pensons que si la religion est une force sur laquelle s'appuie le nationalisme, ce dernier est alors une super-force en ce sens qu'il peut, de manière simultanée, mobiliser la tribu, la religion, la race, la protection des richesses… pour atteindre les objectifs qu'il se propose. Si un tel paramètre peut en influencer quatre ou cinq à la fois, c'est qu'il exerce un pouvoir sur ces derniers. Ensuite, si, au nom de la religion ou de la tribu (forces alliées au nationalisme selon la formule de Guéhenno), un individu est capable de massacrer 50 personnes ou des dizaines de milliers de personnes, c'est que le nationalisme dispose d'une capacité de nuisance hors du commun et que sa durée de sa vie est encore longue. Donc, nationalisme de « purification » serbe, intégrisme religieux islamique, nationalisme défensif ou de repli sur soi, nationalisme tribal, nationalisme des vieux pays d'Europe et celui des jeunes pays colonisés, nous ne pensons pas qu'il faille reléguer au second plan ces mouvements d'identification obscurs, étrangers et irréductibles.

Ce balisage théorique était important pour nous permettre d'examiner l'émergence et la consolidation d'un des nationalismes des pays anciennement colonisés. Il s'agit du nationalisme congolais que nous qualifions de « nationalisme de possession ».

## Le nationalisme de possession congolais

### La revue de la littérature

Des études importantes ont déjà été menées en RDC sur le nationalisme et l'État-nation congolais. Il ne rentre pas dans notre intention de les inventorier et d'en faire une analyse critique dans un texte dont le nombre de pages est logiquement limité. L'objectif poursuivi dans cette partie est d'indiquer les thèmes ou les pistes qui sont généralement exploités quand on évoque le phénomène nationaliste, d'en circonscrire les contours et d'établir une ligne de démarcation entre ces thèmes et le nôtre dans le cadre de la nouvelle grille de lecture que nous faisons du nationalisme congolais.

Généralement, la plupart des études portant sur le nationalisme analysent ce phénomène avant et après l'indépendance. Avant l'indépendance, l'attention des chercheurs est souvent portée sur les causes de l'émergence et de la consolidation du nationalisme congolais, ainsi que sur ses conséquences sur la fin de la colonisation et l'accession de la RDC à la souveraineté nationale et internationale. Pendant la colonisation, le nationalisme fut un sentiment de rejet dirigé contre la puissance coloniale, en l'occurrence la Belgique ; il s'est donc manifesté en RDC et dans les pays colonisés avant tout comme un refus des autres. De Schrevel (1967:498) trouve qu'on oublie toutefois que le nationalisme, peut-être plus pour les pays du Tiers-Monde que pour ceux d'Europe et d'Amérique latine, est presque synonyme de décolonisation qui, à son tour, suppose colonisation et conquête.

Ces études mettent donc en relief le rôle de premier plan qu'a joué ce nationalisme dans la réussite de la révolution nationale de 1960, celle-ci étant bien entendu considérée comme une « insurrection populaire contre la domination étrangère et se caractérisant par le désir de la population de réaffirmer sa dignité comme peuple et comme nation » (Nzongola 1970:382).La révolution nationale est donc une révolution anticoloniale. Abdel Malek (1967:248-250) parlant du phénomène nationalitaire, expression qu'il préfère de loin au nationalisme, écrit :

> Le phénomène nationalitaire est une lutte menée contre les puissances impérialistes d'occupation et qui propose pour objectif (par-delà l'évacuation du territoire national, l'indépendance et la souveraineté de l'État national, le déracinement en profondeur des positions de l'ex-puissance occupante) la reconquête du pouvoir de décision dans les domaines de la vie nationale, prélude à cette reconquête de l'identité qui est au cœur de l'œuvre de renaissance, entreprise à partir de mots d'ordre nationaux et fondamentaux, et sans cesse combattue, par tous les moyens, sur tous les terrains, et notamment sur le terrain intérieur.

Après l'indépendance, la plupart des études consacrées au nationalisme mettent l'accent soit sur le rôle que ce dernier peut jouer dans le processus d'intégration nationale, soit sur la problématique de la consolidation de la conscience nationale par rapport aux particularismes ethniques, soit encore sur la question de la nationalité et de la citoyenneté qui lui est sous-jacente.

Mais au nombre des travaux scientifiques consacrés au nationalisme, l'étude de Kabuya (1986) intitulé « Idéologies zaïroises et tribalisme » mérite une attention particulière à cause de sa spécificité, mais aussi de nombreux débats qu'elle suscite souvent dans le chef de spécialistes quant à certaines affirmations. Cette étude porte sur l'histoire politique de la RDC par le biais d'une analyse des idéologies, parmi lesquelles le nationalisme bien entendu. L'unique aspect intéressant de cette étude est l'effort de théorisation et de conceptualisation que l'auteur précité a consenti et qui l'a conduit à mettre en route des concepts comme le nationalisme tribal qu'il oppose au nationaltribalisme. Le premier étant, d'après l'auteur, la défense des intérêts collectifs liés à un espace propre (tribu), le deuxième étant une pratique fonctionnant comme défense des intérêts privés liés à un espace politique « supra-tribal » ou plutôt superposé et appelé autant à réduire l'espace tribal qu'à le maintenir dans une certaine forme.

Importante encore est la classification que Kabuya (1986) opère des nombreux courants de pensée qui ont prévalu pendant la colonisation et même après la colonisation. C'est dans ce cadre qu'il parle des partis « nationalistes unitaristes », des partis « nationalistes fédéralistes », « des conservateurs fédéralistes » et des « révolutionnaires populistes ». Mais comme j'ai eu à le dire plus haut, le caractère parfois passionné de certaines affirmations fait de cette étude une de celles qui suscitent des débats houleux. Il ressort donc de cette revue de littérature que nulle part il n'a donc été fait allusion au type de nationalisme congolais dont nous parlons dans le point suivant.

*Le nationalisme de possession congolais[1]*

Le concept nouveau et quelque peu bizarre de nationalisme de possession que nous mettons en route traduit l'effort de théorisation et de conceptualisation que nous sommes entrain de mener en vue d'adapter l'explication du phénomène nationalitaire aux réalités sociopolitiques et économiques de l'heure dominées par le processus de mondialisation. Les mutations intervenues en RDC depuis 1990 jusqu'à ce jour ont fait de celle-ci une société en proie à une crise multiforme, qui se traduit par une succession d'événements et de faits au contour particulier, fruits sans nul doute d'une instabilité politique sans précédent.

La RDC est en effet l'unique pays africain à avoir connu la transition la plus longue et la plus tumultueuse. Déclenchée depuis 1990, la transition congolaise aura déjà duré 15 ans. Pendant cette période, deux régimes se sont succédé, celui de Kabila père et celui de Kabila fils ; plus de 12 gouvernements ont été élaborés et chaque fois remis en cause ; plusieurs conclaves et négociations ont été initiés mais sans résultat palpable ; deux grandes réformes monétaires ont été entreprises sans pour autant valoriser la monnaie nationale ; deux grandes guerres ont été déclenchées, la deuxième ayant d'ailleurs nécessité l'intervention de troupes de sept pays africains. La RDC est l'unique pays africain à voir deux armées étrangères violer son territoire et s'y livrer une bataille pour contrôler une de ses riches provinces, en l'occurrence la province orientale, dans l'indifférence de la communauté internationale. Les richesses de ce pays ont été exploitées illégalement et pillées aussi bien par ces États voisins bien identifiés et par des sociétés multinationales, au point d'amener le Secrétaire général de l'ONU à initier une enquête sur le pillage des ressources de la RDC, enquête sanctionnée du reste par trois rapports. La RDC est aujourd'hui l'unique État africain à être dirigé par un Président de la République et quatre Vice-présidents issus des ex-mouvements rebelles convertis aujourd'hui en partis politiques de circonstance. La liste de ces événements particuliers n'est pas exhaustive.

Les événements se succèdent donc en RDC à un rythme très rapide et avec une particularité qui oblige les chercheurs que nous sommes à mettre en place des épistémologies et des méthodologies issues de ces réalités, de la praxis sociale. Cette réflexion rentre donc dans le cadre de celles qui se proposent de sortir la science politique africaine et congolaise en particulier de l'impasse où elle se trouve et qui avait déjà été dénoncée en 1977 par Ilunga et récemment par Bongeli (2002). Nous utilisons donc une grille de lecture différente de celles qu'on a eu l'habitude d'utiliser jusqu'à ce jour pour analyser le nationalisme congolais. Cette grille de lecture « réinterprétée, non en fonction d'un acteur particulier, mais du peuple comme sujet historique, au sens où Alain Touraine parle d'une société qui se constitue comme agent d'historicité » (Mwabila 1995:10), est donc dictée par les mutations ci-dessus évoquées intervenues en RDC depuis 1990 et qui ne sont pas détachables du contexte de mondialisation.

Nous définissons donc le nationalisme de possession comme celui qui se construit autour des richesses que possède la RDC. C'est un nationalisme qui fait de la protection des richesses naturelles de la RDC contre l'exploitation étrangère, son cheval de bataille. L'élément qui vivifie souvent ce nationalisme et qui le rend virulent, c'est la prépondérance de l'élément « richesse » ou « avoir » dans sa manifestation et le désir effréné de voir ces richesses profiter aux Congolais. Le nationalisme de possession (ou de l'avoir) est à ce titre un nationalisme d'exclusion ou de rejet des autres qui sont perçus comme des ennemis effectifs ou potentiels des intérêts du peuple congolais. Il répond à tous les critères généralement évoqués pour définir le nationalisme : conscience d'appartenir à un groupe ou conscience nationale, identification au groupe ou identité nationale, existence d'une dimension géographique pour un groupe donné (il existe quelques exceptions à cette règle), amour du groupe ou patriotisme, et volonté d'actions destinées à mettre le groupe en valeur (Sargent 1987:19).

Mais la référence et même la révérence aux richesses abondantes, fabuleuses et diverses de la RDC, leur exaltation, la convoitise qu'elles n'ont jamais cessé de susciter ainsi que la prise de conscience par le peuple congolais des malheurs, ennuis, désolations et désarrois dont il est l'objet de 1960 à ce jour à cause de ces richesses, ont fini par créer un sentiment nationaliste tourné essentiellement vers la mise à l'abri de ces richesses contre les puissances prédatrices. Ce sentiment a été accentué par l'indifférence de la communauté internationale face à l'agression dont la RDC a été victime le 2 août 1998, agression dont les motivations économiques (pillage des ressources naturelles par les Rwandais, les Ougandais aidés en cela par les puissances occidentales) ont été mises en relief par l'ONU, et par la guerre que se livrent les entreprises multinationales pour le contrôle des ressources minières congolaises dans le contexte de la mondialisation.

D'ailleurs, ce n'est pas un secret : l'anti-américanisme se porte bien à Kinshasa et à l'intérieur du pays, et la pomme de discorde demeure la mainmise sur les richesses de la RDC de l'Occident.

Avant de passer au troisième volet de cette réflexion, nous estimons qu'il est utile de dire un mot sur les « fameuses ressources naturelles » tant convoitées de la RDC, en vue de donner aux lecteurs une idée sur les potentialités dont dispose ce pays et dont la mise en valeur effective grâce aux ressources financières africaines (si on en a bien sûr) peut profiter non seulement aux Congolais, mais à toutes les populations de l'Afrique, et faire du panafricanisme une réalité et non un rêve.

Au rang de ces nombreuses ressources naturelles figurent le pétrole, le diamant, le cobalt, l'or, le lithium, le thorium, l'arsenic, le germanium, l'uranium, le colombotantalite, etc. Il importe de faire remarquer que cette liste inclut les minerais qui étaient jusqu'alors connus et enseignés, dont le cuivre, le cobalt, l'or, le diamant, l'uranium. Tandis que le thorium, l'arsenic, le germanium, le colombotantalite ont fait l'objet d'une grande campagne médiatique à la faveur de la guerre de 1998, à cause justement de leur exploitation illégale par les agresseurs. Il n'est pas exclu que d'autres ressources soient découvertes si jamais des recherches géologiques et pédologiques sont entreprises sur toute l'étendue du pays. Le cas du pétrole mérite néanmoins une attention particulière. Depuis toujours, la RDC n'est jamais passée pour un grand pays producteur de pétrole. Tout le monde sait qu'elle ne disposait que de quelques gisements de pétrole (à Muanda, à l'ouest du pays) exploités du reste depuis plusieurs décennies. Mais une carte secrète de la Banque mondiale établie en juillet 1985 a révélé l'existence de trois bassins pétroliers sur l'ensemble du territoire congolais : la côte atlantique et le Bas-Congo, la cuvette centrale et les Grands Lacs (graben) (Kibanda 2003). D'après Kibanda, ce pétrole congolais qui n'a jamais été exploité contient non seulement beaucoup de souffre, mais aussi de bitumes.

Au regard de ce bref aperçu, il apparaît clairement que la RDC est un véritable réservoir de matières premières. En effet, l'exploitation de ces richesses depuis 1885 et surtout leur utilisation pendant la Seconde Guerre mondiale par les alliés auraient suffi à épuiser plusieurs gisements de minerais. Dans un document intitulé « La guerre totale au Congo » Ford (1943:6) fait mention du soutien qu'avaient apporté à la Belgique les peuples de son empire colonial pendant les deux guerres mondiales, et leur contribution vitale à la victoire finale. Le Congo, dit l'auteur,

> est devenu un magasin et un arsenal de la démocratie. Son cuivre, son étain, ses maintes autres matières premières se transforment en armes qui permettront de libérer la Belgique et tous les autres pays opprimés ; ses produits alimentaires contribuent déjà à soutenir les Nations Unies au moment de leur épreuve la plus rude, et seront déversés copieusement pour ravitailler l'Europe quand elle sera de nouveau libérée.

Quand on parcourt ce livre, on y trouve des statistiques relatives à la production des biens dans tous les domaines, ainsi que l'importance des ressources du Congo pendant ces guerres.

Ces données nous placent en bonne posture pour expliquer comment est né le nationalisme de possession congolais et comment il a évolué dans le temps jusqu'au point de se cristalliser et devenir virulent à l'ère de la mondialisation.

## Histoire du nationalisme de possession congolais

### De la mission civilisatrice du colonisateur à la colonie d'exploitation

Lutter contre l'esclavage et civiliser les populations indigènes, tels sont les deux grands prétextes qu'utilise le roi Léopold II des Belges, lorsqu'il entreprend des manœuvres sordides destinées à se tailler un empire colonial au cœur de l'Afrique. Le résultat de ces stratégies est connu de tous : le 23 février 1885, les puissances occidentales réunies à la Conférence de Berlin reconnurent l'État indépendant du Congo comme l'immense propriété privée de Léopold II. Malheureusement, l'État indépendant du Congo n'a été qu'une colonie d'exploitation, ses richesses ont été systématiquement pillées et exportées vers la Belgique et l'Occident. Dans une lettre adressée aux Secrétaires généraux, Léopold II s'exprimait d'ailleurs en ces termes

> Le Congo a donc été et n'a pu être qu'une œuvre personnelle. Or, il n'est pas de droit plus légitime et plus respectable que le droit de l'auteur sur sa propre œuvre, fruit de son labeur (…). Mes droits sur le Congo sont sans partage ; ils sont le produit de mes peines et de mes dépenses. (…) Le mode d'exercice de la puissance publique au Congo ne peut relever que de l'auteur de l'État ; c'est lui qui dispose légalement, souverainement, et qui doit forcément continuer à disposer seul, dans l'intérêt de la Belgique, de tout ce qu'il a créé au Congo (Martens 1985:15).

L'exploitation de cette colonie s'est effectuée à la faveur de ce qu'on a appelé la trinité coloniale c'est-à-dire l'église, le capital et le pouvoir d'État. Évidemment, l'exploitation d'un immense territoire habité par des peuples hostiles à la présence étrangère ne pouvait pas se faire sans l'oppression, la répression et les pratiques déshumanisantes. La colonisation belge a été d'ailleurs l'une des plus autoritaires et totalitaires, de par ses méthodes d'administration et d'exploitation qui ont sans nul doute éveillé dans le chef de certaines personnes, la conscience d'un pays exploité et pillé.

## L'éveil de la Conscience nationale

L'éveil de la conscience nationale au lendemain de la Seconde Guerre mondiale a fait que les Congolais puissent focaliser davantage leur attention sur le pillage des ressources dont leur pays était victime pendant toute la période coloniale. « Il était d'ailleurs fréquent de voir un colon venu de la Belgique avec une culotte et une chemise, s'acheter, quelques mois seulement après, une villa, alors que le standing de vie du colonisé était resté le même », nous racontent souvent ceux qui ont vécu les affres de la colonisation. C'est dans ce contexte que naît, à notre avis, le nationalisme congolais, comme mouvement qui revendique bien sûr l'indépendance, mais avec comme toile de fond la sauvegarde des richesses de la RDC.

La neutralisation des forces nationalistes, qui avaient pourtant remporté démocratiquement les élections de 1960, par les puissances impérialistes et l'instauration d'un régime favorable aux visées néocolonialistes ont démontré à suffisance la volonté de ces grandes puissances de continuer à avoir la mainmise sur les richesses de la RDC. Ces évènements ont encore permis au nationalisme congolais de se consolider autour des richesses du pays tant convoitées par ces grandes puissances. Il faudra attendre le déclenchement du processus de démocratisation en 1990 et la tenue de la Conférence nationale souveraine, pour que les Congolais qui avaient gardé profil bas sous la dictature mobutienne, puissent exprimer de nouveau ouvertement ce nationalisme de rejet, relayé aussi souvent par Monsieur Étienne Tshisekedi farouche opposant au régime du Président Mobutu. On comprendra aussi pourquoi le discours nationaliste (anti-occidental) développé par LD Kabila quand il a accédé au pouvoir en 1997 a été accueilli favorablement par l'opinion nationale.

Revenons à l'éveil de la conscience nationale d'avant l'indépendance pour dire qu'il a été incarné par des personnalités telles que Lumumba, Mulele... et par les partis politiques qu'ils avaient créés à la veille de l'indépendance. Mais quand on examine les prises de position des uns et des autres, on constate qu'au-delà des différences mineures, l'élément économique constitue la clé de voûte des nationalismes défendus par ces leaders. Le nationalisme unitariste défendu par Lumumba, son acharnement à voir le Gouvernement disposer d'un pouvoir économique réel et ses tentatives visant à empêcher les Occidentaux de s'emparer de deux des provinces les plus riches du pays en ressources minières sont des exemples éloquents d'un leader nationaliste déterminé à mettre fin à la spoliation et au pillage des richesses du Congo par les puissances occidentales. Il en a même payé de sa vie.

Le nationalisme défendu par le Président Kasavubu était surtout d'ordre culturel et à la limite tribal. Il s'agissait pour lui de défendre la culture Kongo et au besoin de soustraire sa province (celle du Bas-Congo) du reste de l'État congolais. D'ailleurs, Kasavubu ne s'était pas empêché de réclamer à un certain moment l'indépendance de sa province seulement parce qu'il était difficile d'obtenir celle de la RDC tout entière. Cette demande n'ayant pas été acceptée par la Belgique, Kasavubu et son parti l'Abako (alliance des Bakongo), sont de ceux qui ont défendu l'État fédéral lors de la table ronde de Bruxelles en 1960. Mais l'examen des potentialités économiques de la province du Président Kasavubu ne nous permet pas d'évacuer l'élément richesse comme l'hypothèse de base dans l'explication du nationalisme culturel Kongo. Si l'Abako s'est permise, à un certain moment, de réclamer son indépendance à part, elle savait *a priori* que des conditions étaient réunies pour assurer la viabilité de cette entité et rendre effectif le particularisme culturel Kongo. En effet, le plus grand port du pays se trouve au Bas-Congo ; c'est dans la même province où l'on trouvait des gisements de pétrole à cette époque ; le barrage hydro-électrique le plus puissant d'Afrique (Inga) est établi dans cette province du pays. Par ailleurs, cette province regorge aussi de formidables ressources agricoles et forestières, sans parler de la faune. Et puis, elle est la première à être entrée en contact avec les Portugais depuis le XVe siècle. Avec tous ces atouts, le Bas-Congo pouvait donc solliciter son indépendance.

Quant aux riches provinces du Katanga et du Kasaï, leurs visées sécessionnistes relèvent du nationalisme de possession et donc de rejet (d'ailleurs ici il ne s'agit pas seulement du rejet de l'Occident, mais aussi celui d'autres Congolais non originaires de la province. Ceci renvoie d'ailleurs au tribalisme dont nous parlerons plus tard). Les sécessions déclenchées en 1960 par les leaders de ces deux provinces ont été soutenues par la Belgique et par les sociétés capitalistes occidentales qui tenaient à avoir la mainmise sur ces riches provinces pour y exploiter le cuivre, le cobalt, le zinc et le diamant. Cette grille de lecture montre l'importance et le rôle de premier plan qu'ont joué les richesses dans l'émergence et la consolidation du nationalisme congolais de possession. Mais ce projet nationaliste soutenu aux premières heures de l'indépendance par des personnalités ci-dessus nommées, avait été battu en brèche par la haute finance internationale. Le premier Premier ministre de la RDC, Lumumba l'a payé de sa vie. Récemment encore (1997), LD Kabila, qui a prétendu être l'héritier du lumumbisme et s'est fait passé pour un nationaliste, n'a pas résisté à la puissance financière et à la grande capacité de nuisance de l'Occident. Le projet nationaliste doit être donc refondé et rebâti sur des bases solides qui tiennent compte des évolutions actuelles. Nous en parlerons plus loin.

## De l'étouffement du nationalisme congolais à la mise en route d'un pouvoir néocolonialiste (1965-1997)

En 1960, le Congo belge accédait à la souveraineté nationale. Les élections législatives organisées en 1960 ont été remportées par les forces nationalistes, particulièrement par le Mouvement national congolais, aile Lumumba. Les forces nationalistes qui prônaient la remise en question de l'ordre établi constituaient une menace pour les intérêts des Occidentaux qui gardaient la mainmise sur les richesses du Congo. C'est pourquoi ils se sont arrangés pour arracher le pouvoir aux nationalistes afin de le confier au groupe de Binza[2] composé de Mobutu, Nendaka, Bomboko et Ndele.

Sous le régime Mobutu, les Occidentaux ont réalisé de grands investissements qui n'ont rien apporté au Congo, mais qui leur ont rapporté des profits *exorbitants*. C'est le cas du barrage d'Inga, du Centre de commerce international du Congo (CCIC), de la tour de la Voix du Congo... En effet, le barrage d'Inga produit un tiers de l'énergie hydroélectrique du monde, mais ne trouve pas d'acquéreurs à la mesure de ses capacités. Les entreprises qui pouvaient utiliser l'énergie produite par ce barrage dont le coût est estimé à 850 millions de dollars, sont tombées en faillite quand les travaux de construction furent terminés. Par ailleurs, le seul entretien de cette ligne pendant trois ans (de 1983 à 1985) a coûté 15 millions de dollars. Quant à la tour administrative de la Voix du Congo, elle ne fonctionnait plus qu'avec 20 % de sa capacité un an seulement après sa construction. Tel fut aussi le cas du CCIC dont les équipements n'ont jamais fonctionné (Braeckman 1992:225-230).

Comme on peut le remarquer, tous ces investissements ont rapporté des millions de dollars aux Occidentaux qui n'auraient pas cru que Mobutu déraperait de si tôt. Cependant, l'excès de pouvoir va amener ce dernier au dérapage. Les décisions qu'il prend vers les années 1970 seront mal perçues par ses amis occidentaux qui ont fini par se rendre compte que leurs intérêts n'étaient plus garantis au Congo. En effet, Mobutu décida en 1973 le retrait des mains des étrangers des biens, activités économiques et unités de production dont ceux-ci étaient propriétaires et les céda aux seuls Congolais, personnes physiques ou morales. Ce sont ces mesures annoncées lors du discours de Mobutu du 30 novembre 1973 qui sont connues sous le nom de la zaïrianisation. À partir de ces mesures, le Congo était devenu un pays à haut risque. Personne ne pouvait y investir. Depuis 1973, les Occidentaux n'ont plus investi au Congo comme avant, « ils n'ont plus exploité les richesses du Congo 'normalement' depuis lors ». À leurs yeux, Mobutu n'était plus l'homme à soutenir.

S'ils ont continué à le soutenir, c'était à cause de la guerre froide, parce que c'est l'homme qui était capable de freiner la poussée du communisme en Afrique centrale. Il apparaissait donc comme la pièce maîtresse de la stratégie occidentale dans la région.

Depuis l'effondrement du bloc communiste, le Congo n'avait plus cette importance stratégique et Mobutu devint un poids gênant pour l'exploitation économique du Congo. Deux possibilités s'offraient aux Occidentaux : soit exiger de Mobutu la bonne gouvernance, soit le faire partir du pouvoir par la voie pacifique et lui assurer une sortie honorable pour services rendus. La première hypothèse n'a pas marché, mais la seconde a quand même abouti à la tenue de la conférence nationale souveraine. Mais Mobutu ayant déjoué la CNS, l'Occident était convaincu qu'il fallait le chasser du pouvoir par la force et le remplacer par un autre chef de l'État qui lui permettrait d'exploiter les richesses et d'avoir la mainmise sur le Congo.

Cependant, l'Occident était persuadé qu'après Mobutu, aucun leader congolais ne serait en mesure de maîtriser le Congo et de gouverner l'ensemble du pays. Il était donc nécessaire de morceler le pays en entités géographiquement et culturellement « dirigeables » et en autant de zones d'influence. Cette partition du pays rencontrait un des objectifs poursuivis par les Tutsi, celui de prendre une bande de terre à l'est du Congo pour résoudre leurs problèmes démographiques et économiques.

La convergence d'intérêts amènera les Occidentaux et les Hema (tutsi) à se mettre d'accord sur ce projet. Les Occidentaux vont apporter des moyens matériels et financiers et le projet sera exécuté par les Tutsi.

Cette analyse critique permet de comprendre la genèse de la guerre dite de « libération » de 1996 (qui n'a été en réalité qu'une agression, mais convertie en rébellion) et celle de 1998 qui est le prolongement de celle de 1996, dont les objectifs n'ont pas été totalement atteints par les commanditaires. Laurent Désiré Kabila constitue, sans nul doute, l'obstacle principal à la réussite de ce projet, comme l'a été Lumumba en 1960, à cause de leurs tendances nationalistes. Dans ces deux situations, l'Occident a semblé avoir toujours gain de cause.

### Le nationalisme de possession dans les flammes de la mondialisation

Les convoitises dont le Congo a toujours été l'objet ne datent pas d'aujourd'hui. Ce drame qui a donné naissance au nationalisme de possession dont il est question dans cette réflexion, a marqué toute l'histoire du pays depuis l'État Indépendant du Congo jusqu'à la RDC actuelle en passant par le Congo belge et le Zaïre. Le processus de mondialisation auquel on assiste aujourd'hui, caractérisé par la quête permanente des matières premières et des débouchés, a aggravé davantage la guerre des minerais.

Deux éléments importants semblent fragiliser le nationalisme de possession à l'heure actuelle : les effets néfastes de la mondialisation, comme nous venons de le souligner ci-dessus, mais aussi les manifestations négatives de la conscience ethnique ou l'ethnicisme.

## La mondialisation en question

Au sens strict, dit Bongeli (2003:3), la mondialisation peut être conçue comme le phénomène consistant à intégrer tous les pays du monde dans le mode de production dominant, en l'occurrence le mode de production capitaliste libéral. Les grands changements géopolitiques intervenus ces derniers temps peuvent constituer, par convention, le point de repère de la mondialisation. L'effondrement de l'empire soviétique à la fin des années 80 signifie d'abord l'extension de la sphère d'influence du capitalisme libéral mondial, mais aussi la fin de la situation de « duopole » qui a caractérisé les relations internationales depuis 1945. Ce duopole a fonctionné pendant 45 ans comme un garde-fou permettant aux deux superpuissances de contrôler de nombreuses situations de crise : l'antagonisme américano-soviétique était trop important pour qu'on laissât jouer librement les mécanismes du marché à l'échelle planétaire sans en maîtriser les effets sociaux et politiques (Morin et Naïr 1997:39).

Aujourd'hui, il ne fait l'ombre d'aucun doute que les effets négatifs de la mondialisation l'emportent sur ses effets positifs. Le prix Nobel d'économie, Stiglitz (2002:17) rapporte dans son livre ce qui suit :

> J'écris ce livre parce que j'ai directement constaté, quand j'étais à la Banque mondiale, l'impact dévastateur que peut avoir la mondialisation sur les pays en développement, et d'abord sur leurs populations pauvres. Je suis persuadé que la mondialisation (la suppression des entraves au libre-échange et l'intégration des économies nationales à l'action d'une série d'institutions conçues pour amener la croissance économique à tous) peut être une force bénéfique, qu'elle est *potentiellement* capable d'enrichir chaque habitant de la planète, en particulier les pauvres. Mais je suis convaincu aussi que pour qu'elle le fasse réellement, la façon dont on l'a gérée doit être radicalement revue.

Les effets sociaux explosifs de la mondialisation sont observables aussi bien dans les pays développés que dans les pays en développement.

D'après un article publié dans la revue *Le courrier* (1997:52-53), si 1 000 milliards de dollars s'échangent chaque jour, l'épargne s'investit toujours dans les pays d'origine : les transferts et les mouvements de capitaux en provenance des pays riches ne financent que 5 % de l'investissement des pays en développement. Argumentant dans le même sens, Ramonet (1999:1) rapporte que même dans les pays dits industrialisés, l'exercice de la superpuissance, à l'âge du néolibéralisme, ne garantit nullement à tous les citoyens de ces pays un niveau de développement humain satisfaisant. À ce titre, affirme-t-il, aux États-Unis on trouve 32 millions de personnes dont l'espérance de vie est inférieure à soixante ans, 40 millions sans couverture médicale, 45 millions vivant en dessous du seuil de pauvreté et 52 millions d'illettrés... Par ailleurs, au sein de l'opulente Union européenne, à l'heure de la naissance de l'euro, il y avait 50 millions de pauvres et 18 millions de chômeurs.

Dans ce processus de mondialisation à la limite déshumanisant, le rôle des multinationales doit être mis en relief. Préfaçant le livre d'Éric Toussaint, Christian De Brie affirme que

> l'histoire contemporaine est celle de la conquête du monde par un nombre toujours plus restreint de gigantesques conglomérats, constitués en sociétés multinationales, se livrant une guerre permanente pour le contrôle des marchés et engagés dans une tentative de subordination de toutes les activités humaines à la logique du profit (Toussaint 1998:5).

La RDC, pays aux richesses naturelles immenses, constitue à ces effets un terrain de prédilection des sociétés multinationales. Les événements intervenus dans ce pays de 1996 à nos jours en sont la preuve la plus palpable.

*La guerre de 1996 dite « de libération »*

En réalité, ce à quoi on a assisté en 1996 est l'occupation de l'est de la RDC par les troupes armées rwandaises, burundaises et ougandaises. La RDC était donc victime d'une agression perpétrée par ces pays voisins pour des raisons que nous allons évoquer ci-dessous. Cette agression planifiée depuis plusieurs mois était l'œuvre des Occidentaux et des pays voisins de la RDC précités. Pour accréditer la thèse de la rébellion, il sera fait appel à un ancien rebelle congolais, LD Kabila qui va, de concert avec quelques individus, créer la fameuse Alliance des forces démocratiques pour la libération du Congo (AFDL). Bien que présentée plus tard comme un mouvement rebelle se proposant de libérer le peuple congolais de la dictature mobutienne, l'AFDL est demeurée une nébuleuse composée de plusieurs groupuscules poursuivant des objectifs différents et même contradictoires. Dans les réflexions que nous sommes entrain de mener sur les deux guerres qu'a connues la RDC en l'espace de deux ans (1996 et 1998), nous préférons considérer ces invasions comme des « agressions-rébellions ».

Les enjeux et la complexité de cette guerre ainsi que l'implication des puissances occidentales ne permettent pas d'avancer une ou des raisons de type moniste qui expliqueraient le déclenchement de cette guerre. À notre avis, il y a lieu d'évoquer plusieurs raisons qu'on peut du reste hiérarchiser. Il existe des raisons fondamentales, des raisons officielles, un facteur catalyseur, des facteurs favorables et un prétexte.

Les raisons fondamentales ayant motivé le déclenchement de cette guerre sont de deux ordres, pensons-nous : d'une part, la création d'un tutsiland en RDC en vue de résoudre les problèmes démographiques et économiques du Rwanda, et le souci de l'Occident de perpétuer l'exploitation des richesses du Congo et de placer ce pays sous la tutelle de la communauté internationale, d'autre part. Ces raisons fondamentales étaient évidemment inavouées ou cachées. À la place, ce sont des raisons officielles qui étaient souvent mises en exergue, notamment chasser Mobutu du pouvoir et mettre fin aux immixtions intempestives de son régime dans les affaires des pays voisins. Pour y arriver, il fallait que les planificateurs de cette guerre disposent d'un élément catalyseur ; cet élément c'est la présence des réfugiés Hutus à l'est de la RDC, parmi lesquels se trouvaient aussi les génocidaires de 1994, mais dont la pénétration sur le sol congolais a été permise par la communauté internationale et récusée par le Gouvernement de Kinshasa de l'époque. Par ailleurs, les facteurs favorables à la réussite de cette guerre étaient déjà réunis : l'effondrement du bloc de l'est et la fin de la bipolarisation, auxquels il faut ajouter la faiblesse de l'armée congolaise et la maladie de Mobutu. Et le problème de la nationalité des Banyamulenge servira de prétexte pour déclencher effectivement les hostilités. Cependant, nous ne pourrons pas développer tous ces éléments dans cet article.

L'évolution des événements dans la région des grands lacs a démontré néanmoins que les motivations économiques ont beaucoup pesé dans la décision visant à attaquer la RDC. C'est ainsi que parlant de la guerre dite « de libération » du Congo, Marysse (1999:3-5) discutait de deux thèses radicalement différentes qui s'affrontaient concernant le poids des différents acteurs. La première portait sur le « redessinement » de l'Afrique par les Africains eux-mêmes. Elle était soutenue par Nyerere qui déclarait dans le *Monde diplomatique* (juillet 1997) que la guerre « de libération » du Congo était du début à la fin une affaire des Africains, et que les Occidentaux ont été quasiment impuissants pour la mener. L'autre thèse est celle de l'Afrique des comptoirs. Le journal *Executive Intelligence Review* a essayé de démontrer, dès les années 1994, que les grands intérêts miniers mondiaux organisés sous l'appellation « Club des Isles » manipulent en coulisses aussi bien la politique des États-Unis que la mise en place ou le renforcement d'un leadership africain propice à leurs intérêts économiques.

Et d'après Marysse, la deuxième thèse (celle des intérêts miniers) semble plus plausible que la première. La course aux richesses du Congo (et plus particulièrement à la rente minière) est l'une des motivations profondes ayant conduit au déclenchement de la guerre. C'est en effet certain que sans l'appui plus ou moins couvert de l'extérieur (intérêts miniers, pays occidentaux, institutions financières internationales), le Rwanda et l'Ouganda n'auraient jamais réuni les moyens nécessaires pour mener cette guerre. Cette thèse a été d'ailleurs confirmée par les événements tout à fait singuliers survenus en RDC après le déclenchement de la deuxième guerre le 02 août 1998.

*La guerre de 1998 dite « d'occupation »*

Lorsque le Président LD Kabila, tombeur du Maréchal Président Mobutu accède au pouvoir le 17 mai 1997, il se fait passer auprès de l'opinion interne et internationale pour un nationaliste. Ce nationalisme se remarque notamment à travers ses nombreuses prises de position vis-à-vis du régime déchu et de l'Occident. Il se traduit par des expressions du genre « Nous avons créé l'AFDL comme mouvement pour la libération de notre pays, dirigé par un État anti-peuple, dont la mission était de défendre des intérêts étrangers… », « Les Comités du pouvoir populaire ont un grand avenir dans ce pays. Le peuple congolais a longtemps travaillé pour des intérêts étrangers. Il est temps qu'il travaille pour ses propres intérêts… », « …Nous voulons développer notre pays et promouvoir des échanges avec les autres pays. Mais nous empêchons la spoliation de nos richesses » (Kabila 2000:5-15).

Ces propos, sélectionnés parmi tant d'autres, reflètent un nationalisme de possession dont les sources sont à rechercher dans le pillage des richesses naturelles de la RDC par certaines puissances occidentales par le biais d'un régime dictatorial qu'elles avaient établi et soutenu pendant 25 ans. Devant la misère engendrée par ce pillage, le nationalisme de possession (qui est aussi de contestation ou de rejet), apparaissait comme un moyen efficace pour lutter contre l'influence abusive de l'Occident sur le nouveau régime et mettre les richesses nationales à l'abri de toute exploitation étrangère. Comme toujours, l'occident ne va pas approuver ce discours, soutenu plutôt par la population.

Un peu plus d'une année seulement après l'instauration du nouveau régime, soit le 2 août 1998, la RDC était l'objet d'une agression qui s'est soldée par l'occupation illégale de sa partie Est par les troupes armées rwandaises, ougandaises, burundaises ainsi que par les multinationales minières étrangères. L'exploitation illégale des ressources minières par ces pays et les multinationales dont il est question ci-dessus dans la partie du territoire sous leur contrôle, est la preuve éloquente des motivations économiques qui sous-tendent cette occupation.

Comme on peut le constater, ni le nationalisme de possession tel qu'exprimé dans les différentes déclarations du Président Kabila ci-dessus évoquées, ni les Comités du pouvoir populaire, et encore moins les Forces d'autodéfense populaire (bras armé des CPP), créées plus tard, n'ont résisté à l'invasion des multinationales. Le nationalisme de possession n'a pas empêché à ces dernières de spolier les ressources minières de la RDC, dans l'indifférence d'ailleurs de la communauté internationale qui a semblé cautionner cette malheureuse situation. Il apparaît donc clairement que le processus de mondialisation est entrain de modifier les relations internationales et le droit international dans la mesure où les richesses que possède un État peuvent être prises par un autre État qui est plus fort que lui dès lors qu'il en a besoin, même par États interposés ou les sociétés multinationales. Dans les relations internationales marquées par la mondialisation, ce qu'un État possède n'impressionne plus, on peut le prendre comme on veut si cet État est faible, parce que même le conseil de sécurité, qui est d'ailleurs lui-même un agent de la mondialisation, est incapable de le protéger. La RDC offre à cet effet un exemple significatif.

Dans le nouvel ordre mondial, les USA demeurent l'unique superpuissance. Bien qu'ayant perdu une partie de son poids économique par rapport à ses rivaux commerciaux, ce pays, comme l'affirme Sami Naïr, joue encore le rôle de superpuissance grâce à d'autres ressources de pouvoir : sa maîtrise des rapports de forces militaires à l'échelle mondiale, le caractère incontrôlable du dollar, le contrôle du prix du pétrole, sans doute aussi la capacité d'exportation de ses produits culturels et, partant, de sa vision du monde comme modèle culturel mondial (Morin et Naïr 1997:40). Néanmoins, les USA ne sont pas les seuls à dominer le monde, il y a aussi tout le système des grandes puissances qui, tout en acceptant la domination américaine, en dialectise les modalités selon les intérêts de chacun de ses composants (Morin et Naïr 1997:48). Et les sociétés multinationales figurent parmi les forces qui jouent un rôle d'importance majeure dans ce processus de domination.

*a) Le Rwanda, le Burundi, l'Ouganda et les multinationales dans la guerre du 2 août 1998*

Nous avons, dans les lignes précédentes, démontré l'implication des pays occidentaux dans les deux guerres qu'a connues la RDC : celles de 1996 et de 1998. À ce titre, Muhindo rapporte que cette seconde guerre du Congo « vise de la part des mêmes agresseurs (entendez les Rwandais, les Ougandais et les Burundais) à mieux concrétiser les objectifs de la première guerre : mettre au pouvoir à Kinshasa un homme de paille servant les intérêts des États-Unis d'Amérique, du Rwanda et de l'Ouganda. Or, Kabila n'était pas l'homme qu'il fallait, son scénario à lui, il voulait le jouer seul » (Mbavu Muhindo 2003:97). Il importe de faire remarquer que les multinationales ont été encore plus impliquées dans le déclenchement de ces hostilités. Voici en quels termes s'exprime Baracyetse (1999:12) à ce sujet :

> À la chute du régime Mobutu, des accords signés entre son gouvernement et certains (cartels) ont été reconduits par le nouveau pouvoir (celui de Kabila), d'autres ont été annulés et proposés à de nouvelles sociétés. Comme le pays est toujours astreint à une guerre financée par les puissances occidentales en quête de l'or, du diamant, du cobalt, du manganèse, de l'uranium et des autres minerais qui accompagnent toujours le cuivre, tels le zinc, le germanium, l'argent, le plomb, le fer... les transnationales minières se bousculent entre les rebelles et les gouvernements pour accaparer les meilleures parts, veillant à rester du côté du vainqueur et en forçant le destin si nécessaire. Avec un mépris total des populations.

Le même auteur rapporte plus loin que le « remplacement de l'ancien ordre politique de Mobutu, dépourvu d'infrastructures économiques, de moyens financiers, de forces armées et entièrement instrumentalisé par l'American Mineral Field Inc. (AMFI), constituait l'objectif premier du conflit parrainé par les USA (Baracyetse 1999:13). D'autres groupes financiers internationaux sont intéressés par l'exploitation des ressources minières du Congo : la Consolidated Eurocan Corporation (BGC), l'Anglo-american Corporation (AAC) d'Afrique du Sud, la plus importante compagnie minière du monde, abstraction faite des pétroliers.

La guerre du Zaïre (RDC) fut présentée comme une guerre interne de libération politique pour destituer le Maréchal Mobutu. L'AMFI apporta un appui financier, militaire et logistique déterminant aux organisations coalisées au sein de l'AFDL. Aujourd'hui, les armes, les munitions, les équipements militaires sophistiqués qui ont permis à l'AFDL de remporter la victoire sur les forces armées congolaises, continuent d'être mis à la disposition du Rwanda, de l'Ouganda et du Burundi par la même société AMFI, dans la guerre que ces trois pays mènent au Congo (Baracyetse 1999:19). La présence de ces multinationales dans la région sous occupation, celle des Rwandais, des Ougandais ainsi que le pillage des ressources naturelles de la RDC par eux, ont été réaffirmées et reconnues par le Conseil de sécurité de l'ONU. En effet, le groupe d'experts de l'ONU ayant travaillé sur l'exploitation illégale des ressources naturelles et autres formes de richesse de la RDC a été formel :

> Entre septembre 1998 et août 1999, les zones occupées de la RDC ont été dépouillées de tous leurs stocks : stock de minerais, de produits agricoles, forestiers et de bétail. Quelle que soit la nationalité du pilleur, le processus était le même : des troupes burundaises, ougandaises, rwandaises et/ou des soldats du Rassemblement Congolais pour la Démocratie, commandés par un officier, visitaient les fermes, les usines et banques, se faisant ouvrir portes et coffres par la direction. Ordre était donné aux soldats de charger les produits et les biens sur les véhicules de l'armée (voir le premier rapport du groupe d'experts du 12 avril 2002).

Dans le deuxième rapport où les experts dénoncent le changement de tactique dans le pillage des ressources de la RDC par la création des réseaux d'élites, il est dit, entre autres, ceci :

> Le conflit régional qui a fait converger les armées de sept pays africains vers la RDC a perdu de son intensité, mais les microconflits étroitement imbriqués qui en ont découlé persistent. Ils sont alimentés par la convoitise des minerais, des produits agricoles, de la terre et même des recettes fiscales. Les groupes criminels associés aux armées rwandaise, ougandaise, zimbabwéenne et au gouvernement de la RDC... ont mis sur pied une économie de guerre qui s'autofinance et est axée sur l'exploitation des minéraux (voir le deuxième rapport du groupe d'experts du 16 octobre 2002).

Le mérite de ces deux rapports est d'avoir révélé que certains Congolais ont participé au pillage des ressources de leur pays, devenant par ce fait des agents de la mondialisation.

### b) Processus de mondialisation et crise de l'État-nation congolais

La mauvaise posture dans laquelle se trouve le nationalisme de possession congolais dans le processus de mondialisation piloté par les États impérialistes et les sociétés multinationales entraîne logiquement la crise de l'État congolais. Le Congo est confronté à une remise en cause de son existence en tant qu'État et en tant que Nation. En tant qu'État, sa souveraineté a été remise en cause (Muhemmedi 2000), et en tant que nation, on assiste de plus en plus à une tentative de désidentification nationale et culturelle de ce pays, qui se traduit par une tentative de partition de fait de son territoire. Malheureusement, le Conseil de sécurité qui aurait pu jouer un rôle de premier plan dans ce drame, semble être au service des puissances mondialisatrices. En effet, l'indifférence affichée par la communauté internationale devant la violation des principes directeurs de l'ONU, n'est intelligible que replacée dans le cadre d'une mondialisation où les États-Unis d'Amérique décident de ce que peut faire l'ONU ou pas, au regard de leurs intérêts.

### Le nationalisme de possession et le tribalisme

Le nationalisme de possession est un nationalisme de rejet ou de contestation. Il s'oppose à toutes tentatives des puissances occidentales visant à mettre les richesses naturelles de la RDC sous leur tutelle pour leur exploitation illégale, au détriment des intérêts nationaux. Comme ce nationalisme est tourné vers l'extérieur, il aurait dû normalement favoriser une cohésion interne. Les théoriciens du conflit sont unanimes pour reconnaître que quand un groupe est menacé de l'extérieur, il se crée souvent une cohésion interne, qui constitue une force importante pour faire face à l'ennemi. Le nationalisme de possession, on l'a démontré tout au long de cette réflexion, est menacé par le processus de mondialisation ; des voix s'élèvent souvent pour dénoncer cette menace et les autorités congolaises s'investissent souvent dans une campagne destinée à discréditer l'Occident.

Malheureusement, entre eux, les Congolais ne sont pas unis, ils n'ont pas le sens de l'intérêt commun. Les richesses tant convoitées ne sont pas gérées de manière à promouvoir et accroître la production et assurer une distribution équitable du revenu national. Les dirigeants politiques poursuivent leurs propres intérêts, le tribalisme a envahi tous les secteurs de la vie nationale : de l'État lui-même jusqu'à la mutualité, en passant par les entreprises et même les universités. La tribalisation du pouvoir est telle que les détenteurs congolais des charges politiques préfèrent s'entourer des membres de leurs tribus ou de leurs provinces, excluant de la gestion des affaires publiques ceux d'autres provinces jugés *a priori* dangereux pour la survie du régime. Ceci a pour conséquence l'absence de consolidation de l'État qui devient incapable de remplir ses missions régaliennes parce que mal géré, mais aussi l'érosion de la conscience nationale et le repli de ceux qui se sentent exclus sur la base des identités primaires.

Cette exclusion à laquelle s'ajoute parfois l'arrestation et l'emprisonnement arbitraires de certains hommes politiques finissent par persuader certains Congolais à nouer des alliances (souvent contre nature) avec les mêmes Occidentaux en vue d'élargir la base du pouvoir rétrécie par des régimes aux élans dictatoriaux. En échange de l'appui militaire, matériel et financier reçu des Occidentaux et des gouvernements des pays voisins, des contrats portant sur l'attribution des concessions minières sont souvent conclus entre les partenaires. Une fois de plus, les idéologies de division et d'exclusion placent aussi le nationalisme de possession en mauvaise posture, elles réconfortent les puissances mondialisatrices qui sont souvent prêtes à récupérer ces divisions pour instrumentaliser nos hommes politiques et placer les richesses de la RDC sous leur tutelle.

Une autre faiblesse du nationalisme de possession est liée au fait qu'il est l'œuvre des dirigeants politiques ou de l'élite intellectuelle. Ce n'est pas un nationalisme qui a une assise sociale comme celle qu'on rencontre dans certains pays arabes ou aux États-Unis d'Amérique où l'on voit des populations très conscientes du type de sentiment nationaliste dont elles sont porteuses et des objectifs que visent les actions nationalistes qu'elles posent. En RD Congo, c'est l'élite qui donne au nationalisme de possession sa substance, alors que celle-ci aurait bien pu être l'œuvre des masses populaires. À ce titre, le nationalisme congolais peut être qualifié de « nationalisme d'en haut ou de haut nationalisme ». Il est donc d'une urgence absolue que ce nationalisme soit socialisé ou popularisé, ce qui requiert évidemment une socialisation politique de la part des détenteurs congolais des charges politiques si l'on veut que ce nationalisme constitue aussi une des stratégies efficaces de lutte contre les assauts de la mondialisation.

Examinons schématiquement le résultat atteint jusque-là : convoitise d'énormes et fabuleuses richesses de la RDC et leur pillage systématique depuis la période coloniale jusqu'à ce jour, naissance du nationalisme de possession découlant de cette malheureuse situation et tentative d'étouffement de ce nationalisme par les puissances occidentales d'abord en 1960 (tentative qui s'est soldée par la mort de Lumumba), mise en hibernation du nationalisme de possession sous le régime pro-occidental et anti-nationaliste du Président Mobutu, sa réapparition en 1997 à la faveur de la prise du pouvoir par LD Kabila suivie bien sûr de sa deuxième tentative d'étouffement dont la conséquence tragique est l'élimination physique du Président LD Kabila en 2001 ; donc, mise en mauvaise posture du nationalisme de possession congolais par les puissances mondialisatrices, mais aussi par des pratiques tribalistes et des politiques mal inspirées.

Il ne fait donc l'ombre d'aucun doute que le projet nationaliste congolais doit être revisité et redéfini en vue de son adaptation au nouvel ordre mondial.

## Le nationalisme congolais de possession en quête de nouvelles formules

### Vers le retour du nationalisme

« On ne sait pas grand-chose de la signification profonde des identitarismes nationaux, culturels et religieux, sinon qu'ils sont là, plantés comme des rocs dans le paysage de la diversité humaine », reconnaît Sami Naïr (Morin et Naïr 1997:85). Il est difficile de mettre fin au sentiment nationaliste, parce que c'est un sentiment universel. Quels que soient les contrecoups qu'il subit, nous ne pensons pas que le nationalisme de possession congolais sera anéanti. Tout laisse croire par contre qu'il est appelé à se radicaliser dans un contexte où la recherche de matières premières fait des fabuleuses ressources naturelles de la RDC l'objet de convoitise des grandes puissances et des sociétés multinationales.

Comme l'a si bien démontré Naïr, « l'émergence des nationalismes d'exclusion et des intégrismes religieux n'est pas seulement le produit des mutations internes des sociétés. C'est aussi le résultat médiatisé d'un mouvement plus profond : celui de la mondialisation… » (Morin et Naïr 1997:85). Et il renchérit en disant que le nationalisme est une « réaction commune face à ce qui est considéré comme acculturant, contaminant et désidentifiant… qui dépossède culturellement en possédant économiquement et qui attaque le principe de souveraineté, cœur du processus d'identification nationalitaire » (Morin et Naïr 1997:85-86). Mais le nationalisme de possession ne pourra s'approprier le processus de mondialisation et survivre que s'il s'appuie sur un autre type de nationalisme que nous qualifions de « nationalisme de personnalité » (nous en parlons ci-dessous). Mais le nationalisme de possession doit d'abord être ouvert.

## Pour un nationalisme de possession ouvert

Le nationalisme de possession congolais ne devrait, malheureusement pas, devenir un nationalisme de repli et virer au chauvinisme. Même si de manière incidente il est arrivé que le Président LD Kabila dise qu'il voulait développer la RDC et promouvoir des échanges avec les autres pays, il faut reconnaître que dans l'ensemble, ses prises de position vis-à-vis de l'Occident ont été plus offensives et non conciliantes. Même si le nationalisme est par nature une idéologie de différence, il serait mal indiqué de prêcher un nationalisme de refus des autres et de repli sur soi, parce qu'il n'aurait pas tenu compte de l'évolution de l'humanité marquée aujourd'hui par la mondialisation. Même si le peuple congolais en particulier et africain en général est généralement déçu par l'attitude hypocrite affichée souvent par les puissances centrales vi-à-vis de ce qui se passe en Afrique, il ne saurait être question de prêcher un nationalisme qui serait teinté de racisme, d'anti-occidentalisme et surtout d'anti-américanisme. Un tel nationalisme ne serait pas loin du nazisme qui a décimé des vies humaines lors de la Seconde Guerre mondiale. Ces genres d'idéologies de la différence sont à condamner avec la dernière énergie.

Le nationalisme de possession doit être honnêtement ouvert aux autres nations du monde et même aux sociétés multinationales qui se donnent pour objectif de venir investir légalement en Afrique et y apporter des capitaux dont elle a besoin pour réduire la pauvreté de ses populations, qui a atteint des proportions inquiétantes. Mais dès lors qu'on se trouve devant des individus et organismes étrangers manifestement mus par le souci de diviser les ethnies et nations africaines dans le seul but de semer désolation et désarroi et continuer à la faveur d'une confusion créée par eux, à exploiter et piller les richesses naturelles de l'Afrique même par la violence comme cela a été le cas en RDC, le nationalisme de possession devrait à ce moment-là susciter résistance et refus, ne fut-ce que dans le cadre d'une légitime défense. Tous les peuples ont le droit sacré de se défendre et de défendre leurs richesses, et cela par tous les moyens. La défense des intérêts américains à travers le monde et la menace que la politique américaine représente pour la plupart des pays accusés de soutenir le terrorisme (parfois sans preuve) n'est-il pas un signe de nationalisme de supériorité ? Comment peut-on expliquer l'acharnement des sociétés multinationales occidentales à accéder (même illégalement) aux matières premières, partout où elles se trouvent pour développer l'économie de leurs pays si ce n'est par un acte nationaliste délibéré, outre la recherche du profit bien sûr ? Pourquoi les dividendes générés par les entreprises occidentales ayant investi en Afrique sont-ils toujours rapatriés et placés dans les banques des pays d'origine ? Nul n'ignore que les investissements réalisés par les firmes multinationales occidentales profitent en grande partie à leurs pays d'origine. Comme on peut le constater, tout le monde est nationaliste ; tout le monde construit son nationalisme autour d'un élément clé. Celui de la RDC est construit autour de ses richesses, mais il importe de le doubler avec celui de personnalité, tout en restant ouvert aux autres pays et à leurs nationalismes pourvu que ces derniers soient aussi ouverts et respectueux de notre patrimoine.

## Pour un nationalisme de personnalité

Le terme de « nationalisme de personnalité », nous l'avons également forgé pour une meilleure explication des réalités sociopolitiques et économico-historiques propres à la RDC. Si en effet le nationalisme de possession décrit plus haut existe et se manifeste dans la conscience collective congolaise, il lui manque, pour être efficace, le nationalisme de personnalité. Comme le terme l'indique, le nationalisme de personnalité est celui qui vise à conférer une forte personnalité à la RDC en tant qu'État pour lui permettre de restaurer son autorité et améliorer son image ternie par plusieurs années de mauvaise gouvernance. Il s'agit en réalité d'un nationalisme construit autour des valeurs républicaines qui impliquent la démocratie, le respect des droits de l'homme, la liberté et la justice ; des valeurs éthiques, notamment le respect des biens publics, le sens de la responsabilité ; des valeurs de connaissance devant se traduire par le savoir-faire et le savoir-être.

Les Congolais doivent savoir que ce que l'on est est d'autant plus important que ce que l'on possède. L'Être collectif congolais n'est perceptible qu'à travers l'État congolais. Cet État, dont le sous-sol et le sol sont très riches et qui a vocation à protéger ces richesses, doit être géré sur des bases saines et solides, il doit être consolidé par la mise en place d'une constitution stable, d'une démocratie pluraliste qui entraîne une alternance au pouvoir. La bonne gouvernance des ressources publiques doit constituer l'aîné des soucis des détenteurs des charges politiques. La consolidation de l'État, l'édification de la nation et la bonne gouvernance économique pourront favoriser le développement de la RDC, et faire de lui un État socio-économique fort.

Le fait pour les leaders congolais d'avoir focalisé leur attention sur l'élément « richesses de la RDC » a relégué au second plan l'instauration des valeurs qui permettent la construction d'un État institutionnalisé fort et capable de mettre à profit lesdites richesses pour l'intérêt supérieur du peuple congolais. Si aujourd'hui la RDC est qualifiée de « géant aux pieds d'argile », ce n'est pourtant pas parce qu'elle manque de potentialités économiques, encore moins à cause de l'étroitesse de son espace territorial. C'est plutôt par rapport à l'absence de l'État qui se traduit entre autres par la perméabilité des frontières, la faiblesse de l'armée, la paralysie des entreprises publiques, la corruption, la clochardisation des enseignants, fonctionnaires et étudiants…Tous ces maux traduisent l'incapacité de l'État à transformer ces richesses potentielles en ressources financières. Quand on dit que la voix de la RDC n'est pas écoutée aux Nations Unies, c'est parce qu'en tant qu'Être, la RDC a perdu toute sa personnalité. Lorsque deux armées étrangères occupant illégalement la RDC, un pays souverain, se livrent une bataille sur son territoire pour le contrôle et l'exploitation de ses ressources naturelles avec la complicité des multinationales des pays occidentaux, dans un contexte de violence caractérisée par le massacre de plus de trois millions d'âmes, dans l'indifférence étonnante de toute la communauté internationale, il y a lieu de se poser des questions, même si ce conflit rentre dans le cadre des enjeux de la mondialisation. C'est à ce niveau qu'il faut paraphraser Mwabila (1995:10-11) qui, se posant la question de savoir pourquoi cela ne va-t-il pas en RDC, estime que « Les causes liées à notre propre déraison (mauvais choix politique et économique, maîtrise insuffisante de la science, déficit de l'intelligence de la science, primauté des sentiments sur la raison), l'emportent sur celles induites de l'extérieur ». Et l'intellectuel congolais a joué un rôle néfaste dans cette malheureuse situation parce que, comme l'a si bien affirmé Nzongola (2003:6),

> l'intellectuel africain d'aujourd'hui, qu'il appartienne à la sphère nationale ou internationale, qu'il soit consultant national ou international, reproduit et nourrit un discours qui l'instrumentalise toujours plus à l'égard du gain personnel, en faveur du statu quo. Devenu politique, il n'hésite pas à jouer la carte de l'ethnicité au profit du conflit identitaire et au détriment de l'identité nationale, dans le seul but de se maintenir au pouvoir ou de s'assurer le contrôle des ressources de l'État. Il participe ainsi à la transformation de la conscience nationale en conscience identitaire avec ce que cela laisse augurer de conséquences négatives pour l'institutionnalisation du pouvoir de l'État et de la gouvernance démocratique.

Donc, nationalisme de possession et de personnalité doivent être liés, c'est leur valorisation simultanée qui devra donner une signification au nationalisme congolais, lui permettre de faire entendre sa voix sur l'échiquier international et protéger ses ressources contre toute exploitation illégale.

## Le nationalisme de possession, le panafricanisme et la mondialisation

Le nationalisme de possession permet aussi d'envisager le problème du panafricanisme. Aujourd'hui, plus que jamais, l'Afrique doit être unie pour relever le défi de son développement socio-économique dans un monde où l'heure est à la construction des grands ensembles. Aujourd'hui, le projet panafricaniste des pères des indépendances africaines est d'actualité. Mais le panafricanisme implique d'abord une coopération entre les États africains, préalable à toute intégration sous-régionale et régionale. Conscients de ces avantages, les pays africains se sont, dès leur accession à l'indépendance, engagés sur la voie de l'intégration régionale en créant de nombreux mécanismes d'intégration. Ces efforts ont culminé dans le traité d'Abuja de 1991.

Pour un continent qui compte 800 millions de consommateurs, l'importance de la coopération économique tient essentiellement aux avantages découlant de l'intégration des marchés des différents pays. Cette intégration génère de nouvelles possibilités d'investissement, favorise l'accroissement de la production de biens commercialisables et encourage l'apport d'investissements directs étrangers. Elle peut également contribuer à bâtir des infrastructures efficaces, renforcer la sécurité régionale, améliorer le potentiel humain et la gestion des ressources naturelles.

Or, l'évaluation globale indique que les mécanismes d'intégration en Afrique n'ont pas été à la hauteur des attentes et qu'il reste beaucoup à faire pour atteindre les objectifs affichés. En effet, ces mécanismes n'ont manifestement pas réussi à développer le commerce intra-africain, à accroître le volume total des échanges de l'Afrique ou conforter la croissance économique globale de la région (cf. Rapport de la BAD sur l'intégration régionale en Afrique, année 2000). Cette situation est appelée à s'aggraver dans le processus actuel de mondialisation qui souffle sur la planète. L'Afrique se doit dès à présent de réorienter ses approches de l'intégration régionale. Et la nouvelle conception de l'intégration régionale repose (d'après le document de la BAD) sur la réalisation de projets communs d'exploitation de ressources naturelles et de production de biens, et l'interconnexion des pays africains par des services d'infrastructures efficaces. Il ne fait donc l'ombre d'aucun doute que la mise en commun des ressources des États africains constitue le cœur même de cette coopération et intégration que nous appelons de tous nos vœux.

Mais face à ce qui se passe en RDC où les richesses naturelles sont pillées et exploitées illégalement par des individus, des États et des sociétés multinationales avec la bénédiction tacite de l'Organisation des Nations Unies, nous ne pensons pas que l'intégration régionale et par conséquent le projet panafricaniste soient facilement réalisables sans un nationalisme comme celui qui se développe aujourd'hui dans le chef des Congolais, un nationalisme de protection des richesses du continent africain pillées et exploitées pendant plus de deux siècles. Tous les Africains en général et ceux du centre en particulier doivent, par un nationalisme de possession, s'investir dans la protection des richesses dont on a grandement besoin pour développer le continent, même si ce nationalisme implique une résistance. Mais comme je l'ai souligné dans les lignes précédentes, ce nationalisme ne sera efficace que s'il est accompagné de la construction d'une société africaine respectueuse des valeurs éthiques et républicaines, seules capables de consolider les États africains aux plans politique et, surtout, socio-économique et qui peuvent leur conférer une personnalité capable de s'approprier le processus de mondialisation.

L'échec du plan de partition de la RDC élaborée dans des chancelleries occidentales et exécutées par certains États africains est dû, en grande partie, à la résistance affichée par les mai mai qui ont mordicus défendu leur terre contre toute invasion et qui continuent à le faire aujourd'hui encore. Elle est aussi attribuable à la prise de conscience des populations congolaises de vivre ensemble et de refuser toute tentative de recolonisation. Et il faut faire remarquer que la socialisation menée par le régime de feu Laurent Désiré Kabila sur la nécessité de protéger le sous-sol, le sol ainsi que les richesses qui s'y trouvent, de s'organiser et de se prendre en charge, a joué un rôle de premier plan dans cette prise de conscience. Voici en quels termes il s'exprimait dans l'un de ces nombreux discours dans lesquels il appelait la population à une prise de conscience nationale :

> Beaucoup de pays qui nous exploitaient ont peur que le peuple congolais soit entièrement lié à notre pouvoir. Ils (les Occidentaux donc) savent qu'unis, nous

allons produire des miracles. En comptant sur votre intelligence, vous transformerez sur place les richesses sur lesquelles nous sommes assis depuis des années. Vous serez une nation dans le concert des autres... Des étrangers, pour la plupart illégaux, ont investi des régions entières pour y prendre le diamant, l'or, etc. Ils les ramènent vers la capitale. Ils amassent les richesses, mais l'État ne voit rien. Lorsque le comité du pouvoir populaire d'un village sera en présence d'un étranger, l'affaire deviendra très simple : Monsieur que faites-vous ici ? Vous n'êtes pas supposé être ici. Vous n'êtes pas Congolais, que faites-vous dans nos puits de diamant ? Vous avez apporté chez nous des capitaux pour acheter le diamant. C'est à la Bourse des matières précieuses qu'il faut présenter vos dollars, pas au village (Kabila 2000:8, 11-12).

## Conclusion

Lorsque Nietzche annonçait que le XXe siècle serait celui des grandes guerres, sa prescience était fondée, d'après Aron (1959:8), sur deux aperceptions : « Les civilisations de masses urbaines sont belliqueuses et non pacifiques, l'extension de la civilisation occidentale à travers la planète va donner aux rivalités entre grandes puissances un enjeu démesuré, l'empire du monde ». Cette affirmation, qui contraste avec l'assurance d'Auguste Comte selon laquelle la civilisation industrielle avait un caractère essentiellement pacifique, traduit le pessimisme qu'affichaient à cette époque certains penseurs au regard d'étonnants progrès de la science et de la technique.

Aujourd'hui, deux siècles nous séparent de Comte et de Nietzche et le ton est à la mondialisation. D'aucuns n'hésitent pas à qualifier ce phénomène de « capitalisme sans visage » à cause, certes, de ses conséquences manifestement néfastes aux plans socio-économique, politique et géostratégique. Les multinationales, ces firmes géantes toujours en quête de marchés et de débouchés, déploient aujourd'hui leur puissance financière en vue d'accéder aux ressources dont elles ont besoin pour leur existence ; elles sont prêtes à recourir même à la violence dès lors qu'elles sont confrontées à certains obstacles tels que le nationalisme de possession, en violant bien sûr l'intégrité territoriale et la souveraineté des États économiquement et militairement faibles, comme la RDC.

Face à ce processus de mondialisation manifestement dévastateur et déshumanisant, le nationalisme de possession ouvert néanmoins à toutes les bonnes volontés soucieuses de lutter contre la pauvreté de la RDC en particulier et celle de l'Afrique en général, doublée d'un nationalisme de personnalité construit autour des valeurs et d'un engagement ferme d'une bonne gouvernance politique et économique débarrassée de toutes les pesanteurs ethniques, constitue à notre avis un gage pour consolider l'État congolais et lui permettre de jouer le rôle qui est le sien dans la concrétisation du projet panafricaniste, de concert avec les autres États africains.

## Notes

1. Expression que nous forgeons pour approcher le concept classique de nationalisme vers une explication et une compréhension plus précises de l'expérience congolaise du nationalisme à l'ère de la mondialisation. Nous l'utiliserons avec un autre concept que nous forgeons également, celui de nationalisme de personnalité.
2. Groupe de Binza : groupe de politiciens congolais proches de la CIA.

## Références

Abdel-Malek, Anouar, 1967, « Sociologie du développement national : problème de conceptualisation » in *Revue de l'Institut de Sociologie*.

Aron, Raymond, 1959, *La sociologie industrielle et la guerre*, Paris, éd. Plon.

Baracyetse, Pierre, 1999, *L'enjeu géopolitique des transnationales minières au Congo*, Buzet.

Bongeli, Yeikelo, 2003, *Sociologie et sociologues africains. Pour une recherche sociale citoyenne au Congo-Kinshasa*, Paris, éd. L'Harmattan.

Bongeli, Yeikelo, 2002, *Sociologie de la mondialisation*, Kinshasa.

Braeckman, Colette, 1992, *Le Dinosaure. Le Zaïre de Mobutu*, Paris, Fayard.

De Schrevel, M., 1967, « Approche conceptuelle du problème du nationalisme en Afrique », in Cahiers *Économiques et Sociaux*, vol.V, n°4.

Fougeyrollas, Pierre, 1968, *Pour une France fédérale. Vers l'unité européenne par la révolution régionale*, Paris, éd. Denoël.

Ford, Walter, 1943, *La guerre totale au Congo*, Londres, Evans Brothers Limited, (traduit de l'anglais).

Guéhenno, Jean-Marie, 1995, *La fin de la démocratie*, Paris, éd. Flammarion.

Ilunga, Kabogno, 1979, « La science politique africaine ou les culs-de-sacs des modèles d'analyse ethnocentriques », in *Revue canadienne des sciences africaines*, vol.13, n°1-2.

Kabuya, Lumuna, 1986, *Idéologies zaïroises et tribalisme. La révolution paradoxale*, Cabay.

Kibanda, Matungila, 2003, *Les ressources géostratégiques, les conflits armés (1996-2003) et les défis de la paix et de la reconstruction en République démocratique du Congo*, Conférence sous-régionale sur l'Afrique centrale, 4-5 octobre, Douala.

*Le Courrier*, juillet-août 1997, n°164.

Lochak, Daniel, 1985, *Étrangers : de quel droit ?*, Paris, édition PUF, (1ère édition).

Martens, Ludo, 1985, *Pierre Mulele ou la seconde vie de Patrice Lumumba*, Anvers, édition EPO.

Marysse, Stefaan, 1997, *La libération du Congo dans le contexte de la mondialisation*, Université d'Anvers.

Morin Edgar et Naïr Sami, 1997, *Une politique de civilisation*, Paris, éd. Arléa.

Muhemmedi, Sudi , 2000, *Mondialisation et remise en cause de la souveraineté de la RDC : exploitation illicite des ressources naturelles par les transnationales minières dans les provinces occupées*, Université de Kinshasa, Département de Sciences politiques et Administratives (inédit).

Mwabila, Malela, 1995, *De la déraison à la raison. Appel aux intellectuels congolais pour un débat sur la société*, Nouvelles éditions Sois prêt.

M'zee Kabila, Laurent, 2000, *De l'édification du Pouvoir populaire au Congo*, Secrétariat général des CPP, Département de l'organisation politique et idéologique, Kinshasa.

Nzongola, Ntalaja, 1970, « Les classes sociales et la révolution anticoloniale au Congo-Kinshasa : le rôle de la bourgeoisie, in *Cahiers Économiques et Sociaux*, vol.3, n°3, septembre.

Nzongola, Ntalaja, 2003, *Discours-programme à la Conférence sous-régionale pour l'Afrique centrale marquant le 30e anniversaire du CODESRIA*, 4-5 octobre, Douala.

ONU (Conseil de sécurité), 2001, « Le rapport du groupe d'experts de l'ONU consacré à l'exploitation des ressources naturelles et autres formes de richesse de la RDC », 12 avril.

ONU (Conseil de sécurité), 2002, « Le rapport du groupe d'experts de l'ONU consacré à l'exploitation des ressources naturelles et autres formes de richesse de la RDC », 16 octobre.

ONU (Conseil de sécurité), 2003, « Le rapport du groupe d'experts de l'ONU consacré à l'exploitation des ressources naturelles et autres formes de richesse de la RDC », 23 octobre.

Poulantzas, N., 1978, *L'État, le pouvoir, le socialisme*, Paris, éd. PUF.

Ramonet, Ignacio,1999, « Nouveau siècle » in *Le Monde diplomatique*, janvier.

Sargent, Lyman T., 1987, *Les idéologies politiques contemporaines*, Paris, éd. Nouveaux horizons, (7e édition).

Stiglitz, Joseph, 2002, *La grande désillusion*, Paris, éd. Fayard (traduit de l'anglais).

Sureau, François, 1988, *L'indépendance à l'épreuve*, Paris, éd. Odile et Jacob.

Toussaint, Eric, 1998, *La bourse ou la vie. La finance contre les peuples*, Bruxelles, éd. Lucpire.

# 7

# Entrepreneuriat, mondialisation et panafricanisme

**Félix Mouko**

## Introduction

L'entrepreneuriat est défini comme l'acte d'entreprendre, de créer en rassemblant et en organisant les ressources afin de produire des biens et services. Cet acte a donc une grande importance dans les relations sociales car il permet un échange entre plusieurs acteurs. La faiblesse des politiques économiques africaines contribue au faible développement de l'entrepreneuriat, considéré d'ailleurs comme un acte individuel. Les entrepreneurs prennent l'initiative de créer seuls en recourant à leur épargne personnelle ou à l'aide de la famille pour se constituer un capital. Le recours aux banques est souvent limité à cause de leurs ressources non adaptées.

Or avec la mondialisation et la forte exigence de compétitivité, l'entrepreneur individuel a moins d'atouts pour résister à la concurrence des produits étrangers. C'est pourquoi, il importe de développer l'entrepreneuriat de groupe à l'échelle nationale, régionale et continentale. L'unité africaine a toujours été conçue sur le plan politique comme la formation de vastes États dépassant les micro-États hérités de la colonisation. Elle est conçue sur le plan économique à travers le processus d'intégration régionale impulsée par les États. Mais peu de réflexions ont été menées pour examiner le rôle que pourraient jouer les entrepreneurs africains. Pendant longtemps, le développement en Afrique a été perçu comme étant exclusivement l'affaire des États (Copans 1996).

Une question mérite alors d'être posée : en quoi l'entrepreneuriat collectif peut-il constituer une force effective dans le contexte actuel de la mondialisation et un acte fondateur du panafricanisme ?

Une hypothèse permet d'apporter une amorce de réponse à cette interrogation fondamentale. L'acte d'entreprendre peut se réaliser de façon collective par un groupe d'entrepreneurs ayant compris la force que représente la mise en commun de leur capital social (Mouko 2003). Selon Boutillier et Uzinidis (1999), le capital social comprend le capital financier, le capital connaissances et le capital relations. Avec le phénomène de la Diaspora, les entrepreneurs de plusieurs pays africains peuvent se regrouper et créer ensemble des entreprises.

Un tel entrepreneuriat comporte plusieurs avantages : il permet de rassembler plus de capitaux et de créer des entreprises plus puissantes ; il renforce les échanges d'expériences et la valorisation des compétences africaines ; il facilite l'intégration économique africaine.

La méthodologie utilisée dans cette communication se basera sur l'expérience d'une trentaine d'entrepreneurs congolais ayant enfin compris qu'il était possible de se regrouper pour constituer une société anonyme dans le secteur des transports. L'auteur de la communication, un entrepreneur, est partie prenante de cette expérience inédite et innovante. Cette expérience pourra être extrapolée à l'échelle africaine afin d'examiner de façon approfondie les avantages qu'elle renferme et la contribution qu'elle est en mesure d'apporter au développement du panafricanisme.

Pour montrer l'intérêt dans le contexte de mondialisation de l'entrepreneuriat vu sous l'angle collectif, nous allons dans la suite de cette communication, d'une part évoquer, à la faveur des différentes lectures, la situation de l'Afrique dans la dynamique actuelle, et d'autre part, présenter la trame de la création d'une société fondée sur un entrepreneuriat de groupe, en tant que signe fort du développement.

## Mondialisation et panafricanisme

La mondialisation entraîne une intégration des échanges et des marchés. Le problème est de savoir comment les pays en développement interviennent-ils dans ce processus. Des études montrent (FMI 2000) que certains pays s'intègrent à l'économie mondiale plus rapidement que d'autres. Il s'agit principalement des pays de l'Asie de l'Est qui figuraient parmi les plus pauvres de la planète il y a bientôt un demi-siècle. En revanche, en Afrique, dans nombre des pays, les politiques sont restées tournées vers l'intérieur ce qui a aggravé la régression.

L'intégration de l'Afrique à l'économie mondiale est évidemment beaucoup moins avancée que celle d'autres régions (Ouattara 1998 ; FMI 2000). L'Afrique se présente ainsi à l'écart de cette nouvelle dynamique mondiale (Hugon 2001), prise dans des trappes à pauvreté conduisant à une marginalisation. Celle-ci est nettement visible au niveau des flux commerciaux, technologiques et financiers. Les exportations depuis 40 ans sont toujours dominées par les produits primaires (90%). La position de l'Afrique dans le marché mondial est passée de 2,4% en 1970 à 1% en 2000. Le revenu moyen, à 14% du revenu des pays développés il y a trente ans, se situe aujourd'hui à 7%. L'ampleur des déficits publics, le poids des créances, l'inadaptation des institutions renforcent le dysfonctionnement du système financier, la faiblesse des recettes fiscales…

Dans la recherche des moyens d'expression d'un rôle plus participatif de l'Afrique, de nombreuses pistes sont avancées qui touchent pour la plupart à la gouvernance des États et la sécurisation des investissements. Mais il demeure que l'Afrique doit avant tout définir la place qu'elle entend donner à l'économie. L'histoire du panafricanisme qui fonde par la suite l'organisation de l'unité africaine, montre bien que l'idée de l'union africaine bute sur les considérations politiques de souveraineté et d'intégrité territoriale de chaque État (Ndongo Aboukari 2001).

Pourtant, l'OUA n'a pas manqué d'objectifs économiques, comme indiqué à l'article 2 alinéa 3b de la chatre, « un des objectifs de l'organisation est de coordonner et d'intensifier la coopération entre États africains ainsi que leurs efforts pour offrir de meilleures conditions d'existence aux peuples d'Afrique ».

Mais force est de constater que dans le domaine de la coopération économique, les résultats ne sont guère élogieux, alors que ce devrait être le seul domaine qui compte pour l'Afrique. Dans nombre de situations, la faiblesse de l'Organisation de l'unité africaine est notoire. Aujourd'hui avec l'Union africaine, le rêve reprend du poil de la bête. Si l'OUA a réussi dans l'organisation des sommets qui ont permis aux dirigeants africains de se rencontrer et de se parler, en revanche, elle a présenté d'énormes faiblesses dans le développement et la coopération économique et partant à l'ouverture du continent sur le monde extérieur par la promotion d'une coopération à l'échelle internationale juste et équitable.

L'Union africaine vient pallier cette énorme limite dans un contexte mondial dominé par l'intégration des marchés internationaux. Conçue sans aucun doute par ses promoteurs comme une réponse à la mondialisation, face à une marginalisation croissante du continent africain, l'Union africaine s'inscrit, par le sommet tenu à Lomé en juin 2000, dans une innovation profonde qui touche entre autres à la mise en place des institutions financières (dont une banque centrale africaine, un fonds monétaire africain, et une banque africaine d'investissement) et un conseil économique, social et culturel. Il est pensable alors qu'elle va pouvoir enfin capitaliser les immenses atouts naturels dont l'Afrique dispose.

## Une démarche fédératrice

Il est sans conteste que la mondialisation provoque une plus grande compétitivité des intervenants. Les entrepreneurs qui ne devraient plus rencontrer des barrières institutionnelles, ont aujourd'hui du fait de la mondialisation un marché plus vaste à intéresser et donc plus exigeant. La mondialisation signifie la soumission de la production nationale à la concurrence internationale, ce qui est reconnu comme étant un facteur essentiel d'innovation, de créativité et de progrès économique.

Dans un tel contexte, l'entrepreneur individuel a moins d'atouts pour résister à la concurrence des produits étrangers. Or dans nombre d'États africains, la dominante est celle des entreprises individuelles. Les États ont pensé au sortir des indépendances s'approprier les secteurs économiques qu'ils ont qualifiés de stratégiques (ressources du sol et du sous-sol, énergie, télécommunications…).

Dans ce troisième point, nous allons montrer qu'il est possible de développer une alternative à la forme actuellement dominante de l'entrepreneuriat national, caractérisée par les entreprises individuelles. Ces dernières présentent des limites énormes

dans leur développement et ne peuvent servir de moteur au renforcement des économies régionales dans un contexte de mondialisation.

En revanche, l'entrepreneuriat de groupe lorsqu'il est compris au niveau national,
est en mesure de se développer au-delà des frontières pour mieux intégrer les ressources et les marchés régionaux et constituer inéluctablement une force de positionne-
ment mondial.

Mais il faut indiquer que l'importante présence des entrepreneurs individuels est
due aux grandes barrières que l'entrepreneuriat collectif devra surmonter, notamment les barrières institutionnelles et psychologiques. Par ailleurs pour voir éclore
réellement l'alternative entrepreneuriat de groupe, il faut non seulement des projets
fédérateurs, mais surtout une capacité organisationnelle qui sache impliquer les parties prenantes, gage de la réussite.

### Les obstacles à surmonter

Les obstacles à surmonter pour bâtir un entrepreneuriat sociétaire et efficace dans un
contexte dominé par l'individualisme dans les affaires et la culture patrimoniale sont
principalement d'ordre institutionnel et psychologique.

Sur le plan institutionnel, la faiblesse de la réglementation et l'environnement financier non propice doivent disparaître pour laisser la place à un cadre permissif et
opérationnel des affaires. À ce niveau, le rôle de l'État est crucial car plusieurs auteurs
(Barbier 1993 ; Ponson 1995 ; Labazée 2000) montrent comment l'État en Afrique
n'est pas une institution qui favorise la création des entreprises privées. Il l'est encore
moins lorsque l'entrepreneur individuel se regroupe avec d'autres pour constituer un
entrepreneuriat de groupe. L'État s'avère être un appareil dont se servent les hommes
politiques pour capturer la rente et se répartir tout surplus économique, le marché
n'étant pas un espace propice pour cela. Or, à l'image de l'État asiatique qui met les
ressources publiques au service du secteur privé afin de l'aider à croître, l'État africain
doit cesser d'utiliser les ressources publiques pour assurer sa propre « croissance » et
empêcher le développement de l'entrepreneuriat privé.

L'appareil judiciaire chargé de garantir la sécurité des investissements devra jouer
son rôle qui est de protéger les investisseurs face à leurs débiteurs et permettre le
recouvrement des créances. C'est capital pour susciter la création des grandes sociétés
anonymes quand on sait que ces dernières, comme sociétés de capitaux, regroupent
d'importantes ressources, font des opérations de grande envergure. Elles doivent s'assurer que les institutions existantes les protègent et les aident à effectuer dans les
conditions viables leurs transactions et à faire respecter à l'égard des tiers les divers
contrats.

La mise en place des marchés financiers régionaux est une solution qui vient combler un vide que ne pouvait couvrir le secteur bancaire qui est lui-même défaillant, par
conséquent n'offrant aucun appui significatif.

Sur le plan psychologique, l'entrepreneuriat collectif qui s'inscrit dans le cadre de
la société anonyme procède avant tout d'une approche culturelle fondée sur le principe
d'association. Il faut être plusieurs pour entreprendre afin d'assurer une viabilité

économique des activités menées, réduire le risque, se mobiliser individuellement au bénéfice d'une démarche collective et d'une plus-value partagée, diversifier et accroître le capital-social. Ces finalités largement admises dans les économies occidentales, rencontrent bien des difficultés dans le cadre congolais.

Nombre d'études montrent effectivement que les entreprises se créent, mais toutes ne connaissent pas le même succès. Bruyat (1999) montre bien que la réussite ou la survie d'une entreprise dépend non seulement de la valeur du projet de départ, mais aussi des aptitudes de l'entrepreneur à s'adapter aux évolutions de son environnement.

Comme quoi, la personne de l'entrepreneur est capitale dans la manifestation de l'entrepreneuriat de groupe. Daval, Deschamps et Geindre (1999), en présentant les différentes typologies d'entrepreneurs, montrent que ceux-ci ne sont guères homogènes. Ils se distinguent selon leur background, leurs styles de management et leurs motivations.

En Afrique, l'histoire de l'individu est une donnée qui ne favorise pas l'entrepreneuriat de groupe. Les membres d'un groupement à but lucratif ne se mettent pas ensemble uniquement sur la base des dividendes à se partager ; des facteurs relevant du cadre primaire interfèrent puissamment dans la constitution des associations. L'on voudrait bien savoir qui est qui, tant sur le plan ethnique, que régional, voire religieux et/ou politique.

Les relations communautaires jouent énormément à l'inverse du capital-relations que développent Boutillier et Uzunidis (1999). Au lieu de favoriser le futur groupement, la famille pousse l'individu au repli sur soi. L'entrepreneur devient l'otage de son clan dans ses initiatives surtout économiques, attitude dans laquelle il se complaît parfois. Le nombre important des déclarations d'entreprises individuelles montre effectivement que la culture de l'entrepreneuriat de groupe a encore du chemin à faire.

Outre le poids familial, un autre facteur qui freine l'entrepreneuriat de groupe est l'esprit patrimonial qui s'oppose au partage du risque.

L'investisseur africain veut contrôler seul son affaire. Il n'est pas question d'en partager la notoriété. La survie des activités ne tient qu'au développement de l'informel quasi délictueux. La confusion est à son comble entre les biens de l'entreprise et ceux du propriétaire. L'accaparement individuel du bénéfice est aussi un trait qui caractérise le besoin de l'entrepreneuriat individuel.

Enfin, comme paradoxe, la crainte de s'associer relève du manque de confiance réciproque. C'est à ce niveau que la mesure du risque prend réellement corps. La crainte de perdre son argent en s'associant dans une affaire avec une tierce personne que l'on ne « maîtrise » pas est légitime.

Concevoir une société anonyme dans un tel cadre, constituée uniquement de nationaux est sans aucun doute une gageure. Pourtant d'autres l'ont bien compris. C'est l'exemple de l'industriel américain Carnegie qui a réussi en sachant s'entourer de personnes qualifiées ou Bill Gates qui, ayant commencé en ne s'associant qu'avec ses amis, a compris que le développement de ses affaires passait obligatoirement par la mise en œuvre plus efficiente du capital-connaissances et du capital-relations. En effet, l'aventure entrepreneuriale ne réussit que lorsqu'on comprend l'entreprise comme un espace de rencontres et de valorisation de capitaux, d'idées et de connaissances diverses, scientifiques et techniques, dans le but de réaliser un bien ou un service destiné à être vendu sur un marché (Boutillier et Uzunidis 1999).

## Mise en œuvre d'un entrepreneuriat de groupe : cas de la création de la Société congolaise des transports SA (SCOT SA)

L'expérience et l'histoire montrent que la réussite économique ne tient pas seulement des qualités individuelles. C'est une aventure collective et multiforme : moyens financiers, marchés, goûts et solvabilité des consommateurs, infrastructures technologiques, subventions de l'État... La compréhension de la réussite de la SCOT SA illustrant l'aboutissement de cette aventure, tient à celle de la démarche qui a été mise en œuvre pour y parvenir.

Il faut d'avance souligner que cette démarche loin d'avoir été pensée de façon finie au préalable, s'est élaborée au fil du temps, au fur et à mesure que le projet prenait corps. Ceci est une donnée capitale pour saisir le processus de création de la société, processus qui est à la base de profondes mutations des acteurs, mais aussi du projet initial (Bruyat 1999).

Il s'agit de montrer le processus complet de la création de la SCOT SA à travers les actions qui ont été menées, et qui peuvent être qualifiées d'innovantes, d'autant plus qu'ils s'agit d'un cas inédit au Congo. Ce sont ces actions qui ont pu lever les différents obstacles précédemment développés.

Les éléments de recherche qui fondent le caractère innovant de la SCOT SA comme exemple d'entrepreneuriat de groupe sont à emprunter à Asquin, Polge et Reynaud (1999). Pour eux, les concepts de ressources et de compétences ne suffisent pas à expliquer pourquoi la différenciation de projets *a priori* semblables se fait dès la création. Cela est vrai pour la SCOT SA. Car pour réussir à rassembler 27 actionnaires de souche complètement dispersée, il faut nécessairement adjoindre aux concepts qui précèdent celui de la capacité organisationnelle : entreprendre ce n'est pas mettre une innovation sur le marché, c'est surtout mettre en place une organisation, un système capable de développer des ressources.

Les deux points qui suivent montrent dans le cas de la SCOT SA que l'entrepreneuriat de groupe réussit s'il se dote des espaces d'interaction, donc d'apprentissage. Une société à travers le collectif qu'elle mobilise dispose d'une capacité d'absorption qui ne dépend pas d'un individu mais des liens entre une mosaïque de compétences individuelles (Asquin 1999).

### La mise en forme de l'idée

L'idée en soit de mener une activité de transport fluvial n'est pas innovante ; c'est un besoin réel des riverains du fleuve Congo qui empruntent ce cours d'eau pour voyager et transporter leurs marchandises.

Sur plus de 1000 km, le fleuve Congo, deuxième au monde pour son débit et sa taille après l'Amazonie, est un moyen naturel de transport (navigation) pour plus du tiers de la population congolaise qui habitent et mènent des activités économiques dans le nord du pays. À cela s'ajoute le marché constitué par le trafic des marchandises de pays frontaliers enclavés comme la République centrafricaine et le Tchad.

Avec la faillite de la société d'État, l'ex Agence transcongolaise de communication (ATC), le transport fluvial sur le fleuve Congo connaît des difficultés plus grandes. En terme de projection, selon diverses données, le chiffre d'affaires pour une entreprise disposant d'un équipement adéquat et fonctionnant correctement s'élève a plus d'un milliard et demi de francs CFA, soit plus de deux millions d'Euros annuellement.

Le problème pour les initiateurs de la SCOT SA était celui de trouver comment rendre réalisable une telle idée. Ils avaient tous conscience qu'un individu seul ne connaîtrait pas de succès, au regard de la qualité des prestations des quelques rares armateurs nationaux qui sont présents sur le marché depuis la suppression du monopole de l'ATC, à la fin des années 80. Organisés en structures familiales, ces opérateurs n'apportent pas la satisfaction attendue par les usagers.

En effet, le transport fluvial exige des capitaux énormes pour l'acquisition et la mise en exploitation des unités fluviales. Il nécessite aussi une expertise élevée dans l'exercice de la profession d'armateur. Individuellement, ces deux contraintes ne sont pas aisées à lever vu la situation actuelle de l'offre sur le marché.

Pour résoudre ces deux problèmes, les initiateurs ont compris qu'il fallait qu'ils s'associent, à la fois pour apporter le capital nécessaire, et bénéficier d'une dynamique de groupe dans le cadre du savoir-faire. Mais cela n'était qu'une autre manière de poser le problème. Celui-ci en fait se pose en terme de faisabilité : pour se constituer en entrepreneurs associés, il a fallu nécessairement surmonter les obstacles psychologiques précédemment développés, touchant principalement l'esprit patrimonial et la méfiance à s'associer.

La solution a consisté à faire jouer positivement le capital-relations (Boutillier et Uzunidis 1999). La cible a ainsi porté sur les ressortissants des localités riveraines, ayant l'esprit d'entreprendre, détenant un capital-financier et un capital-connaissances, sensibles à la nature du projet (entrepreneurs socialisés, intervenant là où l'État a failli pour soutenir le tissu économique de la région).

Les premiers contacts à cet effet, ont permis de constituer autour d'un protocole d'accord, un groupe de vingt membres adhérant ainsi à l'idée du projet. Les classifications qui suivent caractérisent les membres du groupe constitué, selon les origines, par le capital-connaissances et le capital-financier.

**Tableau 1 :** Typologies des membres adhérant à l'idée du projet (%)

| 1ère classification sociologique | 18 membres 90 | Ressortissants des localités concernés par le transport fluvial |
|---|---|---|
| | 2 membres 10 | Attachés sur le plan familial et amical au 1er sous-groupe |
| 2e classification capital-connaissances | 12 membres 60 | Expérience dans la gestion des entreprises |
| | 3 membres 15 | Connaissance dans l'étude des projets |
| | 3 membres 15 | Connaissance dans le transport fluvial |
| 3e classification capital-financier | 6 membres 30 | Capital-relations avec les institutions financières et l'État |
| | 4 membres 20 | Présentant une assise financière |

Une autre classification des membres peut se baser sur la fonction actuelle des membres.

**Tableau 2 :** Classification selon les fonctions et le sexe (%)

| 4e classification fonction actuelle | 8 membres 30 | Cadres d'entreprises d'État |
|---|---|---|
| | 2 membres 10 | Professeurs d'universités |
| | 4 membres 20 | Opérateurs économiques |
| | 3 membres 15 | Cadres militaires |
| | 3 membres 15 | Cadres d'administrations publiques |
| 5e classification selon le genre | 16 membres 80 | Hommes |
| | 4 membres 20 | Femmes |

Créer une entreprise est un phénomène effectivement hétérogène (Bruyat 1999). Cette observation peut être justifiée, tant du point de vue de l'entreprise créée que de celui des créateurs. Une entreprise peut naître pour donner un emploi à son créateur (la plupart des TPE) et une autre viserait par exemple de s'installer sur un marché à fort potentiel de croissance… De même que pour les entrepreneurs, la création d'une entreprise répond diversement à leurs motivations, ressources, compétences et parcours. Ceci nous révèle d'avance que la création de la SCOT SA qui prend corps par la mise en forme de l'idée du projet, s'est opérée dans une dynamique d'interactions entre le projet et les membres, compte tenu des diversités des attentes.

La présentation qui vient d'être faite sur quelques traits des membres initiateurs du projet, suivant les différentes classifications, ne permet pas de comprendre que la mise en forme de l'idée du projet – l'évaluation de sa faisabilité – a été le premier point d'achoppement du groupe. Pour deux tiers des membres, les problèmes du transport fluvial sont fort connus, il suffit d'acquérir l'équipement nécessaire et commencer à l'exploiter. Il n'était pas question de gaspiller les ressources collectées pour une étude. Pour le tiers restant, il y avait nécessité de mener une étude de projet devant fixer les conditions d'acquisition des équipements et d'exploitation.

Manifestement, nous nous retrouvons devant deux camps opposés selon d'une part le besoin d'économie de la dépense et d'autre part, selon le besoin d'obtenir des informations devant fonder l'adhésion au projet. Bien entendu, à ce niveau, grâce à la mise en œuvre d'un capital-connaissances plus élevé sur le sujet, le second camp a su accompagner le premier dans l'apprentissage vers la conception et la validation du projet.

**Tableau 3 :** Poids des deux camps [1] selon les typologies précédentes

| Typologie | Caractéristiques | 1er camp (%) | 2e camp (%) |
|---|---|---|---|
| 1ère classification | Ressortissants des localités concernés par le transport fluvial | 70 | 30 |
| | Attachés sur le plan familial et amical au 1er sous-groupe | 0 | 100 |
| 2e classification | Expérience dans la gestion des entreprises | 40 | 60 |
| | Connaissance dans l'étude des projets | 0 | 100 |
| | Connaissance dans le transport fluvial | 80 | 20 |
| 3e classification | Capital-relations avec les institutions financières et l'État | 70 | 30 |
| | Présentant une assise financière | 80 | 20 |
| 4e classification | Cadres d'entreprises d'État | 50 | 50 |
| | Professeurs d'universités | 0 | 100 |
| | Opérateurs économiques | 100 | 0 |
| | Cadres militaires | 70 | 30 |
| | Cadres d'administrations publiques | 50 | 50 |
| 5e classification | Hommes | 70 | 30 |
| | Femmes | 0 | 100 |

(1) 1er camp : ceux qui ne veulent pas d'une étude de projet.
2e camp : ceux qui veulent d'une étude de projet.

Pour ce faire, la démarche suivante a été instituée entre les membres :

• inscription dans le protocole d'un apport de 300 000 FCFA (500 Euros) par membre pour financer l'étude ;

• appel d'offres et sélection d'un cabinet d'études ;

• clause accordant aux membres de ne pas être tenus au-delà des résultats de l'étude de projet ;

• mise en place d'une cellule de suivi de six membres, présidée par une femme (initiatrice primaire de l'idée du projet).

Les discussions menées pour la réalisation de l'étude ont entraîné la sortie volontaire de deux membres pour les raisons suivantes :

- pour le premier : autre préoccupation économique, entrepreneur individuel, manque de confiance quant au travail collectif, aversion très prononcée pour transport fluvial,
- pour le second : méfiance vis-à-vis du groupe teintée d'une forte coloration régionale, influence familiale, refus de s'associer avec les autres.

Le point d'ancrage individuel des différents membres résulte effectivement des conclusions de l'étude, à savoir : confirmation du marché, évaluation de la demande et de l'offre existantes ; détermination du coût des équipements d'exploitation à acquérir ; définition des options d'exploitation (frêt/passagers).

Ces conclusions ont permis la reconnaissance du bien-fondé de l'étude par les personnes réfractaires et une meilleure prise en compte des préoccupations des uns et des autres selon une typologie empruntée à Daval, Deschamps et Geindre (1999).

**Tableau n° 4 :** Classification selon les motivations

| Pourquoi les gens se sont-ils associés ? | Nombre (%) | Profil |
|---|---|---|
| Besoin de s'enrichir sur un marché potentiel | 20 | Entrepreneur classique |
| Connaissance du besoin du marché de transport fluvial | 30 | Entrepreneur socialisé |
| Envie d'entreprendre | 10 | Entrepreneur opportuniste Entrepreneur manager |
| Besoin de notoriété | 30 | Esprit patrimonial « C'est notre bateau » |
| Indifférent | 10 | Administrateur promoteur |

*Organisation interne de la société*

Il importe de rappeler en abordant ce point que la société anonyme n'est pas un fait habituel chez les entrepreneurs congolais. Les associés de la SCOT SA tels qu'ils apparaissent dans les différentes typologies qui précèdent, constituent un groupement tout à fait hétérogène du point de vue du capital-connaissances.

Dès lors, il est clair que la constitution de leur entreprise sous forme de société anonyme s'est faite au prix d'une transformation profonde de la mentalité, celle d'amener les membres à accepter une forme juridique nouvelle se caractérisant par une indépendance de la structure, une limitation du risque (argument plus fort), une autonomie de gestion (pour éviter les interférences), un partage des bénéfices au prorata des apports…

Le caractère innovant du cas de la SCOT SA comme un exemple d'entrepreneuriat collectif, tient incontestablement dans la mise en œuvre de ses capacités organisation-nelles. La société est avant tout une organisation qu'il faut mettre en place et qui est à la source de la réussite ou de l'échec des objectifs. C'est bien la force de cette compré-hension qui a permis de fonder l'organisation interne de la SCOT SA en tant que société anonyme avec un président du conseil d'administration en se basant sur les textes de l'OHADA, au lieu d'un président directeur général, comme c'est le cas géné-ralement dans les entreprises d'État.

Pour comprendre la démarche qui a conduit à la mise en place du conseil d'admi-nistration, il faut s'en référer à la typologie que présentent Boutillier et Uzunidis (1999) fondée sur le capital-social. Le choix a en effet été édicté par le souci de doter la société d'un organe efficient permettant de résoudre à la fois les besoins de finance-ment, d'expertise et les blocages. Ainsi, les neuf administrateurs désignés se distin-guent comme suit :

**Tableau n°5 :** Classification des administrateurs selon les objectifs

| Critère de choix | Nombre | |
| --- | --- | --- |
| Capital-financier | 3 | dont : Président du conseil d'administration, Directeur général |
| Capital-connaissances | 2 | |
| Capital-relations | 4 | dont : Président du conseil d'administration, Directeur général |

Les résultats obtenus montrent que le capital-connaissances a mieux fonctionné que le capital-financier et le capital-relations. Bien au contraire, le capital-relations au ni-veau du conseil d'administration est apparu comme un handicap dans la mesure où les administrateurs retenus à cet effet du point de vue de leur implantation dans l'économie nationale, n'ont pas voulu créer des nouvelles adhésions, pensant que cela ferait trop de personnes.

En fait, cette attitude traduit la persistance à ce niveau de responsabilité de l'esprit patrimonial, se refusant à être solidairement plus nombreux dans l'affaire. *A contrario*, on peut même penser que certaines réserves de nouveaux investisseurs intéressés résultent de ce fait : ils ne veulent pas s'associer avec ceux qui sont déjà dans la so-ciété : le capital-relations joue en sens inverse.

Il ressort de l'organisation interne de la SCOT SA, que le capital-social n'est pas une donnée globale en soi, il diffère évidemment selon les individus. Le capital-finan-cier et le capital-relations sont des données susceptibles de se heurter aux blocages psychologiques des individus, alors que le capital-connaissances se met effectivement en œuvre en se renouvelant devant chaque problème. Il constitue donc la forme du capital social la plus innovante.

## En guise de conclusion

Il est pensable à l'exemple de l'illustration de la SCOT SA, qu'une telle démarche puisse être mise en œuvre entre plusieurs opérateurs africains. L'Union africaine a sans aucun doute à gagner en créant les conditions d'exercice au-delà des frontières des pays d'un entrepreneuriat de type collectif. Cela signifie que les limites qui sont encore nettement perceptibles en terme de libre circulation des biens, des personnes et des idées, et d'exercice des activités entre pays africains, doivent s'effacer devant des volontés politiques ancrées sur la force des grands groupements.

## Références

Asquin A., Polge M. et Reynaud E., 1999, *L'entrepreneur créateur de ressources ? Une contribution empirique*, Lille.

Barbier, J.P., 1993, « L'industrialisation de l'Afrique, mythes d'hier, pari réaliste pour demain ? », in Michaïlof S. (sous la direction de) *La France et l'Afrique, vade-mecum pour un nouveau voyage*, chapitre 9, Karthala, Paris.

Boutillier S. et Uzunidis, D., 1999, *Entrepreneur, esprit d'entreprise et économie : un enseignement (supérieur) basé sur la triptyque structures-comportements-performances*, Lille, France.

Bruyat, C., 1999, *Une démarche stratégique pour aider le créateur d'entreprise à évaluer la faisabilité de son projet*, Actes du premier congrès de l'académie de l'entrepreneuriat, Lille.

Daval H., Deschamps B. et Geindre S. 1999, *Proposition d'une grille de lecture des typologies d'entrepreneurs*, Lille.

Fauré, A. Labazée, 2000 (sous la direction de), *Petits patrons africains, entre marché et assistance*, Karthala, Paris.

FMI, 2000, *La mondialisation : faut-il s'en réjouir ou la redouter ?* Services FMI.

Hugon, P., 2001, *Entre marginalisation et mondialisation*, Paris, Découverte.

Mouko, F., 2003, *Entrepreneuriat et innovation : le cas de la société anonyme « la Congolaise des transports SA »*, Rouen.

Ndongo Aboukari, Sidi, 2001, *Quelle voie africaine de l'union ?*, Académie européenne, Bruxelles.

OHADA, 1999, *Traité et actes uniformes commentés et annotés*, Juriscope, Bénin.

Ouatara, A., 1998, *Mondialisation et développement de l'Afrique*, Paris ADAPes et CFCE.

Ponson, B., 1995, « Entrepreneurs africains et asiatiques, quelques comparaisons », in *Entreprises et entrepreneurs africains* (Ellis et Fauré, sous la direction de), chapitre 7, Paris, Karthala.

# 8

## Refonder l'idéal panafricaniste à l'aune de l'intellectualité symbolique de la musique

### Léon Tsambu Bulu

### Introduction

Le panafricanisme, tel que rêvé par ses grands inspirateurs, programmé et mis en place par ses pères fondateurs, n'a pas produit les fruits escomptés. Outre les ingérences impérialistes, l'adhésion optimale au projet et la solidarité entre les États membres ont subi des soubresauts identitaires, nationalistes, régionalistes étriqués au point que un siècle après la première conférence panafricaine (organisée à Londres en 1900 par Sylvester Williams), le panafricanisme est resté à l'état d'enfançon.

L'on conviendrait aisément que les tares originelles du panafricanisme résulteraient du fait que le mouvement « est né hors des limites géographiques du continent noir » à partir d'une « simple manifestation de solidarité entre Noirs d'ascendance africaine transplantés aux Antilles ou en Amérique du Nord » (Decraene 1974:465). À cela s'ajouterait « la diversité des aspects d'un courant de pensée qui ne se développa sur les rives du golfe de Guinée qu'au cours des dix dernières années qui suivirent la Seconde Guerre mondiale » (Decraene 1974:466). Or quoiqu'il en soit, il n'est pas excusable qu'après mûrissement et mise en route du projet d'Henry Sylvester Williams, Booker T. Washington, W.E. Burghart Du Bois, Marcus Aurelus Garvey, et Jean Price-Mars, pour son expression culturelle, le panafricanisme africain, mis en place par l'Organisation de l'unité africaine (OUA) dès le 28 mai 1963 à Addis-Abeba, n'accomplisse toujours pas sa vocation fédératrice des consciences politiques, économiques, sociales, culturelles et idéologiques des États africains.

La création à Lusaka de l'Union africaine (UA) en juillet 2001, au cours du trente-septième et dernier sommet de l'OUA, corrobore nos propos sur la faillite du panafricanisme qu'il est impératif de réactualiser à l'aune de l'expression musicale africaine engagée afin qu'il assume son historicité. Tel est le fondement de notre réflexion tant il est vrai que la fonction politique de la musique était déjà soulignée par les Anciens dont Polybe pour qui « la musique était nécessaire pour adoucir les mœurs (…) » ; et « Platon [qui] ne craint point de dire que l'on ne peut faire de changement dans la musique qui n'en soit pas un dans la constitution de l'État », rapporte Montesquieu (Lange 1986:16). C'est dans la même logique que Thalès, cité par Sylvain Bemba (1984:16) affirme : « Les faiseurs de chansons sont plus forts que les faiseurs de lois ».

Quelles sont les causes de l'échec du panafricanisme sur le sol africain ? Comment s'exprime et agit l'intellectualité de la musique africaine sur la thématique géopolitique du panafricanisme ? Quelle alternative la musique de variétés africaine offre-t-elle au projet panafricaniste d'Addis-Abeba dans le contexte actuel de la mondialisation?

C'est à partir de ces questionnements que nous allons bâtir notre réflexion qui, loin de dresser le bilan du nouveau panafricanisme tel que prôné par l'UA, voudrait se présenter comme alternative devant l'échec de l'ancien panafricanisme et se dresser comme balise au décollage du nouveau. À ce titre, nous allons d'abord faire l'autopsie de plus ou moins un demi-siècle de panafricanisme sur le sol africain, ensuite faire l'éloge de l'intellectualité symbolique de la musique en soi et en rapport avec le fait social panafricain. En guise de conclusion, nous dégagerons la pertinence théorique qu'il y a à reformuler le projet panafricaniste sur le modèle du discours et des actes sociomusicaux engagés.

## Autopsie du panafricanisme

Les obstacles au plein épanouissement du panafricanisme sont liés aux formes idéologiques contradictoires du mouvement qui ont alors occasionné son échec dans la pratique.

### *Nature du panafricanisme*

Ludo Martens distingue une nature idéologique bâtarde du panafricanisme. Cet hybridisme idéologique se dégage à travers les différentes formes de manifestations du panafricanisme qui ont divisé plutôt que uni l'Afrique. Ainsi distingue t-il :

a) Le panafricanisme réactionnaire d'inspiration coloniale : au Congo belge, c'est l'initiative catholique coloniale dans le but de préparer des cadres postcoloniaux pro-impérialistes comme Joseph Ileo, Monseigneur Malula. Houphouët-Boigny en Côte d'Ivoire, Fulbert Youlou au Congo-Brazza, etc. comptent parmi les figures de proue de ce mouvement. Dans *J'accuse la Chine* (1996), Youlou écrit : « L'unité africaine n'est réalisable que dans l'adhésion du continent noir au bloc occidental ». « Je me bats pour que le Marché commun soit étendu à tout le continent africain ». « Il faut 'associer la défense de l'Afrique à celle du Monde libre' en élargissant 'la zone couverte par l'OTAN' » (Martens 1994).

b) Le panafricanisme de la petite bourgeoisie : essentiellement nationaliste, c'est le rêve « d'une Afrique politiquement indépendante et unie mais refusant de rompre avec le marché capitaliste mondial et donc avec l'impérialisme » (Martens 1994).

Le panafricanisme petit bourgeois se présente comme une révolution à mi-chemin car il veut démanteler les bases de l'oppression politique du continent noir tout en maintenant les « racines économiques de la domination impérialiste ». W.E.B. Du Bois, George Padmore, Kwame Nkrumah et Sékou Touré sont les maîtres-penseurs de cette philosophie. En mars 1963, Sékou Touré fit cette déclaration, rapporte Martens qui cite Ameillon : « Nous n'avons pas dit 'Non' à la France ni à De Gaulle. Au contraire, nous voulions sitôt notre indépendance acquise et garantie, signer des accords d'association prévus par la Constitution française ».

c) Le panafricanisme de la grande bourgeoisie : né de l'expansion du capitalisme financier international, il est motivé par le souci de la bourgeoisie africaine d'avoir sous la main des marchés plus vastes. Mais au fond, comme le soutiennent Ba Abdoul, Bruno Koffi et Sahli Fethi, loin d'être un prélude au marché commun africain afin de réaliser « l'intégration économique, culturelle et sociale de notre continent » (Acte final de Lagos 1980), « le panafricanisme de la grande bourgeoisie africaine n'est qu'une facette du mondialisme du capital. Les multinationales sont la force dirigeante du panafricanisme bourgeois. Ainsi, les dernières venues des puissances néocoloniales en Afrique, l'Allemagne et le Japon, qui doivent supplanter la concurrence anglo-américaine et française, présentent des projets «panafricains», des travaux d'infrastructures pouvant lier la Méditerranée au Cap et l'Afrique de l'Ouest à la côte est. Dans leurs revues, pour « vendre » ces projets, ils publient même des articles sur les travaux de Cheikh Anta Diop... » (Martens : 1994)

d) Enfin, le panafricanisme du prolétariat africain : le seul révolutionnaire, agissant dans les années soixante à travers l'œuvre et la pratique de Pierre Mulele au Congo-Kinshasa, d'Osende Afana au Cameroun, d'Amilcar Cabral en Guinée-Bissau et à travers les derniers ouvrages de Nkrumah.

Il se veut une application sur le terrain africain « de l'unité de pensée et d'action du prolétariat mondial, représenté par le mouvement communiste international ». Inspiré par la révolution chinoise et cubaine, ce panafricanisme marxiste-léniniste « a été forgé à travers une pratique commune basée sur la mobilisation politique des masses ouvrières et paysannes et sur la lutte armée. Au début des années soixante, des cadres révolutionnaires du Congo-Brazza, du MPLA, de l'UPC camerounais et du mouvement muléliste se sont entraidés pour la formation militaire et politique dans des camps au Congo-Brazza » (Martens 1994).

Dans son article publié dans *Le Monde diplomatique* (2002) et disponible aussi en ligne (www.monde.diplomatique.fr/), Mwayila Tshiyembe, Directeur de l'Institut panafricain de géopolitique de Nancy, distingue à son tour deux formes de panafricanisme :

i) Le panafricanisme maximaliste : il se constitue en stratégie de substitution à la géopolitique coloniale qui a balkanisé l'Afrique « en mosaïque de zones d'influence européenne ». Sous la houlette de Nkrumah, ce projet décolonisateur et des États-Unis d'Afrique (politiquement, économiquement et militairement) fédère en janvier

1961 les adhésions des membres du groupe de Casablanca (Ghana, Égypte, Maroc, Tunisie, Éthiopie, Libye, Soudan, Guinée-Conakry, Mali, et le Gouvernement provisoire de la République algérienne). Mais elle bute sur les intérêts impérialistes des anciennes puissances coloniales que ni la Seconde Guerre mondiale, ni le nouveau leadership américano-soviétique, encore moins la politique décolonisatrice des Nations Unies n'ont affaiblis. Et les espoirs fondés sur le soutien du camp progressiste (Union soviétique, Chine…) et sur le triomphe des libertés individuelles et du droit à l'autodétermination chers aux États-Unis se sont évanouis dans le soutien verbal de Moscou et dans la solidarité de Washington avec les puissances alliées « au nom d'un principe de 'containment' destiné à stopper l'expansion communiste dans le monde ».

ii) Le panafricanisme minimaliste : c'est un panafricanisme nationaliste « basé sur le droit inaliénable de chaque État à une existence indépendante » et dont le mot d'ordre reste « l'intangibilité des frontières héritées de la colonisation ». Le groupe de Monrovia, à partir de mai 1961, avec en tête l'Ivoirien Houphouët-Boigny et le Sénégalais Sédar Senghor, va proclamer des valeurs cardinales liées au respect de la souveraineté nationale et à la non-immixion dans les affaires intérieures des États.

## Échec du panafricanisme

Comme le conclut si bien Mwayila, c'est sur fond de cette divergence idéologique sur le panafricanisme que naît en 1963 l'OUA, dont le bilan est

> globalement négatif au regard des objectifs prévus, notamment à l'article 2 de sa charte fondatrice : le renforcement de la solidarité entre États et de la coordination a buté sur l'échec du plan de Lagos (1980) et de la Communauté économique africaine (1991) ; la défense de la souveraineté, de l'intégrité territoriale et de l'indépendance des États membres a été contrecarrée par l'incapacité à régler les conflits du Liberia, de Somalie, de Sierra Leone, du Rwanda, du Burundi, et de la République démocratique du Congo (*Le Monde* 2002 ).

En outre, sur le plan économique, à la crise financière qui frappait l'ancienne institution panafricaine s'associait l'inégal niveau de développement entre les États membres : ce qui expliquait « bien des antagonismes politiques ou des réactions épidermiques », selon Decraene (1974:467). Ce dernier met en exergue d'autres obstacles internes et externes qui ont bloqué l'avenir du panafricanisme, à savoir le nationalisme ostentatoire des jeunes États qui craignaient de diluer leur souveraineté dans les grands ensembles ; les particularismes tribaux à même de provoquer des conflits armés ; l'opposition de chefs traditionnels motivée par des appréhensions sur la perte de leur autorité au sein des vastes ensembles politiques ; les querelles de leadership entre les poids lourds de la politique africaine ; le poids de minorités blanches en Afrique australe (avant le démantèlement de l'apartheid et l'indépendance du Zimbabwe).

Dans le même ordre d'idées, Zorgbibe (1986:69) soutient que la vassalisation de beaucoup d'États africains par les puissances étrangères, notamment pour des raisons sécuritaires, conduit à des alliances avec ces dernières, sans omettre les accords régionaux de non-agression ou de défense. Zorgbibe (1986:65) relève un deuxième obstacle, d'ordre politicoculturel, au projet panafricain. Il est né de l'héritage colonial pour se transmuer en un système diplomatique africain extraverti : « Dakar et Abidjan sont, culturellement et technologiquement, plus proches de Paris que du Caire, Lusaka et Nairobi plus proches de Londres que de Rabat ». Le pluralisme « sous-régional » entraînait aussi la fragilité de l'OUA composée d'États francophones, anglophones, arabophones et lusophones. Ce qui sous-entend des allégeances à d'anciennes puissances coloniales ou à des idéologies religieuses.

> Tel est le bilan de l'OUA qui devint selon le XVIIᵉ Congrès de la Fédération des étudiants d'Afrique noire en France, un syndicat de chefs d'État dirigé contre les peuples et qui, alors qu'elle était née du besoin profond de libération nationale en Afrique, se mit plutôt à freiner manifestement l'essor du mouvement de libération nationale, et s'avéra incapable de résoudre les problèmes du continent (Zorgibibe 1986:68).

Bilan pas totalement négatif, car malgré son impuissance devant les conflits des Grands Lacs par exemple, l'OUA « a pu, par ses bons offices, régler, au moins provisoirement, les conflits frontaliers algéro-marocain, somalo-éthiopien, somalo-kenyan ainsi que le conflit né entre le Ghana et la Guinée après la chute du président Nkrumah » (Zorgibibe 1986:67).

## Musique populaire, intellectualité symbolique et panafricanisme

### Éloge de l'intellectualité symbolique de la musique populaire

La musique, à travers la combinaison de sons, de mots, de gestes chorégraphiques… reste une expression holistique. Prise sous la dimension communicationnelle, la musique mobilise l'esprit et la raison au point de se constituer en une activité intellectuelle dont le but peut consister à transmettre un message capable de divertir, d'instruire, d'éveiller ou d'endormir les consciences d'un auditoire, d'un peuple, d'une nation ou d'un continent.

> L'harmonisation des sons devient, selon mon avis, le premier message imprégné de raison qui pénètre chez une personne humaine, avant même la parole. C'est peut-être pour cela que la musique, plus que toute autre expression, rejoint si profondément l'être humain dans sa totalité, dans son unité. La musique s'adresse à notre être concret, à notre être matière et esprit (Lévesque 2003:17).

> La musique, particulièrement à travers la chanson, comme art populaire de nos centres urbains, est l'expression de l'âme d'un peuple et d'une époque. Partant de l'expression quotidienne des faits sociaux, politiques, économiques, culturels, idéologiques de la Cité, elle s'adresse à la psychologie des masses. Et « plus qu'ailleurs peut-être, la chanson est en France un véritable genre littéraire, voire rhétorique. La popularité dont ont bénéficié pour leurs vers, auprès des intellectuels et des

écrivains de leur temps, un Béranger, au XIX è siècle, ou un Brassens, au XXè, est inimaginable ailleurs (Saka 1998:1).

Ainsi, la musique (même populaire) procède-t-elle de l'intellectualité. « Sans doute P. Bourdieu et J.-C. Passeron ont établi que (…) ceux qui participent, peu ou beaucoup, à l'intellectualité, ceux qui sont reconnus comme tels appartiennent à la catégorie des 'héritiers' » (Chatelet 2003). Or une telle délimitation enferme le concept d'« intellectuel » dans une tour d'ivoire, alors que

pour être intellectuel, il faut, plus qu'une implantation, une motivation, plus ou moins consciente ; et, bien sûr, cette motivation trouve son sol dans une culture acquise ; toutefois c'est là une condition nécessaire, mais non suffisante (Chatelet 2003).

Au sujet de l'acquisition de la culture, l'école ou l'université constituant encore le lieu de formation des connaissances, du savoir, en partie aujourd'hui des savoir-faire. La ' profession ' est aussi un point d'amarrage essentiel pour cerner la question des intellectuels. Les professions dites jadis « intellectuelles» ne sont plus seulement des catégories socioprofessionnelles (enseignants, hauts fonctionnaires, avocats, juges, médecins, ingénieurs, etc.) mais pensent se retrouver comme en surpression dans une ' intellectualité ' d'origine et de fonction. C'est un des aspects intéressants de l'évolution de la formation sociale dans les dernières décennies. Tous les médecins ne sont pas des intellectuels (Morel 1997).

À ce titre, les chanteurs ou les musiciens, loin d'être des « professionnels de l'intellect », des radicalistes du savoir, ne méritent pas moins le statut d'« intellectuels» dès lors qu'ils font preuve de culture, classique ou acquise sur le tas, d'engagement social, de production sociale par un travail d'abstraction et de symbolisation du réel à partir des matériaux sonore, verbal, gestuel, visuel, imagier, afin de transmettre un message intelligible ou critique à une masse infinie d'auditeurs, de téléspectateurs virtuels ou réels.

Et comme il n'appartient pas au seul « intellectuel officiel » « d'avoir le monopole de la production du discours sur le monde social, d'être engagé dans un espace de jeu, l'espace politique, qui a sa logique, dans lequel sont investis des intérêts d'un type particulier » (Bourdieu 1993:65), le chanteur est autant un intellectuel pouvant aussi prétendre à jouer « l'instituteur et l'avocat de la liberté politique, des droits de la personne, l'architecte d'une société transparente où coïncide (sic) pleinement l'individu et le citoyen. Sans doute, tel ou tel aspect l'emporte, en fonction de la conjoncture (...) » (Chatelet 2003). Au travers donc de son art, le « musicien peut présenter, de façon dynamique, engageante, stimulante des valeurs qui peuvent motiver l'homme à formuler un projet de société dans lequel il pourra développer la plupart de ses potentialités » (Lévesque 2003:160).

Sur le même registre de l'engagement politique, Bernard Henry Lévy affirme que « les intellectuels sont le pivot de la démocratie » (Henry 1989). Ce qui, selon Chatelet, dressera l'intellectuel actif contre le pouvoir pour ne jamais prendre parti en restant un politique hors du politique. Car l'inféodation à une organisation politique [impliquerait] nécessairement un préjugé, un pré-jugement restreignant la liberté circonstancielle d'appréciation ». « La raison en est que l'intellectuel est par essence contre le pouvoir, c'est-à-dire contre une société qui se refuse à la transparence et à la vérité, alors qu'elle affirme tranquillement que ce sont là ses principes fondamentaux. Ainsi l'action de l'intellectuel est de démystification : il s'agit, pour lui, d'évaluer, de mettre en évidence le décalage existant entre les valeurs reconnues pour décisives par la « société globale » – c'est-à-dire par l'ordre dominant – et leur réalisation juridique, administrative et sociale. Il s'agit de développer, par la parole et par l'écrit, une critique de la réalité existante et cela au nom de la liberté » (Chatelet 2003).

Par rapport à tout ce qui précède, le titre d'«intellectuel» se fixe alors, avec une signification idéologique et un sens sociologique. (…) Si l'on parle des intellectuels uniquement en termes politiques et idéologiques, le risque existe de se cantonner à une couche relativement superficielle de ce qu'on pourrait appeler dans cette optique l'intelligentsia (Morel 1997).

Au sens idéologique comme au sens sociologique, il existe une pratique intellectuelle dans la profession de la chanson, à travers la représentation littéraire et artistique de la réalité sociale, en travaillant avec les mots, avec l'écrit (texte de chansons dans le livret de CD), avec l'image (photos de livret ou de pochette, vidéoclips), en symbolisant le réel par ces différents langages, et ce dans un rapport de type analogique ou métaphorique. L'engagement social ou politique par la chanson est une évidence. Il existe des chansons à thématique évasive, ludique et d'autres à thématique sociale, politique qui dévoilent et dénoncent l'obscurantisme du pouvoir d'État, la dictature, l'injustice, la corruption, la criminalité, la misère du peuple… C'est une intellectualité qui se cristallise par l'activité neuronale dans l'abstraction du réel et le formatage de la pensée ; qui mobilise du courage face aux risques que la diffusion de cette pensée révolutionnaire fait courir sur la vie physique de l'artiste. La vedette de la variété a plus de raisons pour jouer ce rôle en tant que leader symbolique par excellence, jouissant de la personnalité transfrontalière et cosmopolite. Elle bénéficie de plus d'audience que l'intellectuel académique au langage savant et hypercodé, que l'intellectuel politique par ailleurs plus manipulateur des consciences, usant d'un langage séducteur, démagogique, et n'ayant *a priori* voix au chapitre que dans les contours de son territoire national.

L'intellectuel n'est pas le propre des prix Nobel, des académiciens, ou des professions spécifiques. Et même parmi les professionnels de la chanson, tous ne font pas preuve d'intellectualité – sans que celle-ci soit réduite au degré d'engagement politique.

Dès lors, le métier – d'enseignant, de savant, de chercheur, d'artiste, de juriste, de médecin – devient pour l'intellectuel un simple point d'appui. Ce n'est point de sa compétence spécifique qu'il tire sa vertu ; celle-ci lui fournit seulement l'assiette sociale dont il a besoin pour faire entendre sa parole (Chatelet 2003).

## *Musique populaire africaine et esthétique panafricaniste*

La musique africaine de variétés, celle qui occupe les ondes radiophoniques, les pro-grammes télévisés, et qui meuble le temps ludique de nos populations urbaines, voire rurales, revêt d'une importance cardinale dans la civilisation moderne du continent noir. L'expression musicale de l'Afrique – sa diaspora y comprise – se définit avant tout à travers ses différentes expressions nationales, car l'Afrique n'existe pas en de-hors de l'ensemble des nations qui la composent.

« S'il est vrai que la vie d'une nation se définit, principalement, par sa langue, ceci est doublement vrai pour sa musique qui, en dernière analyse, est un langage » (Gergely 1990:527). « La musique est l'expression de la nation, elle appartient à tout le monde, quelle que soit la disposition musicale de l'auditeur » (Gergely 1990:529). À ce titre, il n'existe aucune esthétique musicale plus panafricaniste qui ne soit avant tout une expression nationale et nationaliste. Alors que théoriquement ils forment deux idéo-logies contradictoires, le nationalisme et le panafricanisme sont loin de s'exclure mu-tuellement. Et l'un et l'autre forment un idéal, un engagement de dépassement de soi en tant que personne physique ou morale (État).

Si les politiques africains ont échoué dans l'édification de l'idéal panafricaniste, les intellectuels symboliques de la musique africaine ont été ces instituteurs, avocats et hérauts du nationalisme et de la solidarité panafricaine, dénonçant, à travers leurs œuvres, leurs représentations artistiques, leurs actions, les maux qui minent le natio-nalisme étatique et africain.

Le projet panafricaniste ne pouvait se construire sans la décolonisation des États et de toute l'Afrique. Déjà en 1955, au Congo-Kinshasa, alors colonie belge, le chanteur Adou Elenga mit le feu aux poudres par son titre « Ata ndele mokili ekobaluka » (tôt ou tard le monde subira une révolution). Cette prophétie politique par laquelle, peut-être sans le savoir, il nargua la puissance coloniale, lui valut un séjour carcéral. Et lorsque le 30 juin 1960, soit cinq ans plus tard, le Congo accède à la souveraineté nationale, le chanteur Joseph Kabasele et le groupe African Jazz, présents aux assises de la Table Ronde de Bruxelles (20 janvier–20 février 1960), lancent « Indépendance cha cha » devenu dès lors l'hymne de joie et de liberté non seulement pour le Congo-Kinshasa, mais aussi pour l'Afrique tout entière sous-entendue dans la dénomination « African Jazz ».

Le projet littéraire de cette chanson ne prend forme qu'à travers une juxtaposition judicieuse d'onomatopées (« cha cha » qui évoque la danse de l'époque) et d'acrony-mes désignant les regroupements ethnicopolitiques ainsi que les noms des leaders présents à ces assises. Par cette participation esthético-politique, les noms de Kabasele et d'African Jazz sont associés à ceux des pères de l'indépendance.

Par ailleurs, la République démocratique du Congo et la République du Congo ont les capitales les plus rapprochées du monde et forment de surcroît un seul peuple que la colonisation a divisé. Le chanteur Jean Bombenga d'African Jazz avait réfléchi sur cette balkanisation qui malheureusement rencontre l'assentiment des panafricanistes minimalistes. Intitulé « Ebale ya Kongo », son lyrisme de détresse est construite sur la symbolique du fleuve :

| | |
|---|---|
| *Ebale ya Kongo o o* | Le fleuve Congo |
| *Edjali lopango te e e* | N'est pas un enclos frontalier |
| *Edjali nde nzela a a (2x)* | C'est un passage |
| | |
| *Mitema ndoki batondi songi-songi o ye* | Les sorciers animés d'esprit de division |
| *Bakaboli Congo babosani Africa o ye.* | Ont divisé le Congo et oublié l'Afrique |

Dans les années 1960, après les indépendances, Jean Bombenga, posait ainsi le problème des États-Unis d'Afrique qui sacrifieraient les frontières nationales. En 1967, le Brazzavillois Franklin Boukaka, qui a passé une partie de sa carrière à Kinshasa, et aux côtés de Bombenga reprend à sa manière l'idée d'unification des deux Congo en chantant « Pont sur le Congo».

Notons que les nations africaines qui ont accédé à l'indépendance doivent pourtant continuer à se battre sur plusieurs fronts ; le néocolonialisme qui rappelle l'esclavage, l'exploitation et la domination idéologique. La gestion orthodoxe de la *res publica* se trouve compromise par la boulimie du pouvoir et des richesses que manifeste la « classe » dirigeante nationale. Ces nouveaux gouvernants, inféodés à l'impérialisme, doivent être moralisés, dénoncés.

À travers son titre « Droit de vivre », et par la voix de Sam Mangwana, chanteur panafricain et panafricaniste par excellence, le jeune guitariste et compositeur congolais Alain Makaba (Wenge Musica) dresse un réquisitoire contre la traite négrière, la colonisation, l'impérialisme… bref, tous les maléfices auxquels l'Afrique est en proie, sous le sceau de la « fatalité ». Ce passage épicé et dénonciateur veut conjurer le système de paupérisation continue de l'Afrique :

*Banyokoli biso mingi bana ya Africa*
*Na bowumbu mpe na colonisation*
*Kobeta mpe na exploitation*
*Africa eza se ya bankoko batika*
*Mais mpo nini pasi ekosila te ?*
*Tosila bakolinga se tokufa (2x).*


Nous avons tant été maltraités, nous fils d'Afrique
À travers l'esclavage et la colonisation
Les coups de verge et l'exploitation
L'Afrique, terre de nos aïeux
Mais pourquoi les souffrances n'en finissent pas ?
Notre extermination ou l'hécatombe est leur souhait (2x).

En 1972, Kiamuangana Mateta, dit Verckys, saxophoniste-compositeur émérite de la RD Congo, médite sur l'hégémonie idéologique et culturelle du Blanc sur le Noir, de l'Europe sur l'Afrique, par la voie la plus insidieuse, à savoir la religion. Il dit : « Nakomitunaka », c'est-à-dire je m'interroge si souvent :

*Nzambe o nakomitunaka (2x)*
*Babuku ya Nzambe tomonaka nde boye*
*Basantu nyonso bango se mindele*
*Banzelu nyonso bango se mindele*
*Soki zabulu photo moto mwindo hein !*
*Injustice ewuta nde wapi o ?*

Mon Dieu, je m'interroge si souvent (2x)
Tous les documents bibliques présentent
Les Saints comme des êtres blancs
Les Anges comme des esprits blancs
Pour le diable : ô une image de Noir !
Quelle est la cause de l'injustice ?

| | |
|---|---|
| *Ah! mama* | Ah ! je n'en peux plus |
| *(…)* | (…) |
| *Africa miso efungwami* | L'Afrique a désormais les yeux ouverts |
| *Africa tozonga sima te* | L'Afrique ne doit plus reculer |
| *Ah mama a.* | Ah ! J'en ai marre. |

Le 27 octobre 1971, le président Mobutu décrète la philosophie de Recours à l'authenticité qui ordonne la chasse à tous les symboles de la domination blanche : les noms chrétiens et étrangers, la religion, l'habillement (veste, perruque), les monuments coloniaux …, afin que le nouveau Zaïrois d'hier reste égal à lui-même et fier de l'être. C'est dans ce contexte que Kiamuangana lance cette philippique contre l'Église catholique. La chanson servit même de générique aux grandes éditions du journal radiodiffusé. La remise en question porta ses fruits car l'inculturation africaine de l'Église catholique prônée par le Cardinal Malula, Archevêque de Kinshasa, se situe indirectement sur la pensée de la chanson et directement sur la philosophie de l'Authenticité.

Revenons au virulent Brazzavillois Franklin Boukaka. Préoccupé par la gestion de la *res publica* dans son pays et par le destin de l'Afrique, il va intellectuellement militer par une thématique très politique dans son album *Franklin Boukaka à Paris* de 1970. « Le bûcheron », la plus célèbre de ses chansons, reprise récemment par l'ivoirienne Aïcha Koné, révèle encore, une trentaine d'années après son assassinat politique, le vrai sens de son combat nationaliste et panafricaniste. La métaphore du bûcheron traduit, entre autres, la misère du peuple africain trahi par ses gouvernants. Ces quelques vers chantés en font l'illustration :

| | |
|---|---|
| *Basusu oyo naponaka* | Ceux qui ont bénéficié de mes suffrages |
| *Bawela bokonzi* | Ont a contrario développé la boulimie du pouvoir |
| Pe na ba-voitures | Et des voitures (…) |
| *Nakomituna :* | Je me demande : Le colonisateur s'en est allé |
| *Mondele akende* | |
| *Lipanda tozuwaka* | À qui profite l'indépendance obtenue ? |
| *o ya nani e ?* | |
| *Africa e.* | Oh ! l'Afrique. |

Dans « Les immortels » (remastérisé en 1970), Boukaka exécute un requiem pour l'opposant politique marocain Mehdi Ben Barka, exilé à l'étranger en 1963 et assassiné sur le territoire français en octobre 1965. La démarche idéologique de l'auteur consiste donc à relier le destin révolutionnaire de Ben Barka à celui de tant d'autres « martyrs » : les Congolais Lumumba et Simon Kimbangu, l'Argentin Ché Guevara, l'Afro-américain Malcom X (fondateur de l'Organisation de l'unité afro-américaine), le Camerounais Ruben Um Nyobe, le Congolais (Brazzavillois) André Matsoua…, tous assassinés ou morts en prison au nom de la liberté, du nationalisme, du panafricanisme ou de la lutte contre l'oppression occidentale.

Le caractère panafricain de cette intellectualité musicale est telle qu'« en 1969, l'exécution de 'Les immortels' au Festival culturel panafricain d'Alger fut considérée comme l'un des moments les plus embrasés de l'événement », rapporte Stewart (2000:165) (notre traduction). Chanteur politique critique d'avant-garde, Boukaka, qui opposait idéologiquement les leaders politiques en vie à ses modèles morts, fut taxé de subversion au point qu'en 1972 il sera assassiné, dans les circonstances du coup d'État manqué contre le président Marien Ngouabi.

L'intellectualité esthétique du reggae demeure par essence celle de l'engagement et du combat géopolitique pour la liberté et l'unité africaine. Né en Jamaïque, dans la diaspora africaine, le reggae se présente comme un

> héritage spirituel de Marcus Garvey. Ce leader afrocentriste du début du ving-
> tième siècle préconisait un retour en Afrique – réel ou spirituel – pour les descen-
> dants d'esclaves. Beaucoup de jeunes trouvent un refuge dans cette foi basée sur la
> religion chrétienne orthodoxe éthiopienne. Le roi d'Éthiopie, Haïlé Sélassié, est
> considéré comme un dieu vivant. C'est le Ras (prince) Tafari (son prénom). Le
> ganja (marijuana) est sacré : les rastas en usent pour leurs méditations (Routard
> 2003).

Considéré comme la bombe explosive du reggae, Bob Marley fut révolutionnaire jusqu'à sa mort en 1981, militant inconditionnel des droits et libertés du Tiers-Monde. Son verbe incisif et sa musique étaient l'arme intellectuelle par laquelle il combattit pour l'éveil des consciences, la paix et l'unité du continent noir au point qu'il se fit des adeptes en Afrique parmi les fans et les artistes dont le Sud-Africain Lucky Dube, les Ivoiriens Alpha Blondy et Tiken Jah Fakoly, très dressés contre la politique française en Afrique… Et le jeune reggaeman congolais (RDC) Omomba, qui a travaillé pendant trois ans aux côtés de Jimmy Cliff, déclare :

> Être rasta c'est suivre un destin panafricain pour défendre l'Afrique afin qu'elle cesse d'être exploitée de manière néocolonialiste. Être rasta, c'est se faire messager spirituel de la paix et de l'entraide sociale. Et notre moyen de véhiculer ces valeurs est notre musique : le reggae (Cadasse 2003).

Né Seydou Koné, Alpha Blondy marche sur les traces de Bob Marley. Comment alors son intellectualité traite-t-elle des questions de pouvoir d'État, de liberté d'expression, de souveraineté nationale et de libération de l'Afrique ? La chanson « Armée française » (Tehemba 2003) (CD Yitzak Rabin, 1998) est une dénonciation de la présence politico-militaire permanente de la France dans ses colonies d'hier. Ce qui piège les indépendances et favorise la dictature en servant de bouclier au pouvoir des chefs d'État mandarins des Champs Elysées, face à la menace du peuple. D'où ce ras-le-bol de Blondy :

> Armée française allez-vous-en !
> Allez-vous en de chez nous
> Nous ne voulons plus d'indépendance sous haute
> Surveillance (2x)
> Nous sommes des États souverains
> Votre présence militaire entame notre souveraineté
> Confisque notre intégrité
> Bafoue notre dignité
> Et ça, ça ne peut plus durer (alors allez-vous en !)

Le combat mené par Alpha Blondy venait récemment de résonner en écho chez ces « jeunes patriotes » d'Abidjan qui prenaient à partie les forces françaises postées dans la capitale ivoirienne en marge de la crise engendrée par les accords de Marcoussis.

Sous le titre « Journalistes en danger (démocrature) » (2002), Alpha Blondy publie un texte à travers lequel il dénonce le meurtre en 1998 de Norbert Zongo, journaliste indépendant burkinabé qui enquêtait sur une affaire dans laquelle était impliqué le frère du président Blaise Compaoré qui lui assura une couverture judiciaire. Ainsi, dit-il :

> La démocratie du plus fort est toujours la meilleure
> C'est comme ça
> La démocratie du plus fou est toujours la meilleure
> Ca se passe comme ça

> Entre le marteau et l'enclume
> Les plumes se barricadent derrière leurs unes
> La liberté y a laissé des plumes
> Journalistes incarcérés
> Journalistes assassinés
> Les voix des sans-voix tuées
> Tout ça doit changer

L'éducation civique des masses par les médias, en tant que contre-pouvoir, consiste entre autres à dénoncer la supercherie et la perversion du pouvoir en muselant la presse. Ce qui rime avec la « démocrature », terme que Blondy emprunte à Le Pen. «La démocrature» est devenue l'hymne de l'ONG *Journalistes sans frontières*. Et comme dans « Armée française », « Apartheid is Nazism » (1985), « Peace in Liberia » (1992)…, le fait que l'engagement du chanteur déborde de son cadre national est une profession de foi à l'idéal panafricaniste.

Mais Alpha Blondy traite encore plus ouvertement de la question panafricaine dans « Super Powers » (CD Cocody Rock) et « Les imbéciles » (CD *Yitzak Rabin*). À travers le premier titre, conçu et composé dans le contexte de la guerre froide et de l'apartheid, le chanteur milite pour une Afrique afrocentriste et indépendante des superpuissances (KGB, CIA) qui ont confisqué le pouvoir au peuple noir d'Afrique du Sud et veulent souiller la terre (l'Afrique) de leurs armes et bombes nucléaires. Selon Konaté (1987:255-257) qui a publié et commenté le texte original :

> Ce titre est en soi un projet politique. Il exerce une action, il affirme une prise de position claire et nette qui engage l'artiste contre les USA et l'URSS qui, non contents de déstabiliser l'Afrique, la dressent contre elle-même tout en lui faisant oublier ses vrais problèmes : autosuffisance alimentaire, paix, progrès. Les super-puissances ne font pas que jouer leur rôle de marchands d'armes, elles s'immiscent également dans des affaires africaines par le biais des pressions politiques et des chantages économiques.

Dans le second, Blondy prouve en des termes incisifs comment les Africains sont des imbéciles :

> On a le fer à gogo
> Le pétrole à gogo
> Le cobalt à gogo
>
> J'insiste, je persiste,
> Et je signe
> Les ennemis de l'Afrique
> Ce sont les Africains

Malgré les richesses
Agricoles, minières
Et « minéralières »,
Nous sommes victimes de l'endettement à
Croissance exponentielle et baignons dans
L'économie sous perfusion
C'est la mondialisation
De l'économie à sens unique
Maître à penser !

Réveille-toi Afrique !

L'intelligence de *« Les imbéciles »* gicle d'un trait dans l'évocation des raisons de l'échec du panafricanisme, à savoir la présence en Afrique des gouvernements vassaux et narcissiques d'une part, et, selon Ngoma Binda, « le contexte de la force inexorable du capital qui constamment et suivant une violence modulée à souhait, émascule la totalité des expériences et tentatives de bifurcation spirituelle de l'Afrique vers son autonomie, sa justice et son 'désir d'être' » (Bitende 2002:186), d'autre part. Par conséquent, des pays africains comme la RDC se meurent pauvres de leurs richesses.

La bombe géopolitique du reggae, Robert Nesta Marley, dit Bob Marley, explosa dans un combat intellectuel révolutionnaire, au travers d'une musique alignée avec loyauté sur la pensée de Marcus Garvey qui, vers 1930, prophétisa la victoire de la négro-renaissance : « 'Tournez-vous vers l'Afrique, bientôt un roi noir y sera intronisé (…) ' ». Marley composa alors ses œuvres sur la problématique de l'amour universel (« One Love »), du combat des opprimés pour leur droit et leur dignité («Get up Stand up »), de la réécriture de l'histoire africaine (« Buffalo Soldiers », « Rat Race »), de l'unité de l'Afrique (« Africa Unite »), de l'hypocrisie de l'Occident-Babylone (« Rebel»), du retour réel et/ou métaphysique des Noirs exilés en Afrique-Sion (« Exodus », « Zion Train »), du jeu perfide de l'homme blanc en opposant, divisant les Noirs et en leur vendant des armes pour s'entretuer, de la lutte sans relâche de l'homme noir jusqu'à sa libération totale (Kamba 2003:175-176).

Tirées de *Survival* – considéré comme l'album de solidarité panafricaine et des plus politiques de Marley – les chansons « Zimbabwe » et « Africa Unite » (Marley 2003) nous permettent ici d'appréhender la quintessence de la pensée radicaliste d'un panafricaniste maximaliste, fils de la Diaspora africaine. Invité au Zimbabwe en avril 1980, le jour des festivités de l'indépendance de ce pays, « la dernière fois que le drapeau anglais flottait sous le soleil africain » (notre traduction) (Marley 2003), il exécuta cette chanson à travers laquelle il salua le combat pour la dignité humaine et la souveraineté nationale, condition *sine qua non* pour l'unité africaine. Cet extrait illustre nos propos :

*Every man gotta right*
*To decide his own destiny*
*And in this judgment*
*There is no partiality*
*So arm in arms, with arms*
*We will fight this little struggle*
*'Cause that's the only way*
*We can overcome our little trouble*

Tout homme a le droit
De décider de sa propre destinée (destin)
Et dans ce jugement
Il n'y a pas de partialité
Ainsi la main dans les mains avec les mains
Nous mènerons cette petite lutte
Parce que c'est la seule voie par laquelle
Nous pouvons surmonter notre petit trouble

*To divide and rule*
*Could only tear us apart*
*In everyman chest*
*There beats a heart*
*So soon we'll find out*
*Who is the real revolutionaries*
*And I don't want my people*
*To be tricked by mercenaries.*

Diviser pour régner
Ne peut que nous séparer
Dans la poitrine de tout homme
Là bat un cœur
Ainsi bientôt nous trouverons dehors
Qui sont les vrais révolutionnaires
Et je ne veux pas que mon peuple
Soit trompé par les mercenaires.

À travers « Africa Unite », composé dans le contexte des luttes intensives en Angola comme au Zimbabwe, Bob Marley « prêche » l'unité de l'Afrique ou de tous les Africains, même ceux de sa Diaspora, au point, dans une vision eschatologique, de faire de l'Afrique un jardin (*yard*), car :

*How good and how pleasant it would be*

*Before God and man, yeah*
*To see the unification of all Africans, yeah*
*As it's been said already let it be done, yeah*
*We are the children of the Rastaman*
*We are the children of the Higher Man*

Combien bon et combien plaisant cela sera
Devant Dieu et devant l'homme, oui
De voir l'unification de tous les Africains, oui
Comme il a déjà été dit que cela soit fait, oui
Nous sommes les enfants de Rastaman
Nous sommes les enfants du plus Grand Homme

Mais le Congolais Noël Ngiama « Werrason » constate avec amertume que la guerre se poursuit et l'Afrique reste désunie. Son message sur la paix et l'unité de l'Afrique vient relayer la pensée de Marley. La tribune à partir de laquelle il prend parole n'est rien d'autre que la scène de Bercy, en septembre 2000. Sa chanson «La paix» se présente donc comme une plaidoirie contre la violence, la haine et la division en Afrique. À titre d'argument d'autorité, il évoque même quelques grands noms de la politique africaine :

Désormais réveillons-nous
Et soyons mobilisés
Honorons tous les hymnes de notre indépendance
(…)

Ces hymnes sacrés
Sont des grands acquis
Houphouët-Boigny, Kwame Nkrumah, Anouar el Sadate.

Philanthrope reconnu dans son pays d'origine – ce qui lui a valu le titre d'Ambassadeur de la Paix–, il engage un dialogue parlé avec Manu Dibango au début de la chanson « Croix-Rouge » (CD *Kibuisa mpimpa-Opération dragon*, 2001), traduisant encore ainsi son souci de combattre la misère et la guerre en Afrique :

- Werrason :     Dis-moi, grand frère Manu :
                 Pourquoi l'Afrique est-elle vouée à la misère ?
                 Pourquoi tant de guerres ?
                 Pourquoi tant de haine ?
- Manu D. :      Et tu sais ? Werrason :
                 Il faut déjà que l'Afrique se supporte
                 Que l'Africain aime l'Africain

> Que l'ethnie de l'un aime l'ethnie de l'autre
> Commençons par ça.

Plus loin, Ngiama Makanda Werrason s'arrête sur un constat amer : au bout de sa pérégrination à travers l'Afrique, il n'a visionné que le spectacle de l'horreur, de la guerre (*bitumba*). Ainsi milite-t-il pour un cessez-le-feu tout en fustigeant : « L'expérimentation des armes dans le monde/Les champs de batailles en Afrique ». « Pourquoi l'Afrique ? la souffrance et la guerre ? », s'interroge-t-il avant de formuler un vœu : « Nous voulons la paix ! ».

Quatre ans avant Werrason, des chanteurs ou musiciens africains se sont lancés dans une croisade pour la paix, sous les auspices de la Croix-Rouge.

> Cinq grands musiciens africains, Yousou N'Dour, Papa Wemba, Jabu Khanyle of Bayete, Lagbaja [et] Lourdes Van-Dunem ont entrepris en 1996 un voyage épique au cœur de quatre conflits qui ensanglantent l'Afrique : le Liberia, l'Angola, la frontière du Soudan et le KwaZulu Natal, où la star du reggae africain Lucky Dube les a accueillis. De ce voyage dans la douleur est né *So Why* ? composé par Wally Badarou, qui en appelle à la réconciliation en Afrique. Ce vibrant appel a été lancé la première fois lors d'un grand concert à Paris en avril 1997 (Extrait de la pochette de la cassette audio du single).

## Conclusion : refonder le panafricanisme par l'intelligence de la musique populaire

Sous forme de leçon de la leçon, notre conclusion a l'ambition de souligner que par son aspect réflexif, critique et révolutionnaire sur la société, la musique africaine (de variétés et du showbiz) engagée est une intelligence symbolique et géopolitique qui devrait éclairer l'Afrique sur la voie de la reconstruction de son « nationalisme panafricaniste », dans une unité idéologique afin d'offrir des conditions meilleures de développement à ses États et de former un bloc (États-Unis d'Afrique) face à l'hégémonie des superpuissances occidentales.

La musique a un fort pouvoir suggestif, capable de mobiliser une population, peut-être pas nécessairement en vue de susciter une révolution, mais au moins pour faire germer un désir efficace de changer des choses (Lévesque 2003:159). À la hauteur de l'intellectualité de leurs textes musicaux, nous avons démontré que, forts de leur puissance suggestive et mobilisatrice, les artistes, considérés comme intellectuels populaires et leaders symboliques de l'opinion publique, se sont engagés, au prix de leur vie pour certains, « dans une musique qui sans cesse dénonce les injustices des systèmes politiques peu démocratiques » (Nzumbu 2003), les guerres civiles, les visées hégémoniques de l'Occident pour confisquer les souverainetés nationales et diviser les peuples afin d'empêcher à l'Afrique de s'unir et d'assumer sa destinée, son historicité.

Par ailleurs, comment ne pas voir, par exemple dans le tam-tam ou le tambour, une preuve d'unité culturelle de l'Afrique ? Le djembé, à son tour, instrument des percussions mandingue, pourra symboliser au départ l'intégration socioculturelle de l'Afrique occidentale[1] avant de fonder celle de toute l'Afrique, tant qu'il est vrai qu'aujourd'hui, débordant son cadre originel, l'art du djembé s'est universalisé au point que l'instrument est devenu, principalement en Occident, « un acteur 'specta-culaire', au sens propre du terme (sic) dans la fonction théâtrale de la représentation (et non plus de la création) » (Djembe 2003).

Au niveau des actions de solidarité africaine, la musique a aussi fait preuve d'enga-gement notamment à travers différentes initiatives telles que *Tam Tam pour l'Afrique* (Éthiopie) et *Opération Africa* en 1985. À l'image du *We Are the World* américain et sous l'initiative de Manu Dibango, des artistes africains dont Salif Keita, Ray Lema, Souzy Kasseya… ont réalisé un disque dont les recettes de vente devaient aider à combattre la famine meurtrière en Éthiopie. Organisée par le producteur ivoirien Daniel Cuxac, la même année, l'*Opération Africa,* à partir d'Abidjan, donna lieu à deux concerts et un disque, *Africa,* toujours dans le sens de réunir l'argent pour combattre la famine. Plus récemment encore, une autre version de *Tam Tam pour l'Afrique* venait d'être lancée :

> Sur l'initiative du Programme des Nations Unies pour le Développement, les artistes africains (Habib Koité, Tiken Jah Fakoly, Youssou N'Dour, Baba Maal, Coumba Gawlo, PBS…) se sont rencontrés à Dakar les 28, 29 et 30 juillet 2003. Leurs Excellences ont été invitées à s'impliquer davantage pour le développement du continent. 8 points portant sur le développement ont été recensés et doivent faire l'objet de composition musicale. Outre le fait que chaque pays doit présenter une chanson, nos illustres artistes battront ensemble le Tam Tam pour l'Afrique (…) » (Mali-Music 2003).

Sur la solidarité panafricaine, les faiseurs de chansons, intellectuels populaires et symboliques, personnages transfrontaliers et cosmopolites, ont plus de leçons à don-ner que les personnages politiques. L'histoire de la musique populaire moderne des deux Congo démontre déjà une solidarité légendaire entre les deux peuples depuis l'époque mythique de Paul Kamba (Victoria Brazza) et Antoine Wendo (Victoria-Kin) : des artistes de Brazzaville ont évolué à Kinshasa dans des groupes dont ils étaient co-fondateurs ou non. Et les Congolais de Kinshasa à leur tour s'appropriaient la scène musicale brazzavilloise, malgré quelques heurts politiques isolés. Plus tard aussi, l'African Jazz de Kabasele accueillira le grand Manu Dibango pour le bonheur de l'unité africaine. Ce qui a encore été prouvé, toujours autour de Kabasele, dans la formation d'African Team de Paris, regroupant l'Afro-cubain Gonzalo, le Camerou-nais Manu Dibango, le Congolais de Brazzaville Jean-Serge Essous…, ainsi que les Congolais de Kinshasa : l'Afrique en miniature !

Mieux que les textes juridiques et les chartes, la musique, utilisée à bon escient, est, comme nous l'avons déjà évoqué, une véritable intelligence de convivialité, d'inté-gration politique, économique, sociale et culturelle dont devraient se servir les leaders politiques africains pour refonder le panafricanisme. Une leçon peut-être déjà com-prise lorsque l'on sait que le Festival panafricain de musique (Fespam) se définit comme une institution de l'OUA. Ainsi a-t-on confié à cet organe, dont le siège se situe à Brazzaville, une mission à caractère culturel et scientifique. Et de août 1996 à août 2003, les thématiques des quatre éditions déjà organisées par le Fespam en sont très éloquentes, à savoir « La musique au service de la paix et du développement » ; « La musique dans la construction de l'unité nationale et de la paix » ; « Mille tambours à l'unisson pour une Afrique sans frontières » ; et « Itinéraires et convergences des musiques traditionnelles et modernes d'Afrique ». Toutes ces rencontres festives et scientifiques autour de la musique africaine constituent des moments de conscientisation à la paix, au nationalisme et à l'idéal panafricaniste.

Outre le Fespam, le Marché des arts du spectacle africain (MASA), se veut une rencontre panafricaine et mondialiste autour du théâtre, de la musique et de la danse. Le Masa qui se tient à Abidjan tous les deux ans, malgré son caractère francophone et néocolonialiste à sa création en 1993 par l'Agence intergouvernementale de la franco-phonie, « est devenu depuis mars 1998 un programme international de développe-ment des arts vivants africains, [ayant] pour finalité la promotion des œuvres et des artistes africains et leur intégration dans les circuits de diffusion internationaux, en vue de contribuer au développement économique et socioculturel de l'Afrique ». Il se veut aussi « l'unique projet artistique qui associe un marché de spectacle, un forum de professionnels et un festival » (Masa 2003). Néanmoins, il faudrait relever que la phi-losophie d'unir l'Afrique par sa culture et sa musique remonte au Festival des arts nègres de Dakar (1966), au Festival Panafricain d'Alger (1969), et à celui des arts et de la culture négro-africaine de Lagos (1977).

L'Afrique fragilisée par les idéologies divergentes (progressistes ou marxistes et libérales ou néocolonialistes), les forces hégémoniques extérieures et intérieures, les dictatures, les guerres, les nationalismes étriqués, les particularismes tribaux… doit se mettre à l'écoute de son intelligence musicale critique pour refonder son projet d'uni-fication sociale, politique, économique, culturelle, idéologique afin de prétendre à un partenariat juste dans la mondialisation. Et dans le contexte de cette mondialisation, il n'est pourtant pas question de former une Afrique afrocentriste, mais plutôt une Afrique plurielle et forte, consciente de ses particularités et de ses potentialités. Comme projet panafricaniste, l'Union Africaine, qui venait de se mettre en route, devra donc écouter les lyrismes et sons critiques de ces chanteurs et musiciens socialement enga-gés pour le développement national et continental.

## Note

1. Lire, pour de plus amples informations, « Le Tambour comme support d'affirmation culturelle en Afrique et dans la Diapora », « Le Diembé, facteur d'intégration régionale », communications présentées respectivement par les professeurs Alphonse Ondonda et Adépo Yapo (adepoyapo@yahoo.fr) au symposium de la troisième édition du Festival panafricain de musique, à Brazzaville, du 5 au 9 août 2001.

### Références et sources électroniques sélectives

Bemba, S., 1984, *Cinquante ans de musique du Congo-Zaïre (1920-1970). De Paul Kamba à Tabu-Ley*, Paris, Présence Africaine, 188p.

Bitende Ntotila, 2002, « Le panafricanisme et la mondialisation », *Annales de la Faculté des Lettres et Sciences Humaines*, Volume II-III, Université de Kinshasa, Kinshasa, PUK, pp.185-2001.

Bourdieu, P., 1993, *Questions de sociologie*, Tunis, Cérès Productions, 65p.

Cadasse, D., 2003, « Congo rasta. La communauté rasta du Congo gardienne de la tradition », www.afrik.com/article6552.html. 28 septembre 2003.

Chatelet, F., *« Intellectuel et société »*, www.arfe-cursus.com/intello.htm. 4 octobre 2003.

Decraene, P., 1974, *« Le panafricanisme »*, *Encyclopaedia Universalis*, Volume XII, Editeur à Paris, pp.465-467.

Gergely, J., 1990, *« Regards sur la musique hongroise contemporaine »*, *Critique, Budapest entre l'Est et l'Ouest »*, n° 517-518, pp. 527-547.

Djembé, 2003, www.djembe.com

Henry, LB., 1989, *« Éloge des intellectuels »*, *French Review*, Volume 62, n° 3, www.lilianelazar.com/books/eloge_des_intellectuels/review.htm. 12 octobre 2003.

Kamba, M.E., 2003, « Bob Marley, le reggae et la musique congolaise », Impact de la musique dans la société congolaise contemporaine , Actes des Sixièmes Journées Philosophiques du Philosophat Saint-Augustin, 19-21 décembre 2002, Kinshasa, pp.173-179.

Konaté, Y., 1987, *Alpha Blondy. Reggae et société en Afrique Noire*, Abidjan-Paris, Ceda-Karthala, 295 p.

Lange, A., 1986, *Stratégies de la musique*, Liège, Édition Mardaga, Collection Création & Communication, 429p.

Le *Monde diplomatique*, 2002, www.monde.diplomatique.fr. juillet

Lévesque, P., 2003, « Discours d'ouverture », *Impact de la musique dans la société congolaise contemporaine*, Actes des Sixièmes Journées Philosophiques du Philosophat Saint-Augustin, 19-21 décembre 2002, Kinshasa, pp.15-19.

Mali-Music, 2003, « Tam Tam pour l'Afrique », www.mali-music.com. 26 septembre 2003.

Marley, 2003, www.bobmarley.com 26. septembre.

Martens, L., 1994, « Panafricanisme et marxisme-léninisme », Rapport présenté au 7e Congrès Panafricain, Kampala, www.marx.be/FR/doc/panafricanisme.htm. 12 octobre 2003.

Morel, F., 1997, « Société : intellectuels, qui êtes-vous ? », Entretien avec Louis Bodin, www.regards.fr/archives/1997/199709/199709cit05.html. 12 octobre 2003.

Mwayila, Tshiyembe, 2002, « Difficile gestation de l'Union africaine », www.monde-diplomatique.fr/2002/07/TSHIYEMBE/16697. 31 octobre 2003.

Nzumbu, J., « Pour une musique engagée », www.congovision.com/dossier1.html. 9 octobre.

Routard.com, éd., 2002, « Le reggae. Un cœur qui bat depuis quarante ans », www.routard.com/mag_dossiers.asp?id_dm=10. 15 octobre 2003.

Saka, P., 1998, *La chanson française à travers ses succès*, Paris, Librairie Larousse, p.1 de la préface, 351p.

Stewart, G., 2000, *Rumba on the River. A History of the Popular Music of the Two Congos*, New York-London, Verso, 436p.

Tehamba, Tukende, 2003, « Alpha Blondy et la remise en question de l'État en Afrique », *Mouvements et Enjeux Sociaux*, N° 10, Kinshasa, pp.17-34.

Zorgibibe, C., 1986, *Les organisations internationales*, Presses Universitaires de France, Paris, Presses Universitaires de France, Collection « Que sais-je ? », 125 p.

www.ingramcontent.com/pod-product-compliance
Lightning Source LLC
Chambersburg PA
CBHW021828020426
42334CB00014B/536